DAS MÄUSEHAUS

HÄKELN MIT SAM UND JULIA

FÜR DAS KINDERZIMMER

HEEL

HEEL Verlag GmbH
Gut Pottscheidt
53639 Königswinter
Tel.: 02223 9230-0
Fax: 02223 9230-13
E-Mail: info@heel-verlag.de
www.heel-verlag.de

Titel: Het Muizenhuis – Haken met Sam en Julia: voor de kinderkamer
ISBN: 978 90 210 4110 0
Musterentwürfe: Kimberley Zwaans
Illustrationen Häkelmaschen: Antoinette van Schaik
Fotografie Häkelarbeiten: Roland J. Reinders
Fotografie Mäusehaus: Ton Bouwer, Eddo Hartmann und Allard Bovenberg
Gestaltung Cover: Dennis van den Brink
Gestaltung Innenseiten: Hannah Roos

Deutsche Ausgabe:
Übersetzung: Birgit van der Avoort
Satz: gb-s, Königswinter
Umschlag: Axel Mertens
Lektorat: Helge Wittkopp

Folgt gerne auch dem
Heel Verlag unter

www.instagram.com/heelverlag

www.facebook.com/heelverlag

www.youtube.com/heelverlag

@heelverlag

Folgt gerne auch Sam & Julia

www.instagram.com/sam_julia_de

www.facebook.com/SamJuliaDE

www.sam-julia.com

Printed in Slovakia

ISBN 978-3-96664-882-0

DAS MÄUSEHAUS

HÄKELN MIT SAM UND JULIA

FÜR DAS KINDERZIMMER

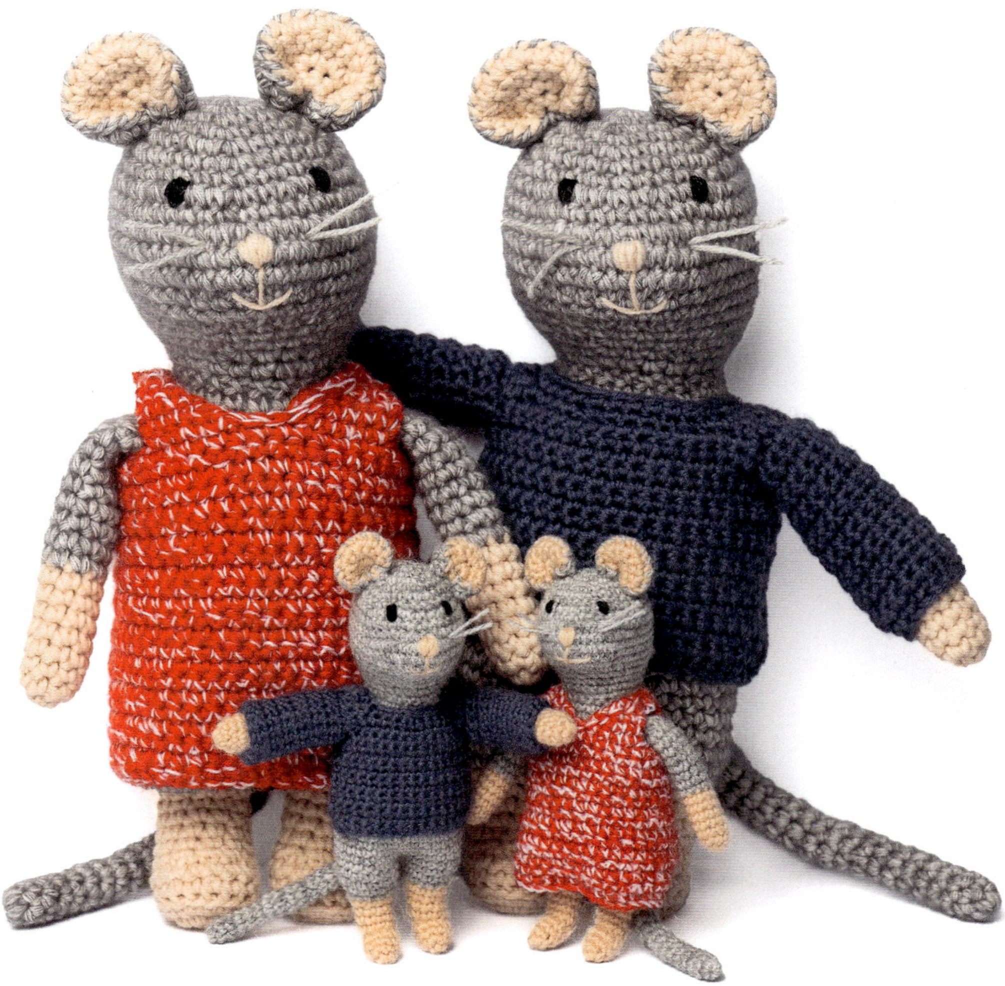

KARINA SCHAAPMAN

HEEL

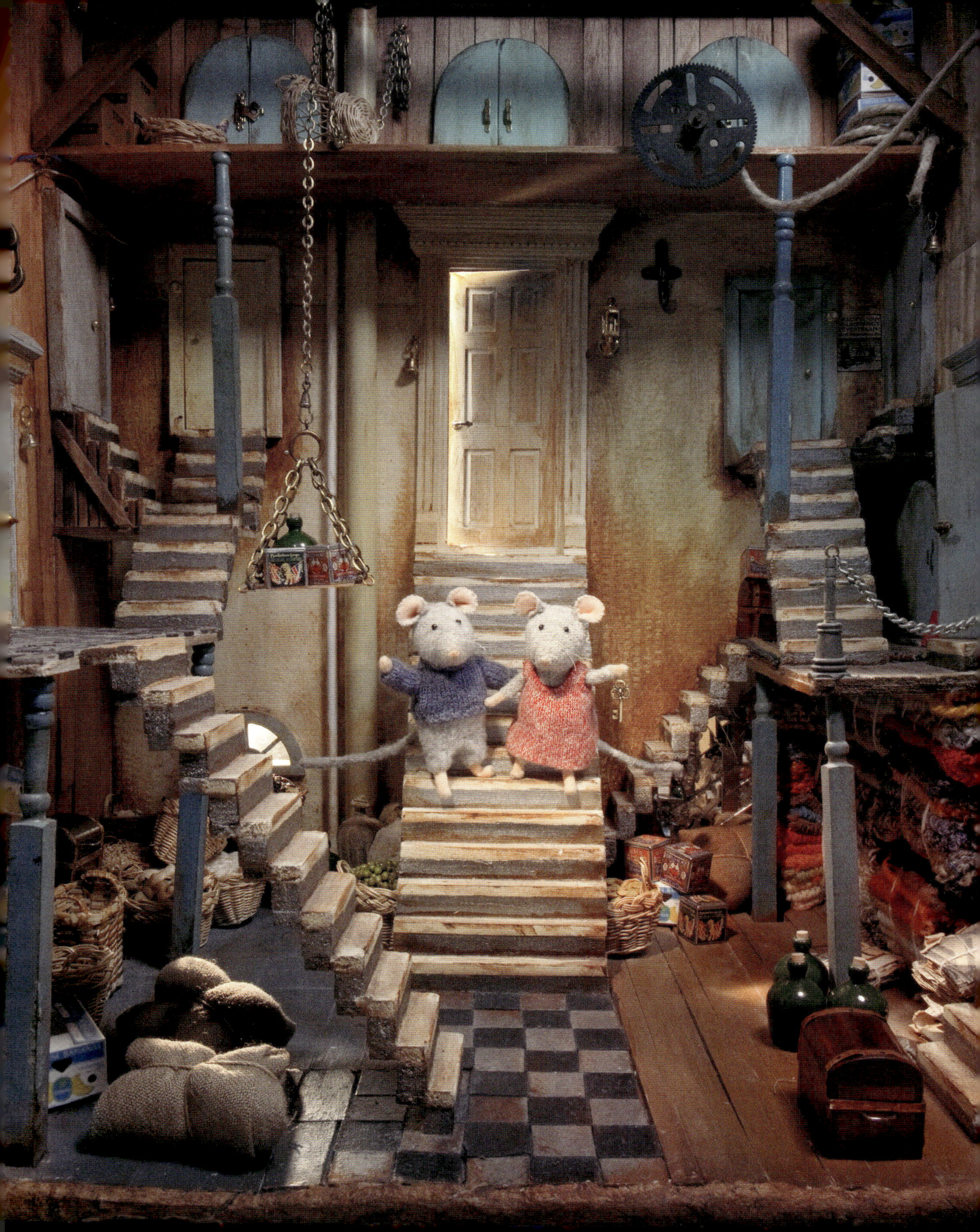

INHALT

VORWORT

Liebe Leserin, lieber Leser,

wie schön, dass du dieses wunderbare Buch in den Händen hältst! Vielleicht hast du bereits eines meiner Bücher gelesen oder kennst das Mäusehaus von einem Besuch in unserem Ladenlokal in Amsterdam.

2008 entstand die Idee zu einem Kinderbuch. Ein lang gehegter Traum von mir, für den nun endlich Platz in meinem Leben war. Als ich darüber nachdachte, wie die Welt meiner Hauptfiguren aussehen sollte, wusste ich, dass es zumindest eine geschützte, liebevolle Welt sein sollte, in der jeder willkommen ist. Die Hauptfiguren sollten Abenteuer erleben, einen guten Kontakt zu ihren Nachbarn pflegen und die Erfahrung machen, dass andere Kulturen und Bräuche keine Bedrohung, sondern eine Bereicherung darstellen. Ich überlegte, eine solche Welt nicht zu zeichnen oder zu malen, sondern sie aus verschiedenen Materialien zu erschaffen. Und so begann ich, eine winzige Patchworkdecke zu nähen. Das war gar nicht so einfach, schließlich steht eine Decke immer für Wärme und Geborgenheit. Als mir das gelang, brauchte die Decke ein Bett und das Bett ein Zimmer. Zufälligerweise stand in meinem Zimmer eine alte Orangenkiste. Ich stellte sie auf meinen Tisch und richtete darin vier kleine Zimmer ein, in denen die Hauptfigur, die Maus Sam, leben sollte. Drei Jahre arbeitete ich die Zimmer und die Geschichten weiter aus, bis daraus das Mäusehaus wurde, das inzwischen eine gewisse Bekanntheit erfahren hat.

Der erste Band der Buchreihe erschien 2011 und wurde zu meiner großen Freude bald in viele Sprachen übersetzt. Es dauerte nicht lange, bis ich aus der ganzen Welt Briefe von Kindern und Erwachsenen erhielt, die ebenfalls ihre eigenen Mäusehäuser bauten. Genau wie ich verwenden sie verschiedene Techniken wie Arbeiten mit Holz und Ton oder Nähen, aber immer wieder wurde ich gefragt, ob es auch ein Häkelmuster für eine kleine Maus gäbe. Die Mäuse in meinen Büchern sind aus Stoff genäht, und du musst gut nähen können, um sie herzustellen. Ich bin eine erfahrene Näherin, aber ich kann nicht gut häkeln! Deshalb war ich sehr erfreut, als mir mein Verlag vorschlug, ein Häkelbuch zu Sam und Julia zu veröffentlichen. Sie baten die erfahrenen Häkel-Designerin Kimberley, schöne und einfache Häkelmuster zu entwerfen, sodass jetzt noch mehr Kinder und Erwachsene Freude an Sam und Julia haben können. Mit kleinen Mäuschen fürs selbst gebaute Mäusehaus und allem, was das Kinderzimmer schöner macht.

Ich hoffe, dass dieses Buch deine Kreativität anregt, und wünsche dir viel Spaß beim Häkeln. Du weißt nie, wo die Kreativität dich hinführt!

Karina Schaapman

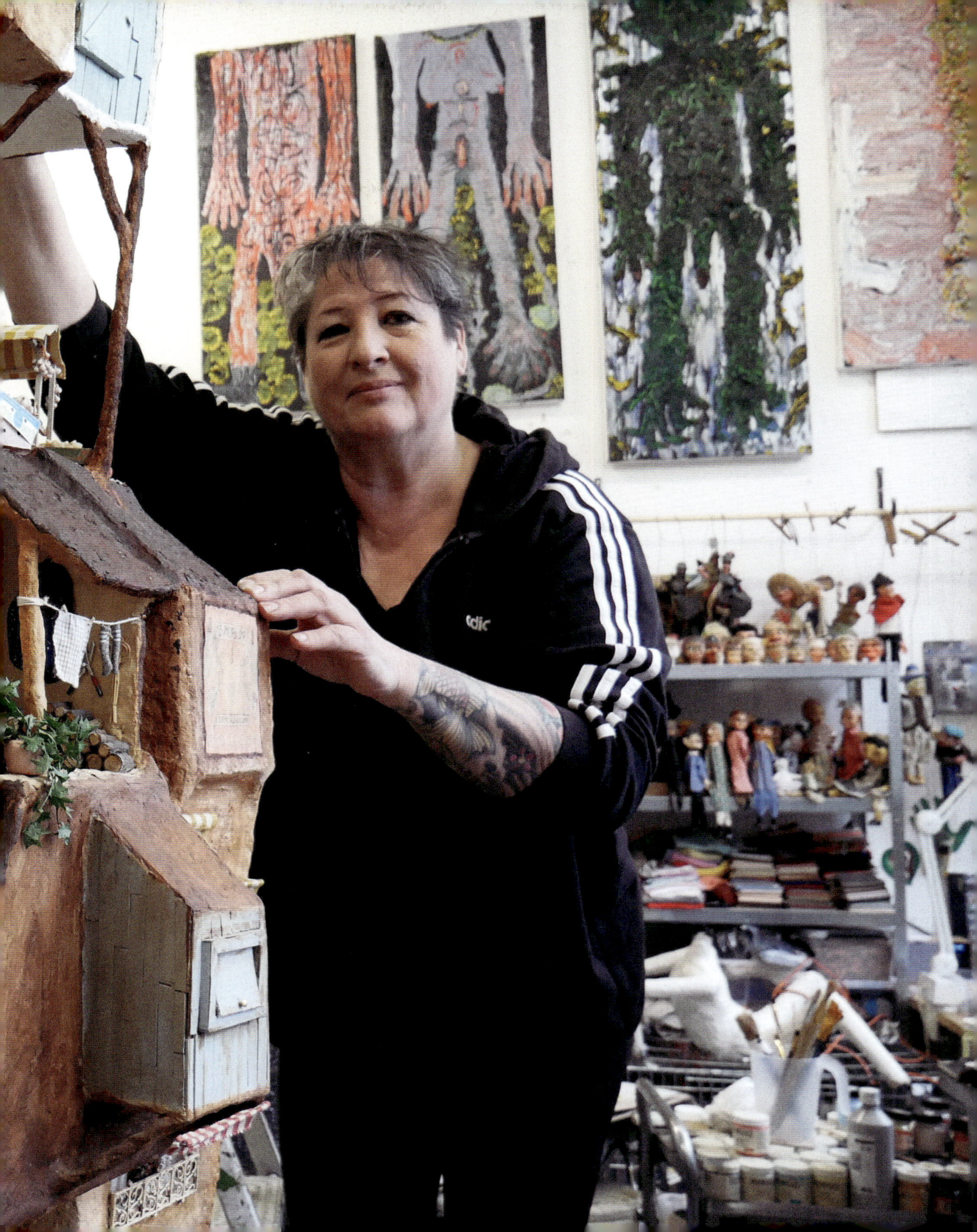

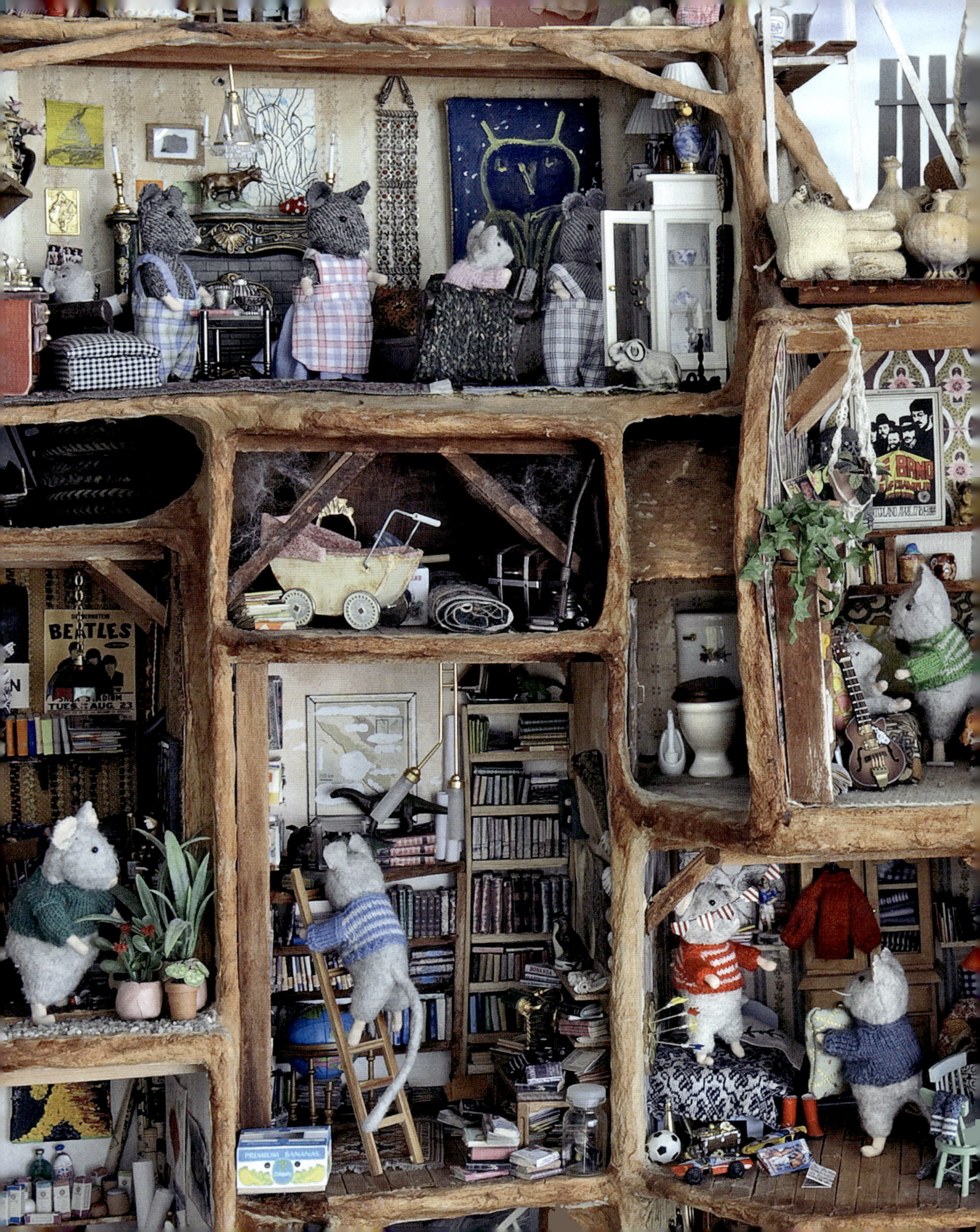
BEATLES
TUES AUG. 23
PREMIUM BANANAS

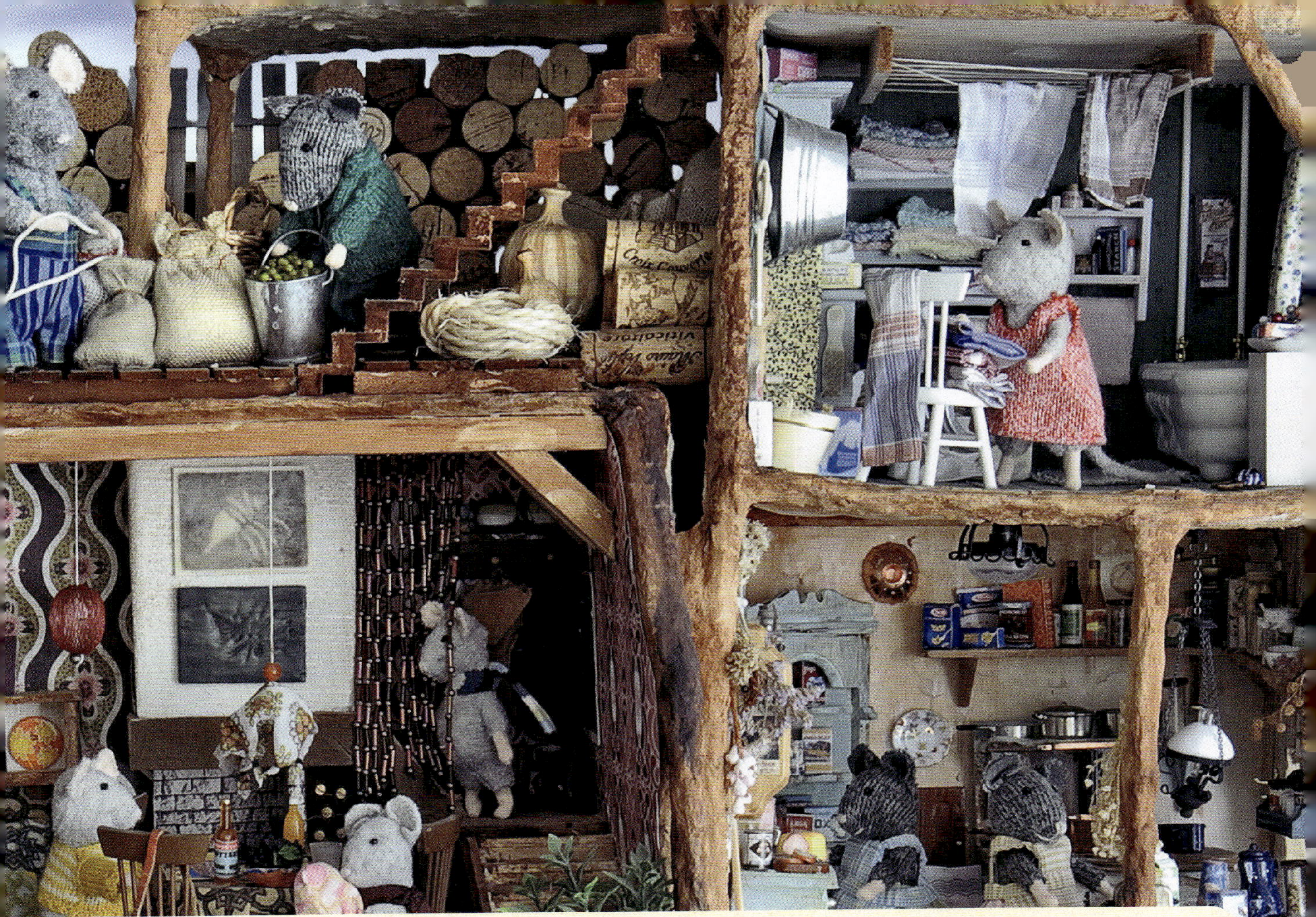

ÜBER DAS MÄUSEHAUS

Das Mäusehaus wurde von der Künstlerin Karina Schaapman für ihre gleichnamige Kinderbuchreihe entworfen. Das zwei Meter breite und drei Meter hohe Mäusehaus besteht größtenteils aus Pappkartons, Pappmaché und Abfallmaterialien. Im Mäusehaus wird ein Kronkorken zur Backform, eine Perle zum Lampenschirm und Eisstiele zum Holzfußboden. Es ist ein Ort der Kreativität und des Erfindungsreichtums, an dem du die vielen Details in den verschiedenen Räumen, Läden und Werkstätten bewundern kannst.

In den Mäusehaus-Büchern erleben die kleinen Mäuse Sam und Julia allerhand Abenteuer. Nach dem Lesen der Bücher haben sich Kinder und Erwachsene auf der ganzen Welt in die beiden süßen Mäuse verliebt.

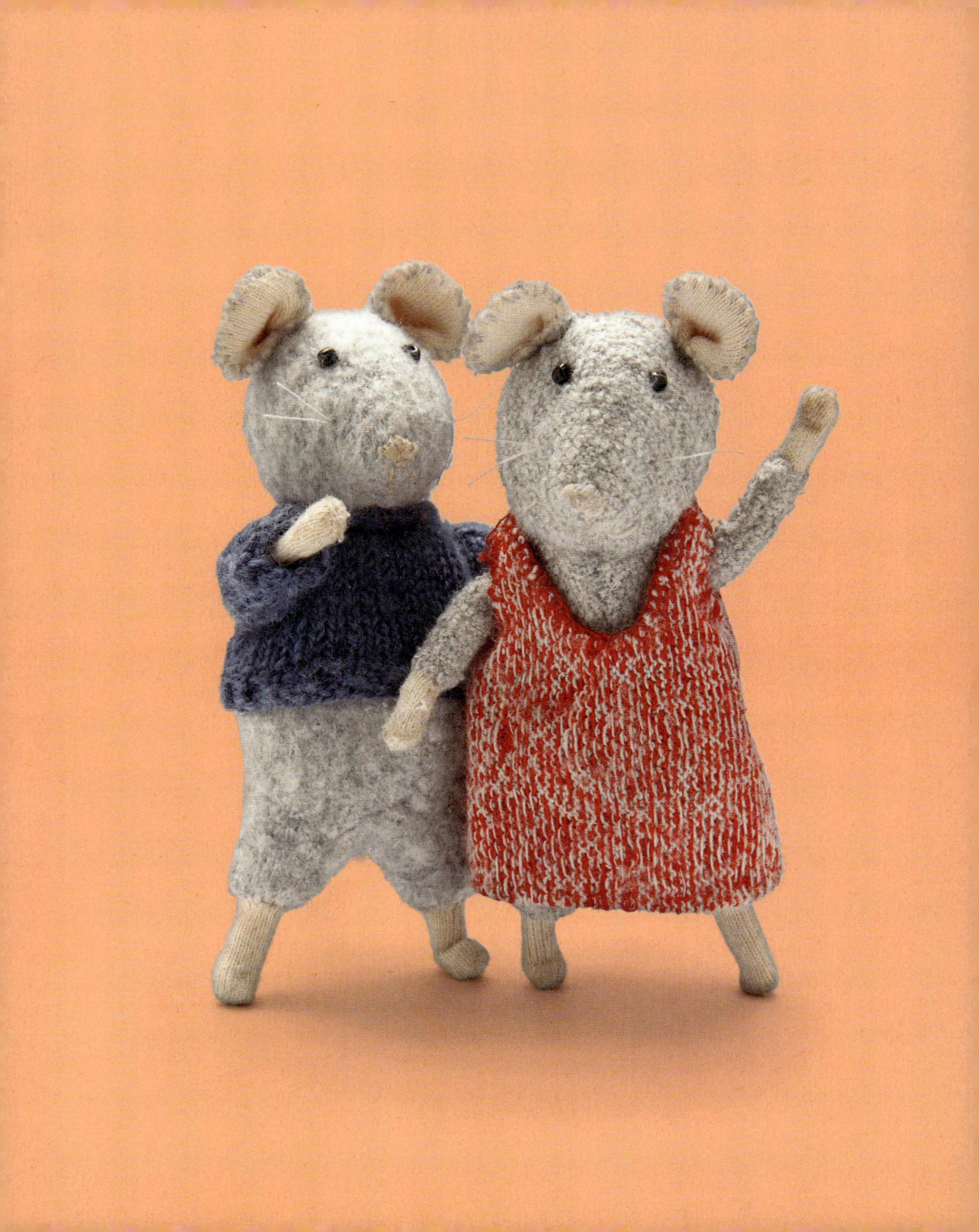

ÜBER SAM UND JULIA

Sam und Julia sind zwei kleine Mäuse, die acht Jahre alt sind. Sie sind allerbeste Freunde, doch in Charakter und Familie völlig unterschiedlich. Julia lebt mit ihrer Mutter in einem kleinen Zimmer. Sie hat weder Vater noch Brüder, Schwestern oder Großeltern. Sie ist total neugierig, aber auch ein bisschen eigensinnig. Sie liebt Abenteuer und ist deshalb gern mit ihrem besten Freund Sam unterwegs. Im Gegensatz zu Julia hat Sam eine große Familie mit Vater, Mutter, Brüdern, Schwestern, Onkeln, Tanten und Großeltern. Sam ist superschüchtern, aber mit Julia traut er sich plötzlich Dinge, die er nie alleine unternehmen würde.

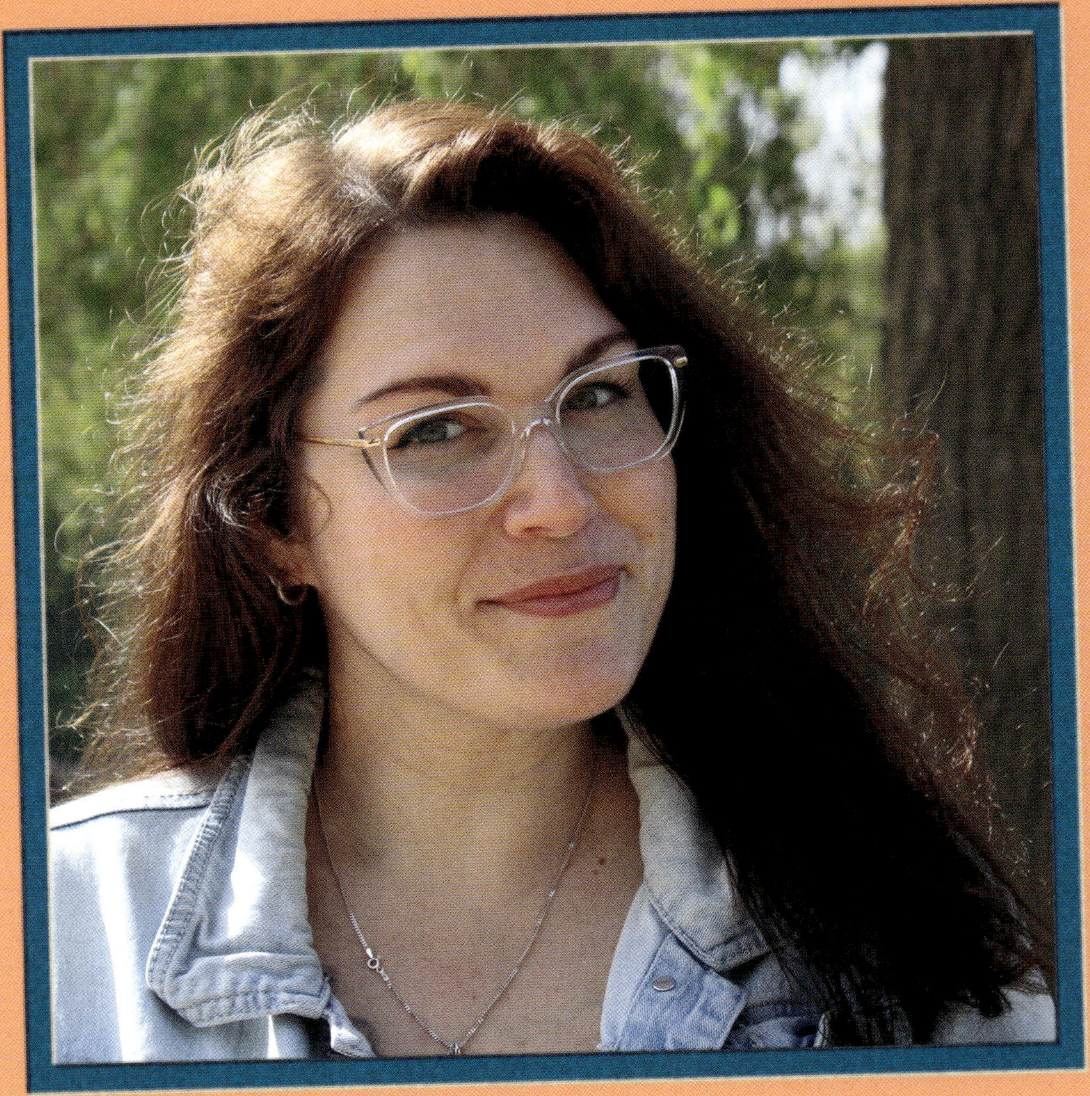

DIE DESIGNERIN

Liebe Leserin, lieber Leser,

herzlich willkommen! Mein Name ist Kimberley Zwaans. Ich möchte mich gerne kurz vorstellen und dir ein wenig über diese kreative Reise erzählen.

Als Designerin und begeisterter Häkelfan bekam ich das fantastische Angebot, Entwürfe für ein Häkelbuch zum Mäusehaus zu entwerfen. Ich musste nicht lange überlegen, bevor ich von ganzem Herzen zusagte, denn das Mäusehaus ist eine großartige, wunderbare Marke, die mir wahnsinnig gut gefällt.

Die eigentliche Mäusehaus-Erfinderin Karina Schaapman bat mich, Entwürfe zu erstellen, die zum einzigartigen Charakter des Mäusehauses passen. Ich hoffe von ganzem Herzen, dass mir das gelungen ist und dass meine Ideen den Zauber dieser besonderen Welt wiedergeben.

Schon mit 13 Jahren häkelte ich mit viel Liebe und Leidenschaft und seit acht Jahren darf ich mich Designerin nennen. Was als Hobby begann, hat sich zu etwas Wunderbarem entwickelt. Und nun hatte ich die Ehre ein Buch zu veröffentlichen.

Am Anfang war das Mäusehaus für mich unbekanntes Terrain, aber im Laufe des kreativen Prozesses wuchsen mir Sam und Julia, die charmanten Bewohner des Mäusehauses, sehr ans Herz. Trotz einiger Herausforderungen hat mir die Arbeit an dem Buch unheimlich viel Spaß gemacht.

Ich bin dankbar für die gute Zusammenarbeit mit dem Verlag und die Unterstützung meiner Testhäklerinnen. Entstanden ist ein wunderschönes Buch, das den einzigartigen Mäusehaus-Stil einfängt.

Zum Schluss möchte ich die Gelegenheit nutzen, meine feste Testhäklerin Annemieke van Dijk ins Rampenlicht zu stellen und ihr herzlich zu danken. Durch ihre großartige Arbeit konnte ich dieses schöne Projekt realisieren.

Ich hoffe, du bist von dem Buch genauso begeistert wie ich. Es ist das Ergebnis von Liebe zum Handwerk, Leidenschaft und einer engen Zusammenarbeit, und ich kann es kaum erwarten, meine Entwürfe mit dir zu teilen und deine Kreationen auf den Social-Media-Kanälen zu sehen.

Herzlichst

Kimberley Zwaans (Just Kimberley)

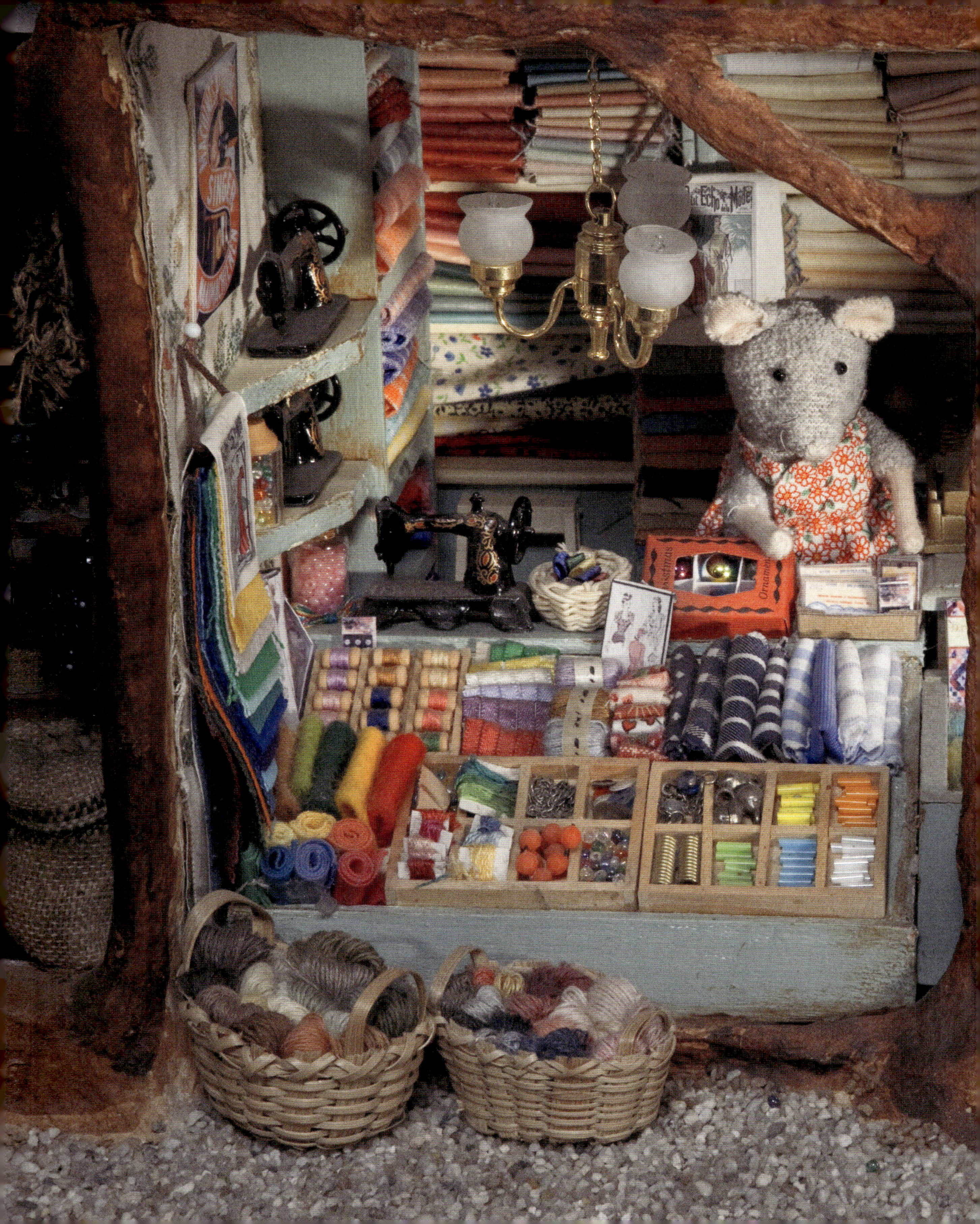

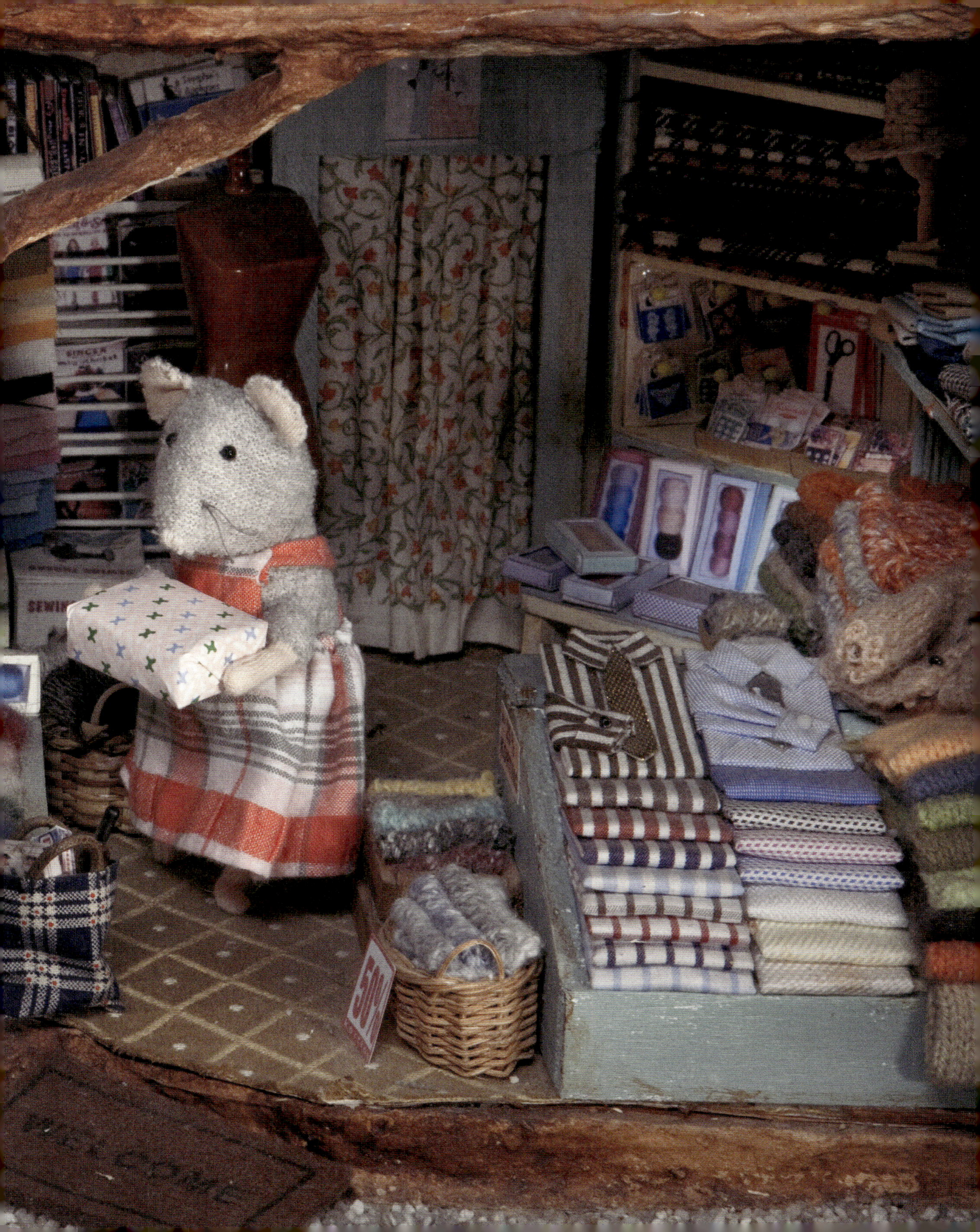
SINGER
50%
WELCOME

GRUNDMASCHEN

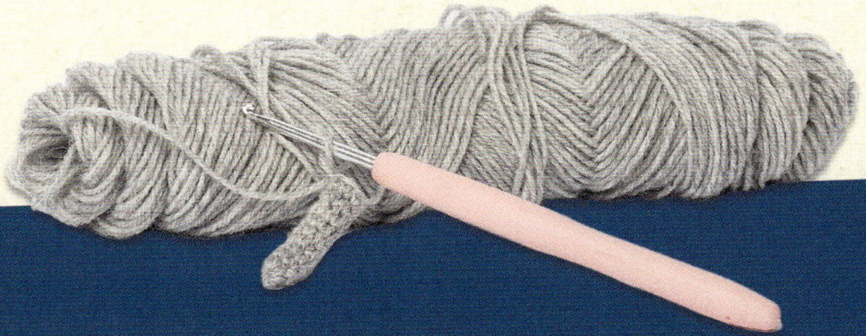

FADENRING/MAGIC RING

ANFANGSLUFTMASCHE

LUFTMASCHE (Lm)

FESTE MASCHE (fM)

KETTMASCHE (Km)

HALBES STÄBCHEN (hStb)

STÄBCHEN (Stb)

DOPPELSTÄBCHEN (DStb)

RELIEFSTÄBCHEN VORN (RStbv)

RELIEFSTÄBCHEN HINTEN (RStbh)

FADENRING/MAGIC RING

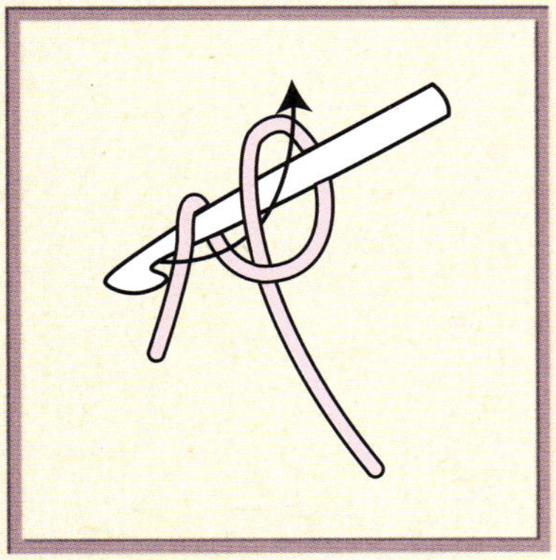

Schritt 1: Zunächst mit dem Faden eine breite Schlinge legen. Das lose Ende liegt hinter dem Arbeitsfaden und zeigt nach unten. Den Arbeitsfaden über die Nadel legen und einmal durch die Schlinge ziehen.

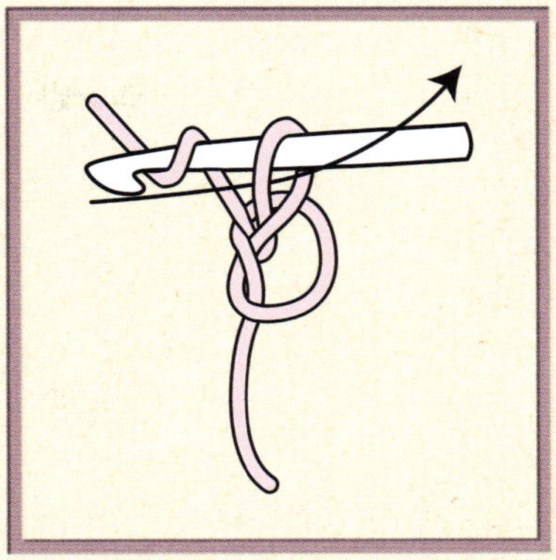

Schritt 2: Den Faden nochmals über die Nadel legen und erneut durchziehen.

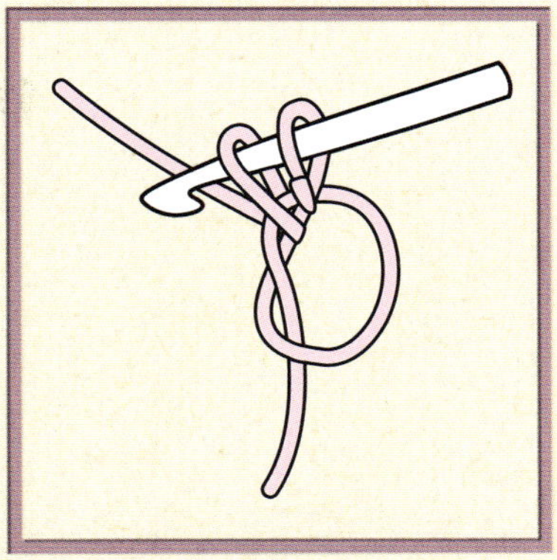

Schritt 3: Nun eine Masche in den Ring häkeln.

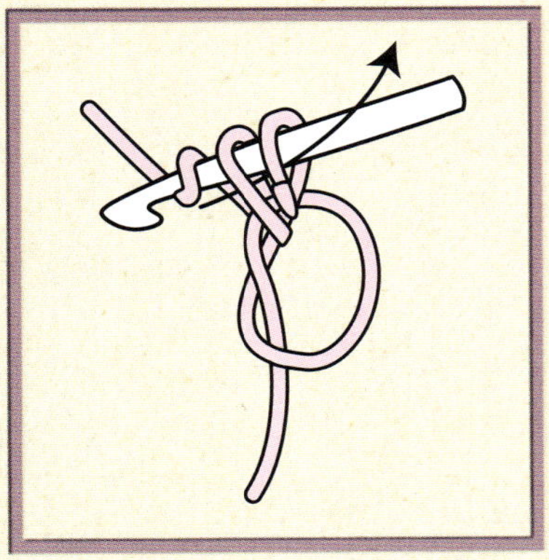

Schritt 4: Durch beide Schlingen des Rings häkeln und die angegebene Maschenzahl häkeln, um den Ring später zu schließen.

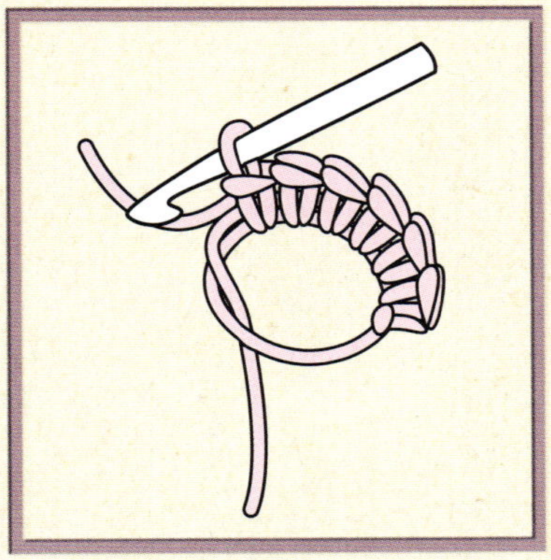

Schritt 5: Die Schritte 3 und 4 wiederholen, bis die benötigte Maschenzahl erreicht ist.

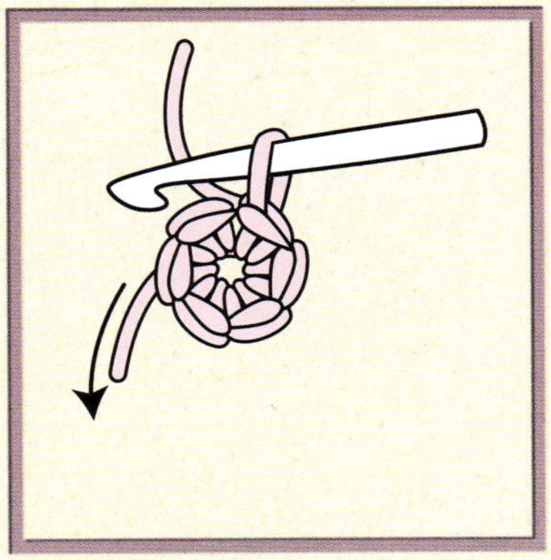

Schritt 6: Am Fadenende ziehen, damit sich der Ring schließt und keine Lücke mehr zu sehen ist.

ANFANGSLUFTMASCHE

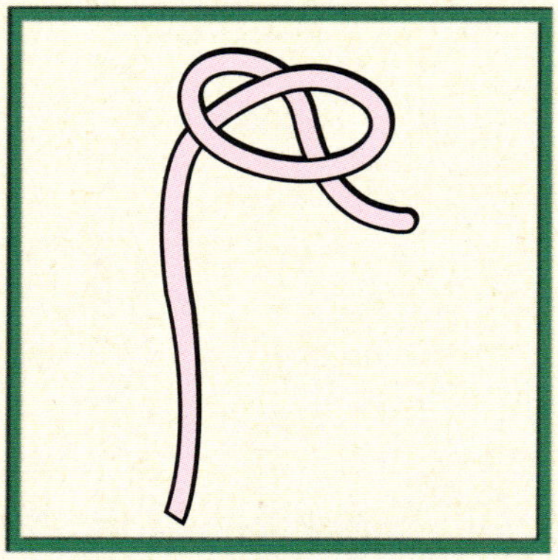

Schritt 1: Den Faden zum Kreis legen.

Schritt 2: Eine Schlinge durch den Kreis ziehen.

LUFTMASCHE (Lm)

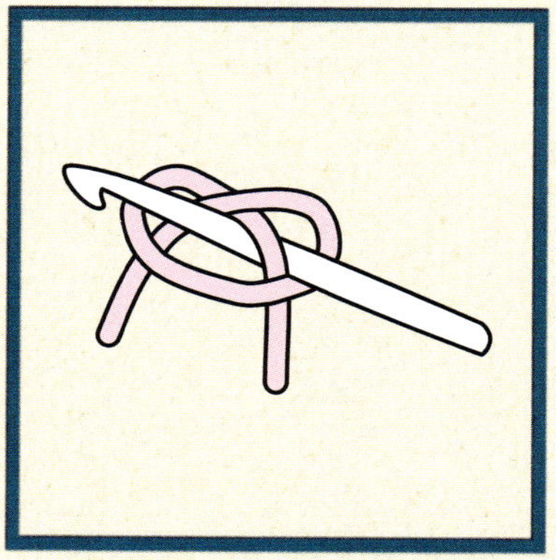

Schritt 1: Eine Anfangsluftmasche legen und mit der Häkelnadel hindurchstechen.

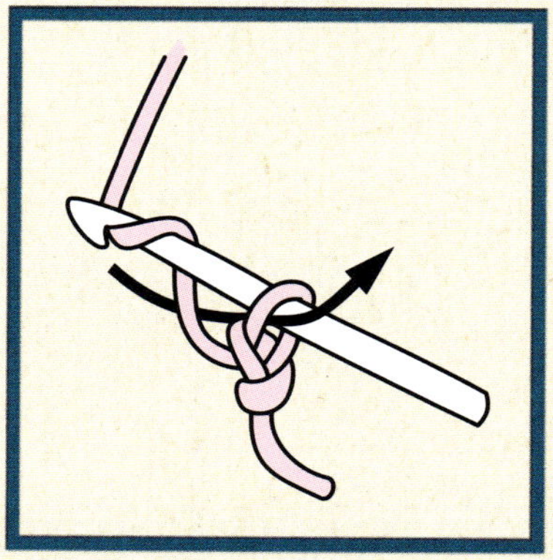

Schritt 2: Den Faden um die Häkelnadel wickeln und eine Schlinge durch die erste Schlinge ziehen.

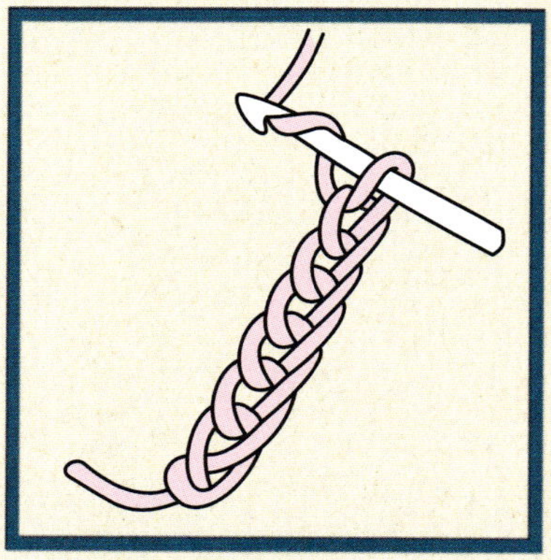

Schritt 3: Weiterarbeiten, bis eine Luftmaschenkette in der gewünschten Länge entstanden ist. Dies ist die Grundlage für alle Häkelmuster in diesem Buch.

FESTE MASCHE (fM)

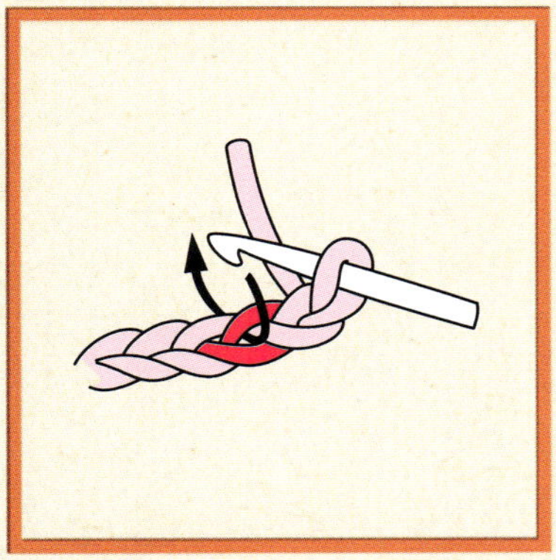

Schritt 1: Die erste Reihe fester Maschen am Ende der Kette beginnen. Dazu mit der Häkelnadel in die zweite Luftmasche stechen.

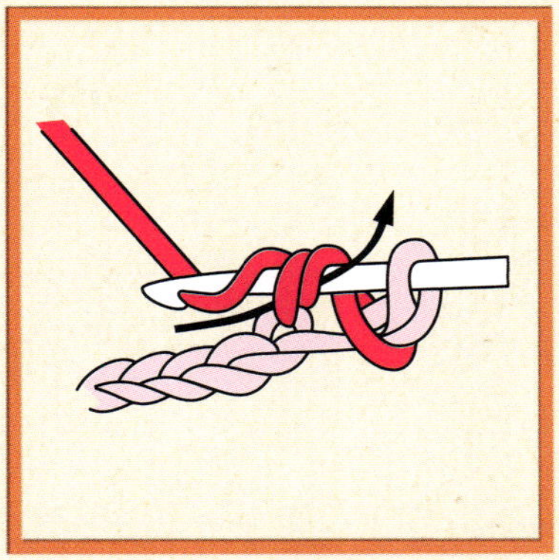

Schritt 2: Den Faden mit der Häkelnadel durch die Schlinge ziehen.

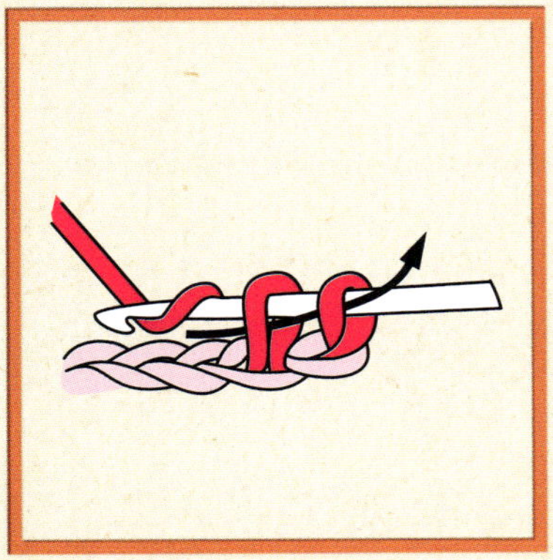

Schritt 3: Jetzt liegen zwei Schlingen auf der Nadel. Den Faden nochmals um die Nadel legen und durch die zwei Schlingen ziehen.

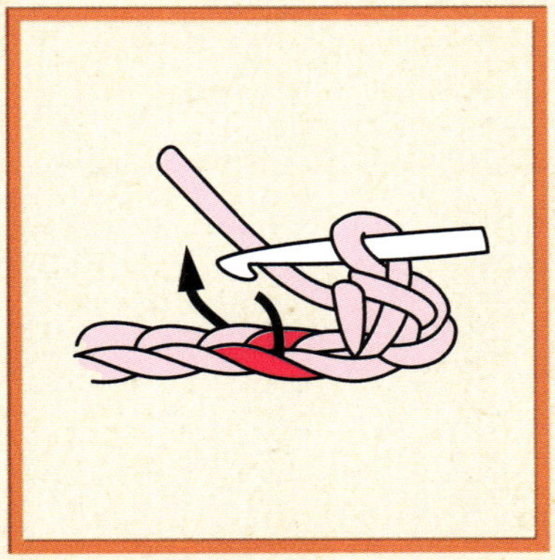

Schritt 4: Glückwunsch, du hast gerade deine erste feste Masche gehäkelt! Nun zur nächsten Luftmasche gehen und die vorherigen Schritte wiederholen, um die nächste feste Masche zu häkeln.

KETTMASCHE (Km)

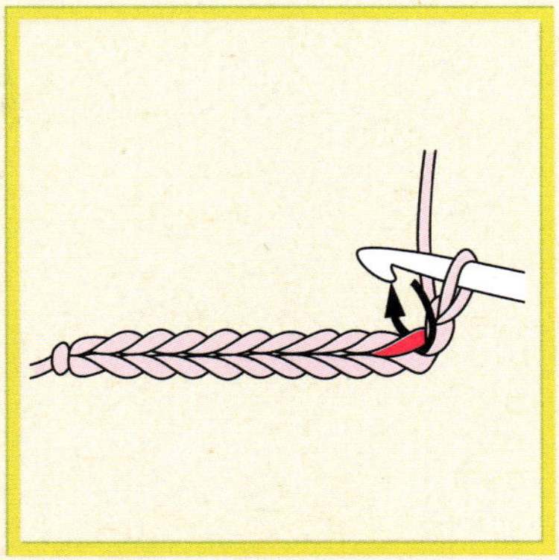

Die Kettmasche ist eine „kürzere Variante" der festen Masche.

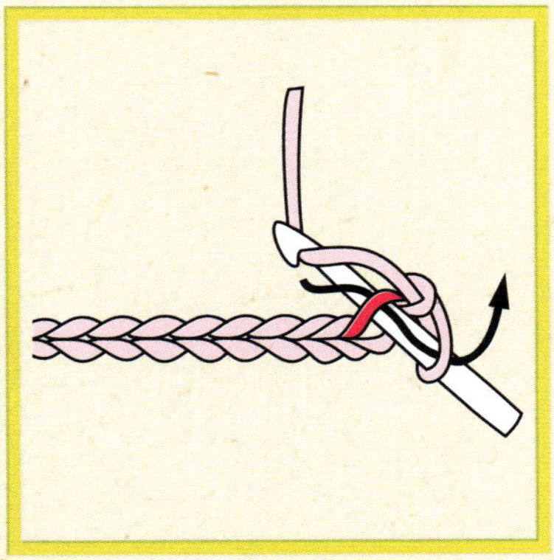

Für eine Kettmasche die Häkelnadel durch die Masche stechen und den Arbeitsfaden in einer durchgehenden Bewegung durch beide Schlingen auf der Häkelnadel ziehen. So entsteht eine flache Masche, die etwas fester ist als die anderen Maschen.

HALBES STÄBCHEN (hStb)

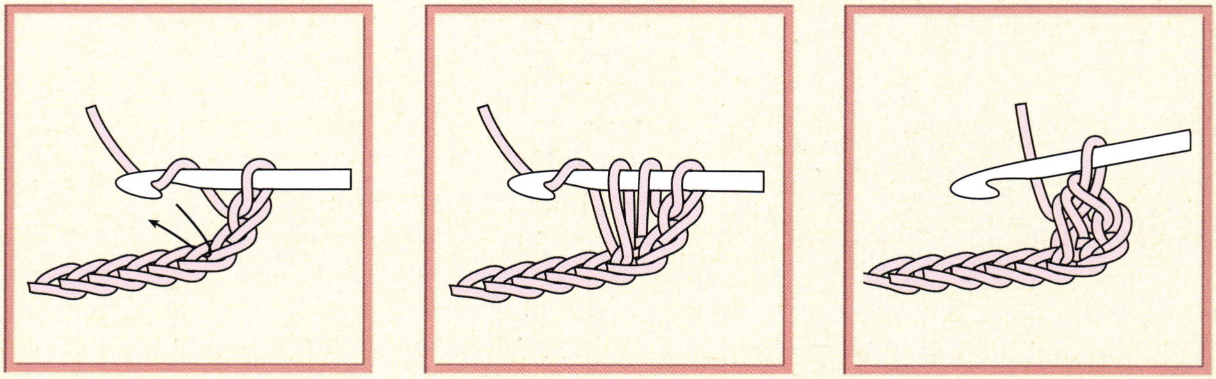

Schritt 1: Den Faden einmal um die Häkelnadel legen. Ist der Häkelanfang an einer Luftmaschenkette, zwei Luftmaschen überspringen und in die dritte Masche stechen. Den Faden durchziehen.

Schritt 2: Nun liegen drei Schlingen auf der Häkelnadel. Den Faden erneut um die Häkelnadel legen und durch alle drei Schlingen ziehen.

STÄBCHEN (Stb)

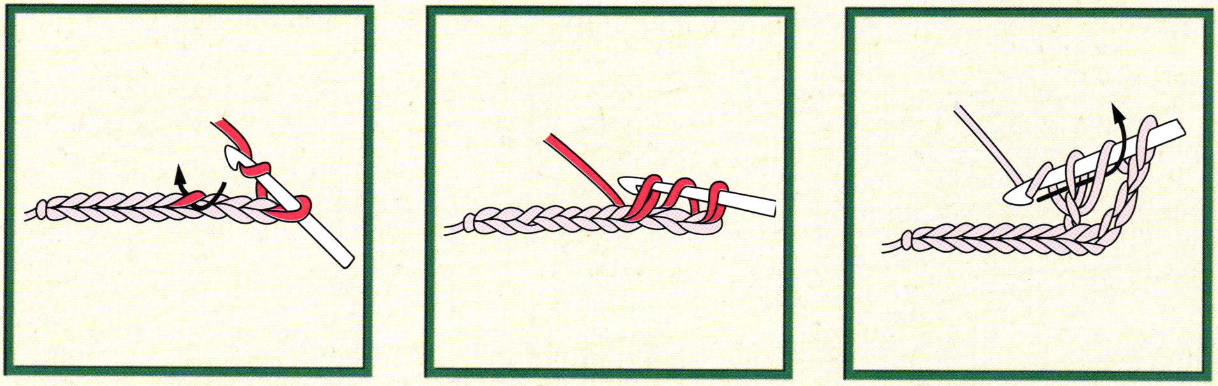

Schritt 1: Den Faden einmal um die Häkelnadel legen. Ist der Häkelanfang an einer Luftmaschenkette, drei Luftmaschen überspringen und in die vierte Masche stechen. Den Faden durchziehen.

Schritt 2: Nun liegen drei Schlingen auf der Nadel. Den Faden erneut um die Nadel legen und dann durch die ersten zwei Schlingen ziehen, sodass noch zwei Schlingen übrig bleiben.

Schritt 3: Den Faden erneut um die Häkelnadel wickeln und durch die restlichen zwei Schlingen ziehen. Das ganze Stäbchen ist fertig!

DOPPELSTÄBCHEN (DStb)

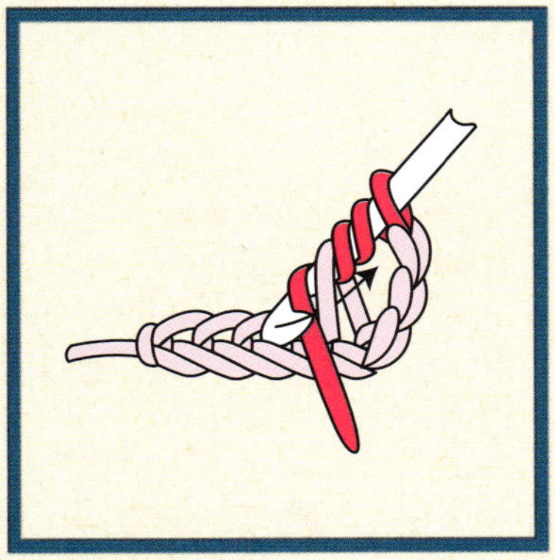

Schritt 1: Zuerst 4 Luftmaschen für die benötigte Länge häkeln. Den Faden zweimal um die Nadel legen, in die fünfte Luftmasche stechen und den Faden nochmals um die Nadel legen. Den Faden durchziehen.

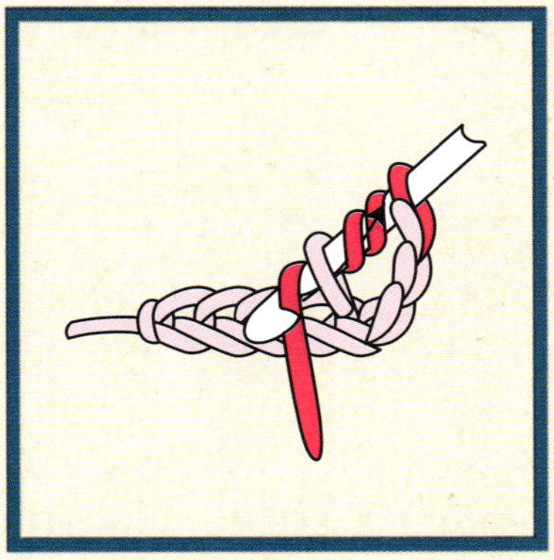

Schritt 2: Den Faden um die Nadel legen und zweimal durchziehen.

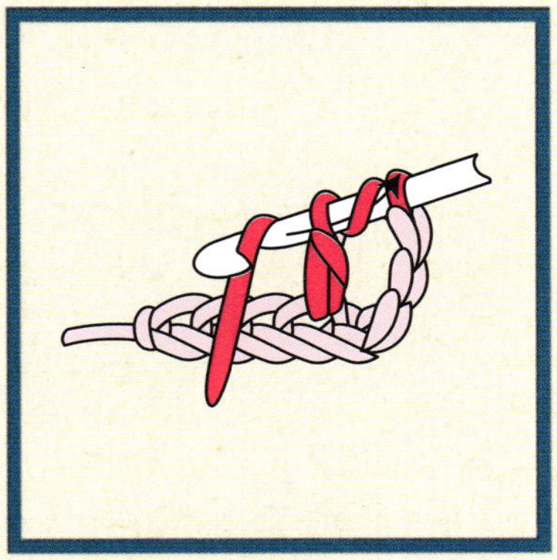

Schritt 3: Den Faden um die Nadel wickeln und zweimal durchziehen.

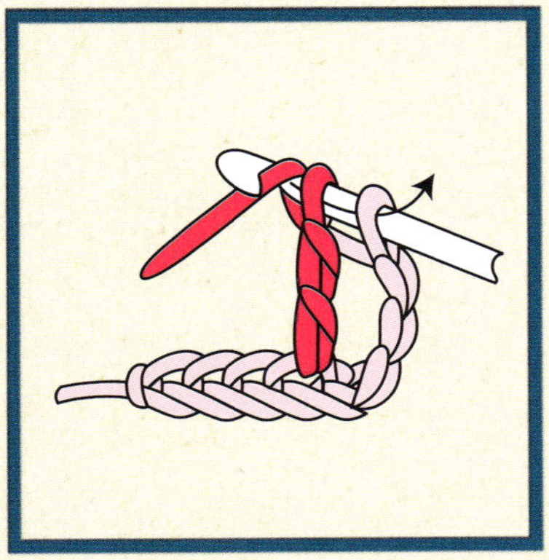

Schritt 4: Den Faden um die Nadel legen und durch die letzten zwei Schlingen ziehen.

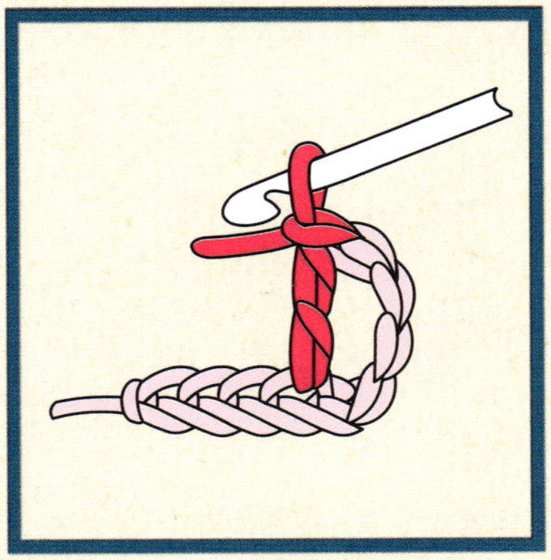

Schritt 5: Jetzt ist das Doppelstäbchen fertig.

DU WEISST NUN ALLES, UM MICH ZU HÄKELN!

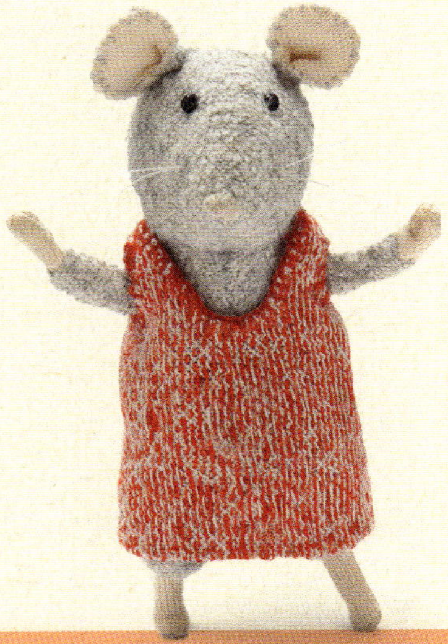

RELIEFSTÄBCHEN VORN (RStbv)

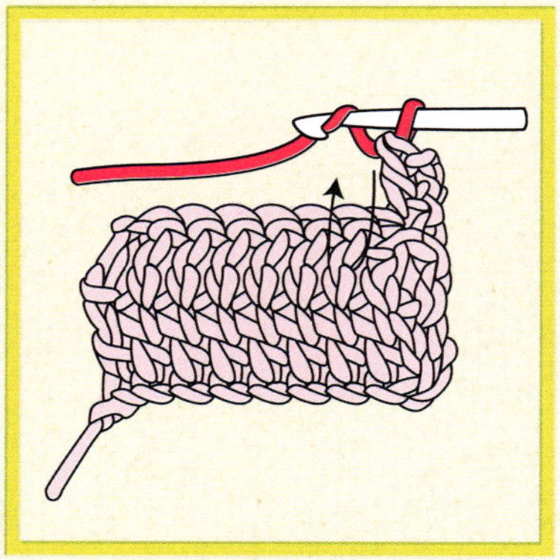

Schritt 1: Den Faden greifen und einmal um die Häkelnadel legen.

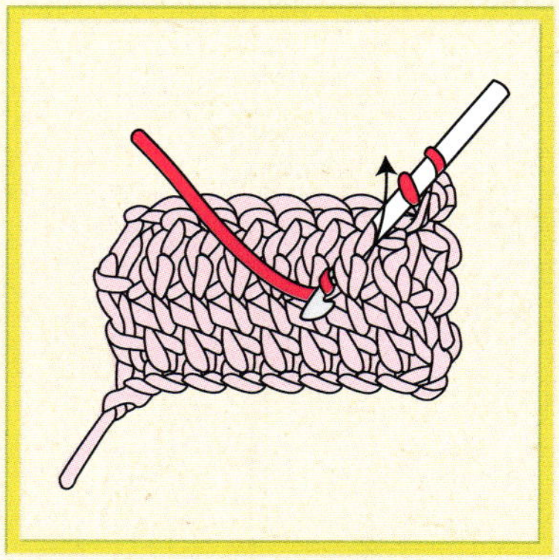

Schritt 2: Nun mit der Nadel von vorn um den Maschenkörper herumstechen, den Arbeitsfaden holen. Es liegen drei Schlingen auf der Nadel.

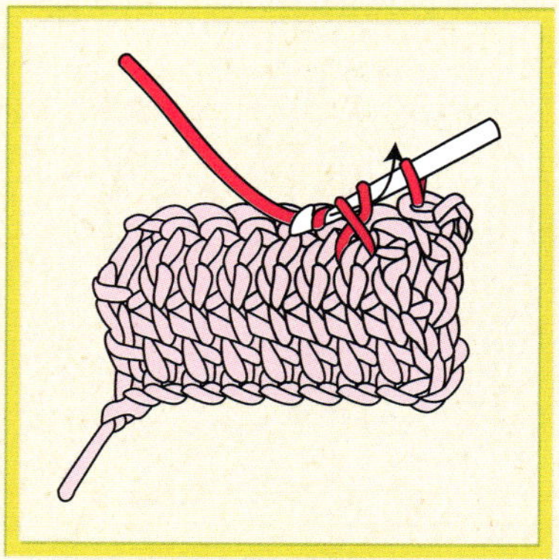

Schritt 3: Erneut den Arbeitsfaden holen und durch die ersten beiden Schlingen auf der Nadel ziehen.

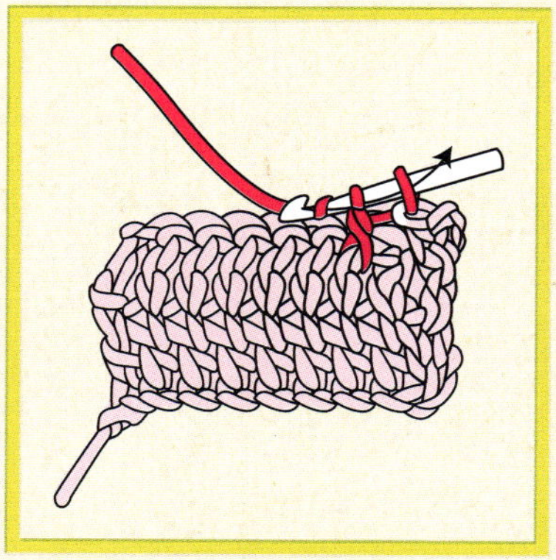

Schritt 4: Um das Reliefstäbchen vorn fertigzustellen, den Faden erneut um die Häkelnadel legen und dann durch die letzten zwei Schlingen auf der Nadel ziehen.

RELIEFSTÄBCHEN HINTEN (RStbh)

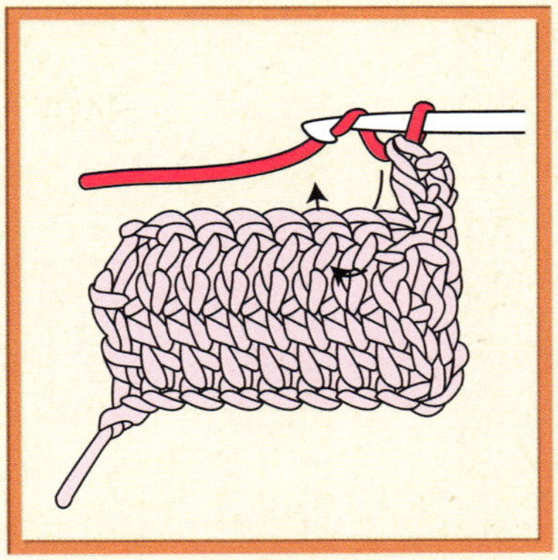

Schritt 1: Den Faden greifen und einmal um die Häkelnadel legen.

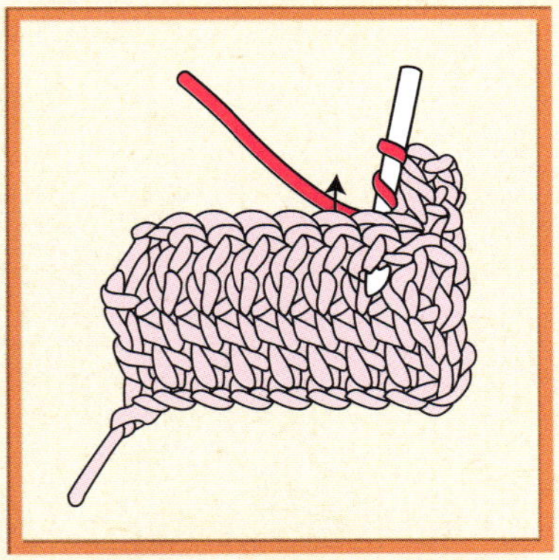

Schritt 2: Nun mit der Nadel von hinten um den Maschenkörper herumstechen, den Arbeitsfaden holen. Es liegen drei Schlingen auf der Nadel.

MIT DIESEN SCHRITTEN BEKOMMT DEIN HÄKELSTÜCK HINTEN EIN HÜBSCHES RELIEFSTÄBCHEN.

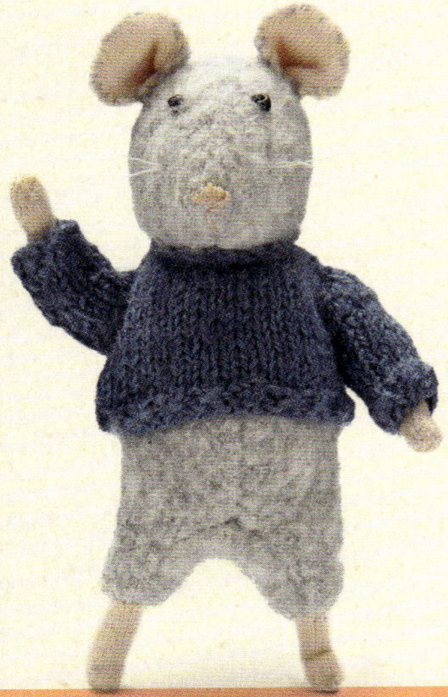

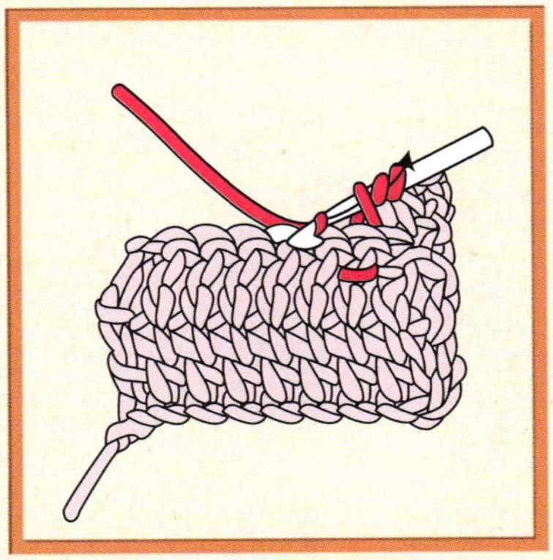

Schritt 3: Erneut den Arbeitsfaden holen und durch die ersten beiden Schlingen auf der Nadel ziehen.

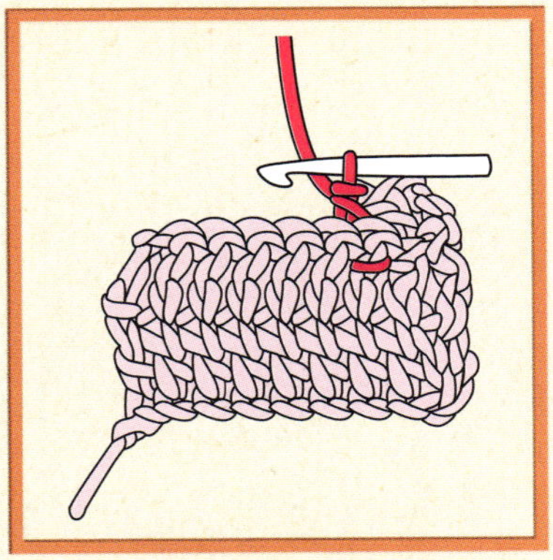

Schritt 4: Um das Reliefstäbchen hinten fertigzustellen, den Faden erneut um die Häkelnadel legen und dann durch die letzten zwei Schlingen auf der Nadel ziehen.

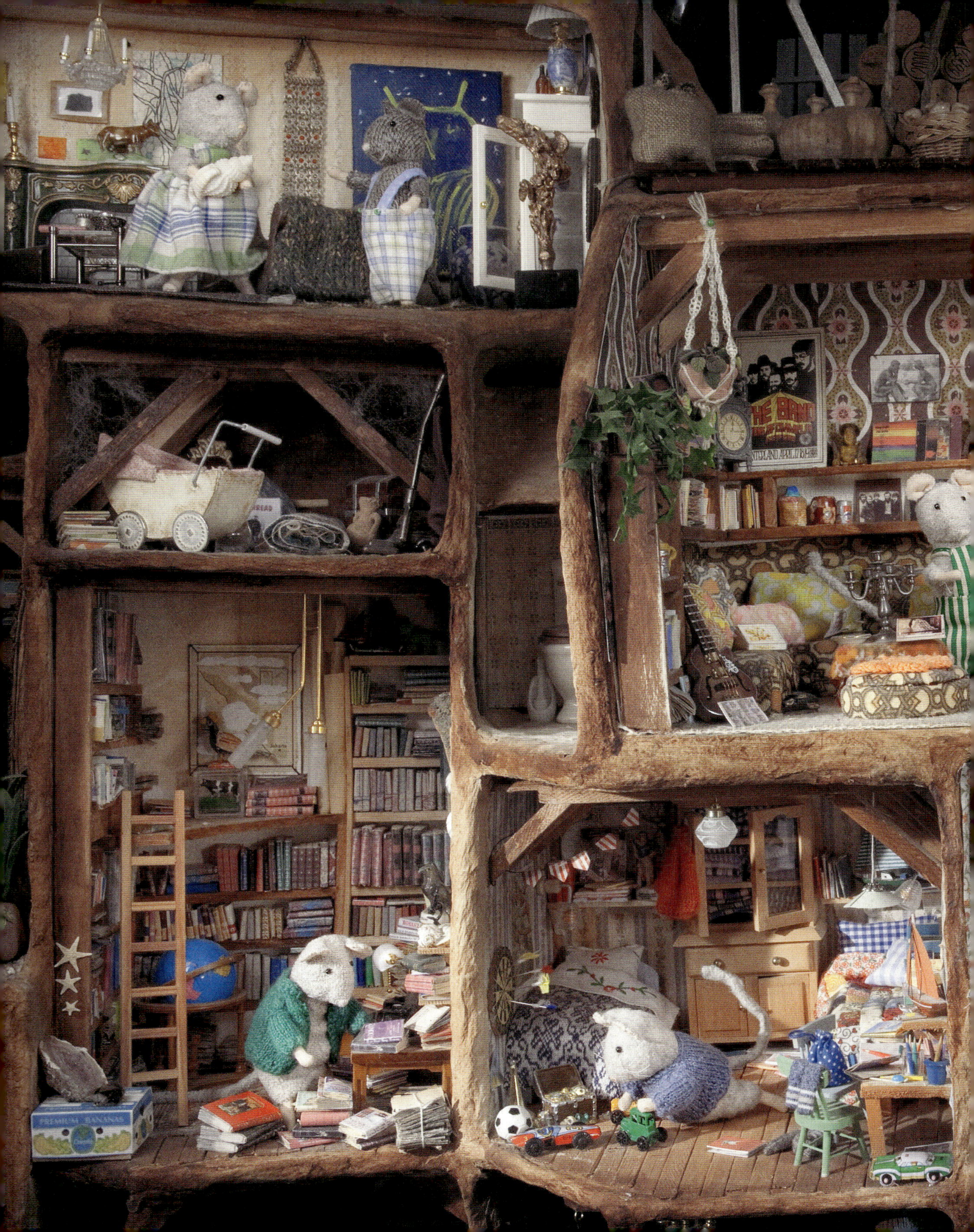
PREMIUM BANANAS

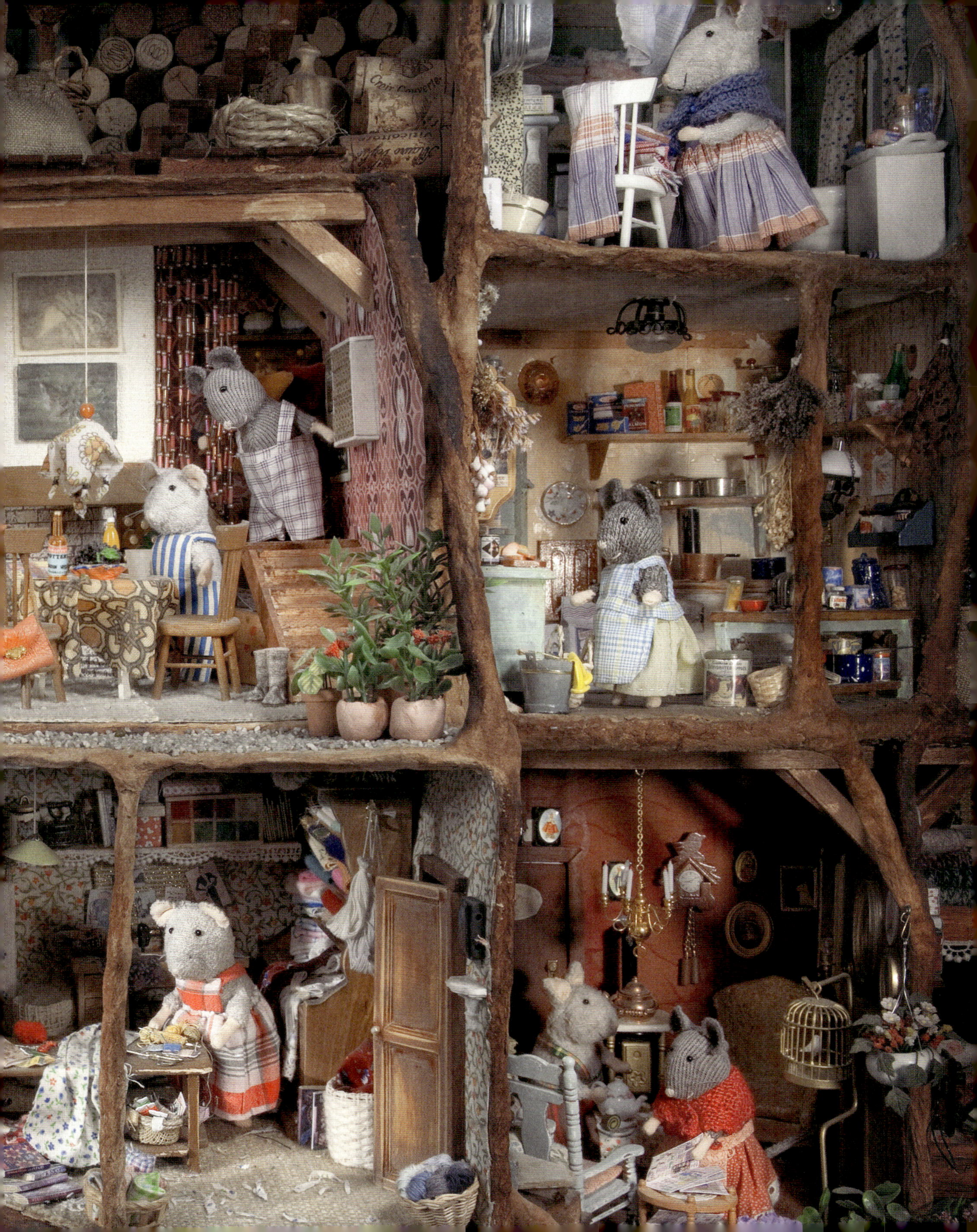

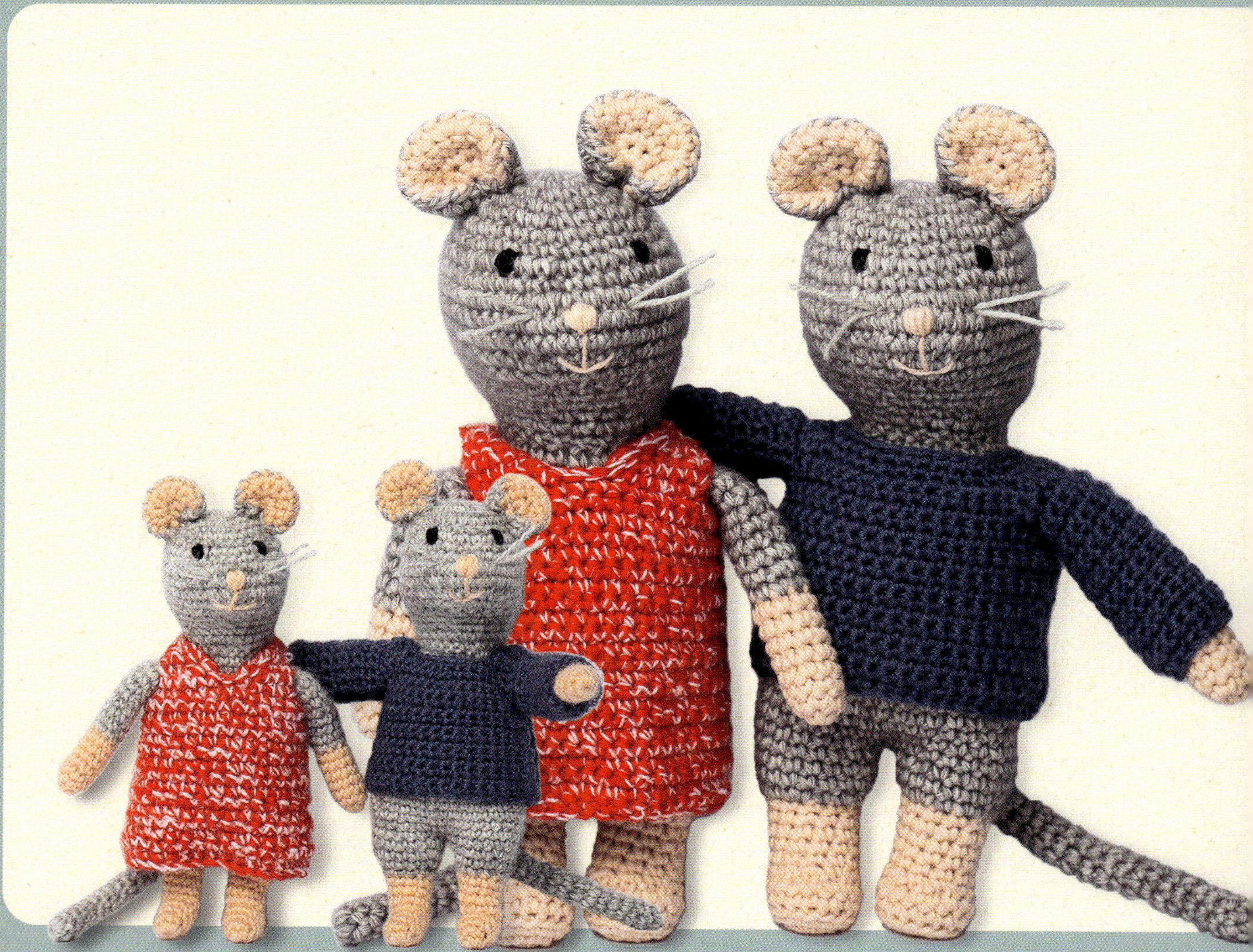

SAM UND JULIA

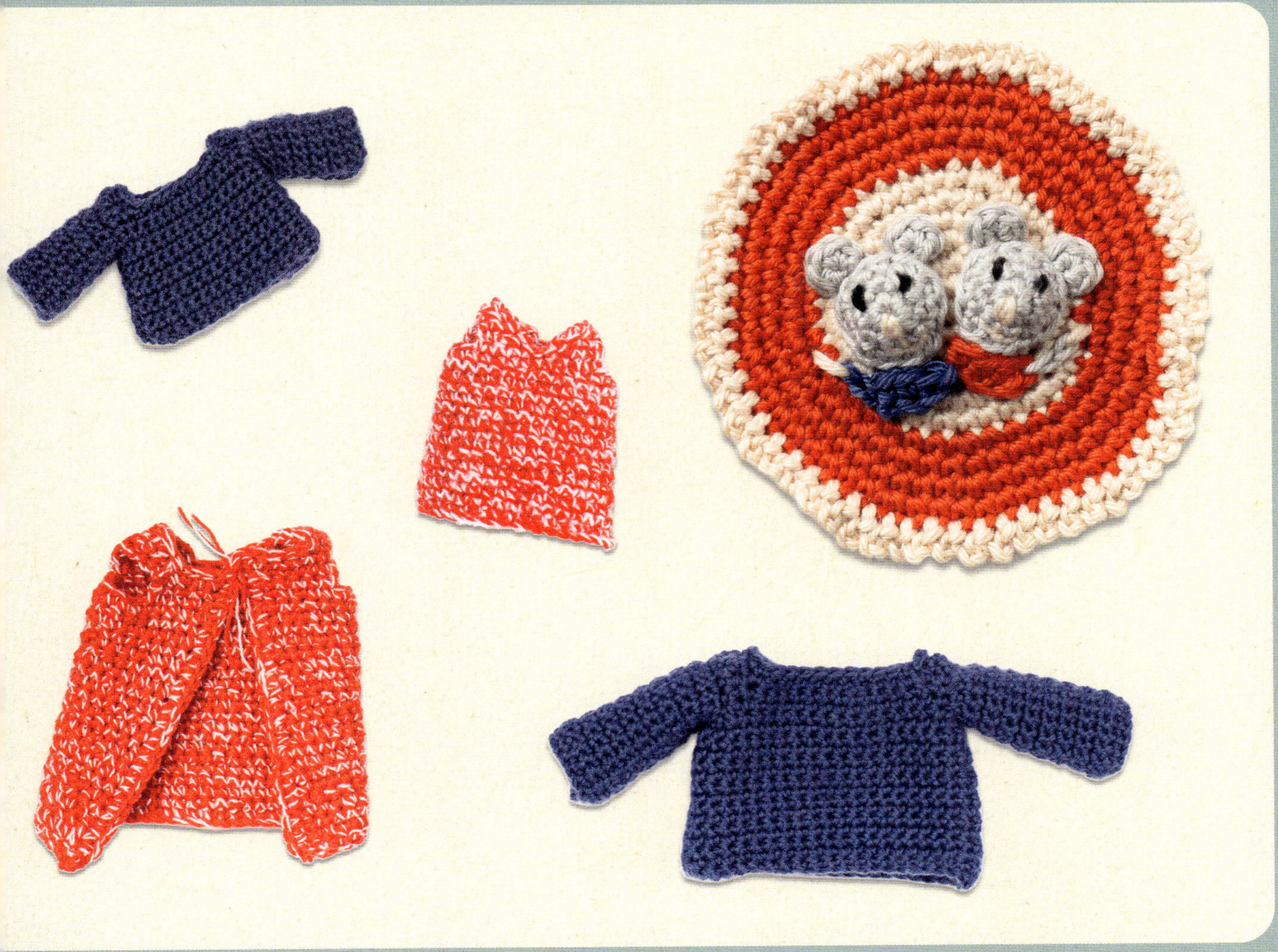

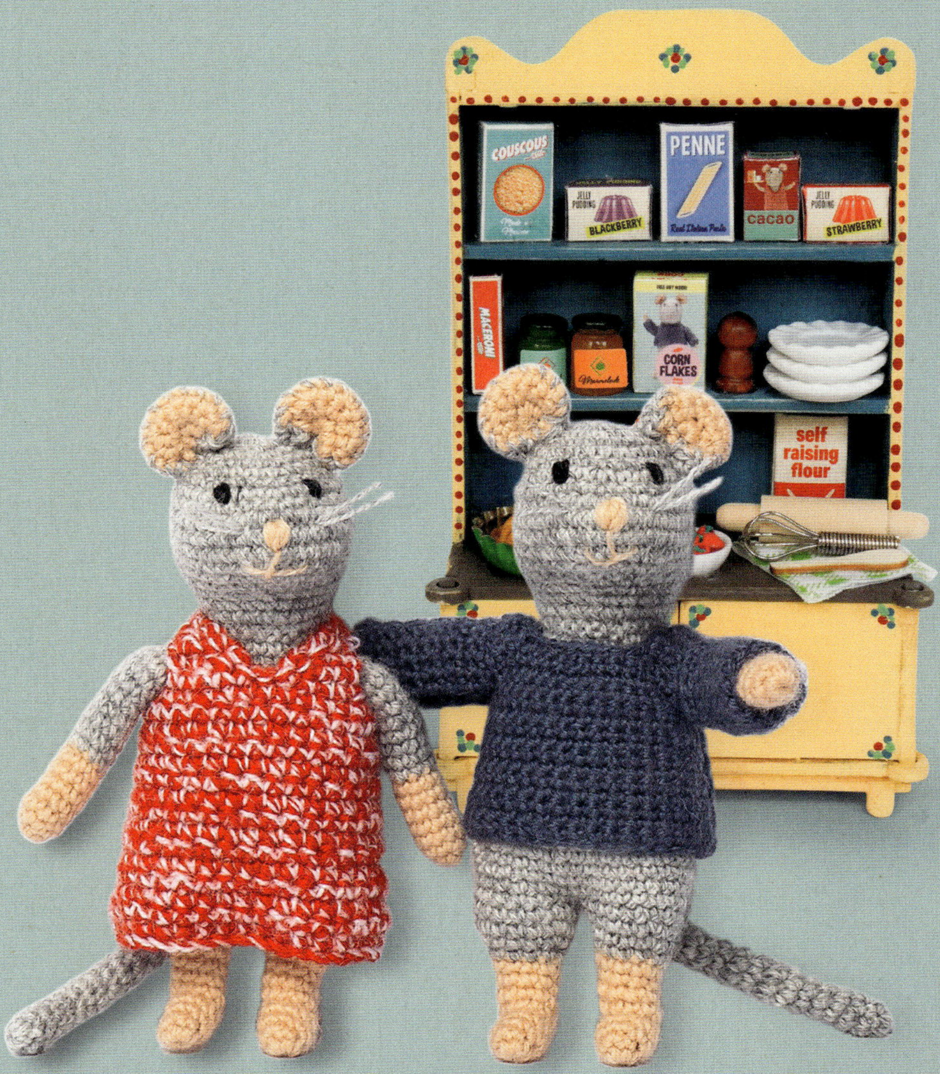

MÄUSEHAUS-GRÖSSE

SAM UND JULIA

Sam und Julia sind hier ungefähr 11 Zentimeter groß und passen daher perfekt in ein selbstgebautes Mäusehaus. Durch Sockenwolle bekommen die kleinen Mäuse ein kuscheliges Aussehen, genau wie die echten Sam und Julia. Wenn du Chenilledraht verwendest, kannst du die Gliedmaßen bewegen und in bestimmte Positionen biegen. Lässt du ihn weg, sind die Figuren auch für Kinder unter drei Jahren geeignet.

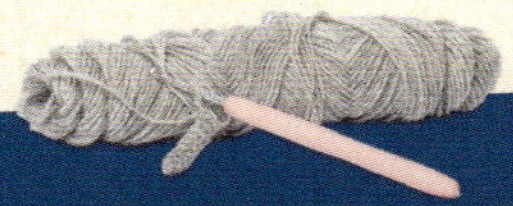

MATERIAL

1 Knäuel Lang Yarns Jawoll 83.0127 Pfirsich
11 Knäuel Lang Yarns Jawoll 83.0023 Hellgrau
Häkelnadel 2 mm
Füllwatte
4 Chenilledrähte
Stopfnadel
Stickgarn in Schwarz, Pfirsich und Grau

FÜSSE UND BEINE

In Pfirsich beginnen.

Links

R 1: 6 fM in einen Fadenring arbeiten. (6)
R 2: 1 fM, 2 fM in die folgende fM häkeln. (9)
R 3–4: 9 fM häkeln.
R 5: 5 Km, 4 hStb häkeln. (9)
R 6: 5 fM, 4 hStb häkeln. (9)
R 7–8: 9 fM häkeln.
R 9: 2 fM, 2 fM in die folgende fM häkeln. (12)

Zu Hellgrau wechseln und den pfirsichfarbenen Faden vernähen.

R 10: 12 fM häkeln.
R 11: 3 fM, 2 fM in die folgende fM häkeln. (15)
R 12: 4 fM, 2 fM in die folgende fM häkeln. (18)
R 13: 18 fM häkeln.
R 14: 6 fM häkeln.

Die restlichen Maschen nicht häkeln und einen langen Faden zum Vernähen hängen lassen.

Rechts

R 1: 6 fM in einen Fadenring häkeln. (6)
R 2: 1 fM, 2 fM in die folgende fM häklen. (9)
R 3–4: 9 fM häkeln.
R 5: 5 Km, 4 hStb häkeln. (9)
R 6: 5 fM, 4 hStb häkeln. (9)
R 7–8: 9 fM häkeln.
R 9: 2 fM, 2 fM in die folgende fM häkeln. (12)

Zu Hellgrau wechseln und den pfirsichfarbenen Faden vernähen.

R 10: 12 fM häkeln.
R 11: 3 fM, 2 fM in die folgende fM häkeln. (15)
R 12: 4 fM, 2 fM in die folgende fM häkeln. (18)
R 13: 12 fM häkeln.

Die restlichen Maschen nicht häkeln. Den Faden **nicht** vernähen. Beim Füllen Chenilledraht verwenden. Mache nun zwei Beinchen und drehe sie umeinander, damit der Körper stabil ist.

Wir werden nun die Beinchen aneinander häkeln. Die folgende Runde zählt als die 1. Runde des Körpers.

KÖRPER

R 1: Für das linke Bein 1 fM in die fM vor dem Ende von R 14 des linken Fußes häkeln. Dort 18 fM häkeln, dann 18 fM über das andere Bein häkeln. (36) Du bist nun am Anfang deiner R.
R 2–5: 36 fM häkeln.

Die Öffnung zwischen den Beinen mit dem Faden vom linken Bein schließen. Zwischendurch die Maus mit dem Chenilledraht für die Beine füllen. Ein Stück Draht doppelt legen, damit das Bein besonders fest wird.

R 6–14: 36 fM häkeln.
R 15: 4 fM häkeln, 2 fM zusammenhäkeln. (30)
R 16: 30 fM häkeln.
R 17: 8 fM, 3 Lm häkeln und 3 fM überspringen, 12 fM, 3 Lm häkeln und 3 fM überspringen, 4 fM häkeln. (30)
R 18: 8 fM häkeln, 3 fM in die hinteren Maschenglieder, 12 fM, 3 fM in die hinteren Maschenglieder, 4 fM häkeln. (30)

Beim Füllen den Chenilledraht für die Arme nicht vergessen!

R 19: 3 fM häkeln, 2 fM zusammenhäkeln. (24)
R 20: 24 fM häkeln.

Den Faden durch die letzte Masche ziehen. Einen langen Faden hängen lassen, um damit den Kopf anzunähen.

KOPF

In Hellgrau arbeiten.

R 1: 6 fM in einen Fadenring arbeiten. (6)
R 2: 2 fM in jede fM häkeln. (12)
R 3: 1 fM, 2 fM in die folgende fM häkeln. (18)
R 4: 2 fM, 2 fM in die folgende fM häkeln. (24)
R 5: 3 fM, 2 fM in die folgende fM häkeln. (30)
R 6: 30 fM häkeln
R 7: 8 fM, *1 fM, 2 fM in die folgende fM* häkeln. Von * bis * noch fünfmal wiederholen. 10 fM häkeln (36)
R 8: 36 fM häkeln.
R 9: 15 fM, *2 fM in die folgende fM* häkeln. Von * bis * noch fünfmal wiederholen. 15 fM häkeln. (42)
R 10–11: 42 fM häkeln.

R 12: 15 fM häkeln, *2 fM zusammenhäkeln*. Von * bis * noch fünfmal wiederholen. 15 fM häkeln. (36)
R 13: 36 fM häkeln.
R 14: 12 fM häkeln, *2 fM zusammenhäkeln*. Von * bis * noch fünfmal wiederholen. 12 fM häkeln. (30)
R 15: 3 fM häkeln, 2 fM zusammenhäkeln. (24)
R 16–17: 24 fM häkeln.

Den Faden durch die letzte Masche ziehen und den Kopf an den Körper nähen.

ARME

In Pfirsich arbeiten.

R 1: 6 fM in einen Fadenring arbeiten. (6)
R 2: 1 fM, 2 fM in die folgende fM häkeln. (9)
R 3–7: 9 fM häkeln.

Zu Hellgrau wechseln und den pfirsichfarbenen Faden vernähen.

R 8–15: 9 fM häkeln.
R 16: 1 fM häkeln, 2 fM zusammenhäkeln. (6)

Den Faden vernähen und die Arme an die vorderen Maschenglieder der Armlöcher nähen.

OHREN

Die Ohren bestehen aus zwei Teilen, die zusammengenäht werden. Hin- und Rückreihen häkeln, und nach jedem Wenden eine Wendeluftmasche häkeln. Diese zählt nicht als Masche. Das Innenohr in Pfirsich häkeln.

R 1: 4 fM in einen Fadenring arbeiten. (4) Wendeluftmasche.
R 2: 2 fM in jede fM häkeln. (8) Wendeluftmasche.
R 3: 1 fM, 2 fM in die folgende fM häkeln. (12) Wendeluftmasche.

Den Faden durch die letzte Masche ziehen und vernähen. Häkle das äußere Ohr mit hellgrauem Garn.

R 1: 4 fM in einen Fadenring arbeiten. (4) Wendeluftmasche.
R 2: 2 fM in jede fM häkeln. (8) Wendeluftmasche.
R 3: 1 fM, 2 fM in die folgende fM häkeln. (12) Wendeluftmasche.

Nähe das innere und äußere Ohr mit Grau zusammen. Die Spitzen zur Mitte knicken und am Kopf festnähen.

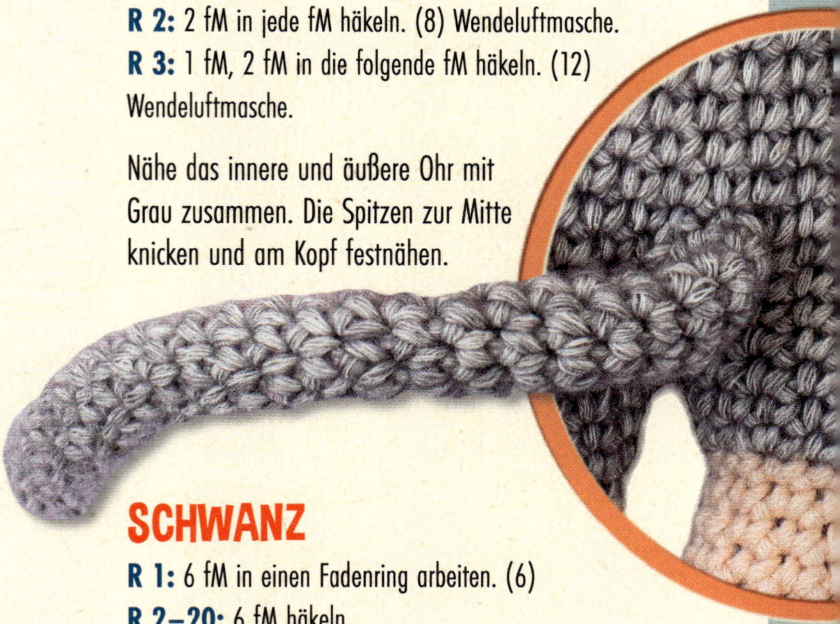

SCHWANZ

R 1: 6 fM in einen Fadenring arbeiten. (6)
R 2–20: 6 fM häkeln.

Den Faden durch die letzte Masche ziehen, den Schwanz mit Chenilledraht füllen und an den Körper nähen.

FERTIGSTELLUNG

Augen, Nase und Mund aufsticken.

Für die Nase Stickgarn in Pfirsich verwenden; Grau für die Schnurrhaare wählen und die Augen in Schwarz aufsticken.

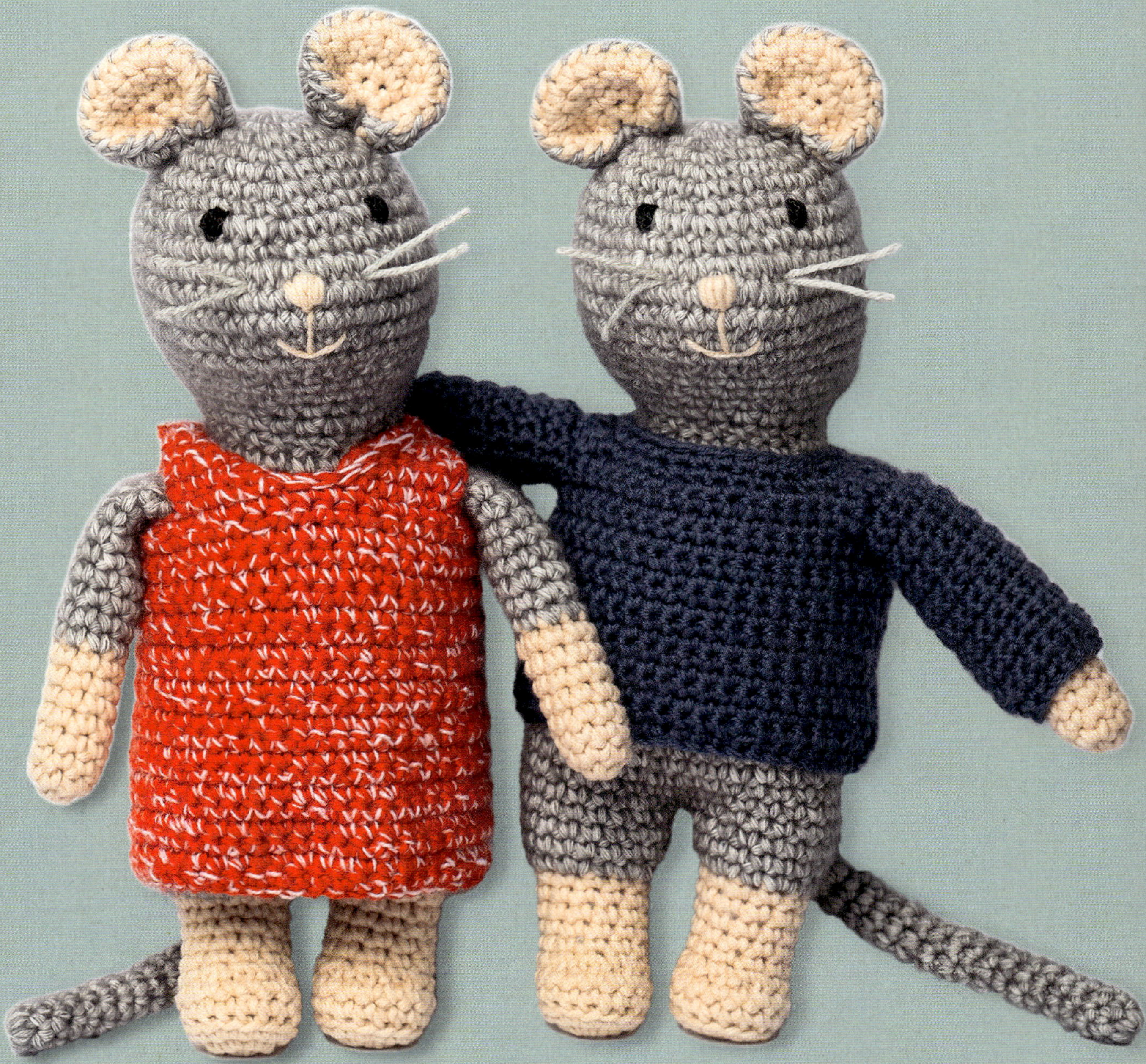

KUSCHELTIER-
GRÖSSE

SAM UND JULIA

Für die Körper der großen Mäuse werden die weichen Garne Stone Washed XL und Cosy fine gewählt, damit die Figuren besonders kuschelig werden. Das Garn ist dicker und wird mit einer dickeren Häkelnadel gehäkelt. So halten die Kuscheltiere einiges aus und lassen sich überallhin mitnehmen. Die großen Mäuse sind etwa 25 cm groß.

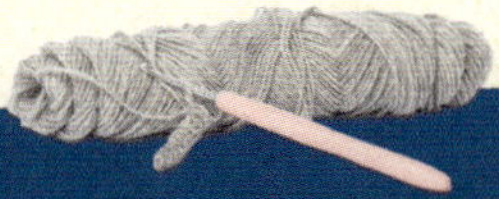

MATERIAL

2 Knäuel Stone Washed XL 842 Rauchquartz

1 Knäuel Durable Cosy fine 2192 Hellrosa

Reste Lang Yarns Jawoll 83.0023 Hellgrau

Garnreste (Baumwoll- oder Stickgarn) in Schwarz für die Augen

Häkelnadel 4 mm

Füllwatte

FÜSSE

In Hellrosa arbeiten.

Links

R 1: 6 fM in einen Fadenring arbeiten. (6)
R 2: 2 Fm in jede fM häkeln. (12)
R 3: 1 fM, dreimal 2 fM in die folgende fM, 8 fM häkeln. (15)
R 4: 15 fM in das hintere Maschenglied häkeln.
R 5: 15 fM häkeln.
R 6: 2 fM häkeln, dreimal 2 fM zusammenhäkeln, 7 fM häkeln. (12)
R 7–11: 12 fM häkeln.

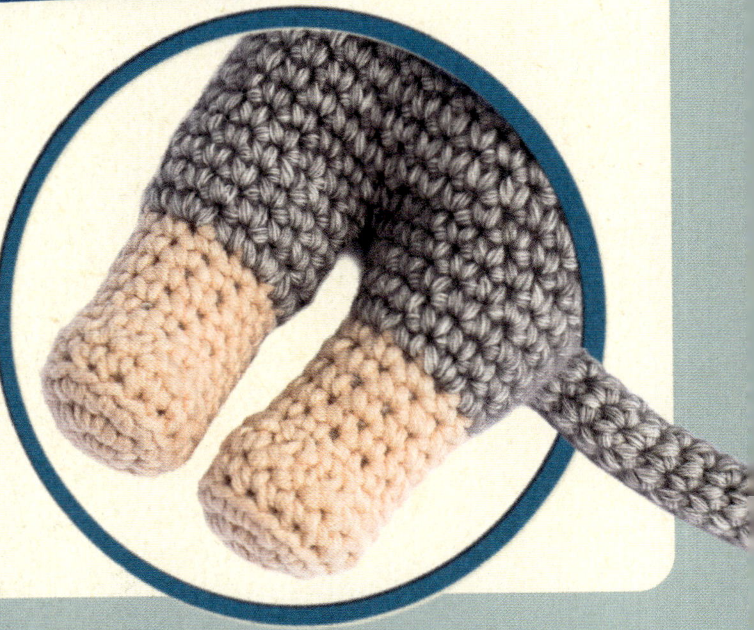

In Rauchquartz weiterarbeiten und den hellrosa Faden vernähen.

R 12: 1 fM, 2 fM in die folgende fM häkeln. (18)
R 13–15: 18 fM häkeln.
R 16: 4 fM häkeln.

Die restlichen Maschen nicht häkeln. Den Faden durch die letzte Masche ziehen und einen langen Faden zum Vernähen hängen lassen.

Rechts

R 1: 6 fM in einen Fadenring arbeiten. (6)
R 2: 2 fM in jede fM häkeln. (12)
R 3: 1 fM, dreimal 2 fM in die folgende fM, 8 fM häkeln. (15)
R 4: 15 fM in das hintere Maschenglied häkeln.
R 5: 15 fM häkeln.
R 6: 2 fM häkeln, dreimal 2 fM zusammenhäkeln, 7 fM häkeln. (12)
R 7–11: 12 fM häkeln.

In Rauchquartz weiterarbeiten und den hellrosa Faden vernähen.
R 12: 1 fM, 2 fM in die folgende fM häkeln. (18)
R 13–14: 18 fM häkeln.
R 15: 12 fM häkeln.

Die restlichen festen Maschen nicht häkeln. Den Faden **nicht** vernähen. Bereits beim Häkeln füllen.

KÖRPER

Als Nächstes die Beine zusammenhäkeln. Das ist gleichzeitig die erste Runde des Körpers. Den Körper bereits beim Häkeln füllen.

R 1: In der fM nach der letzten fM des linken Fußes ansetzen, 18 fM über den linken Fuß häkeln, dann weitere 18 fM über den rechten Fuß häkeln. (36)
R 2–16: 36 fM häkeln.
R 17: 4 fM häkeln, 2 fM zusammenhäkeln. (30)
R 18–19: 30 fM häkeln.
R 20: 3 fM häkeln, 2 fM zusammenhäkeln. (24)
R 21: 24 fM häkeln.

Den Faden durch die letzte Masche ziehen und einen langen Faden hängen lassen, um damit später den Kopf anzunähen.

KOPF

In Rauchquartz arbeiten.

R 1: 6 fM in einen Fadenring arbeiten. (6)
R 2: 2 fM in jede fM häkeln. (12)
R 3: 1 fM, 2 fM in die folgende fM häkeln. (18)
R 4: 2 fM, 2 fM in die folgende fM häkeln. (24)
R 5: 3 fM, 2 fM in die folgende fM häkeln. (30)
R 6: 4 fM, 2 fM in die folgende fM häkeln. (36)
R 7: 36 fM häkeln.
R 8: 12 fM, sechsmal 1 fM, 2 fM in die folgende fM, 12 fM häkeln. (42)

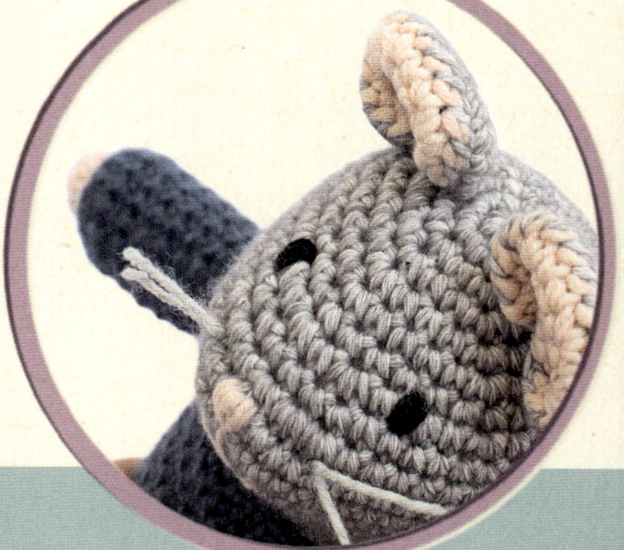

R 9: 42 fM häkeln.
R 10: 18 fM, sechsmal 2 fM in die folgende fM, 18 fM häkeln. (48)
R 11–13: 48 fM häkeln.
R 14: 18 fM häkeln, sechsmal 2 fM zusammenhäkeln, 18 fM häkeln. (42)
R 15: 42 fM häkeln.
R 16: 15 fM häkeln, sechsmal 2 fM zusammenhäkeln, 15 fM häkeln. (36)
R 17: 36 fM häkeln.
R 18: 4 fM häkeln, 2 fM zusammenhäkeln. (30)
R 19: 3 fM häkeln, 2 fM zusammenhäkeln. (24)
R 20: 24 fM häkeln.

Den Faden durch die letzte Masche ziehen und den Kopf an den Körper nähen. Bereits beim Häkeln füllen.

OHREN

Die Ohren bestehen aus Innen- und Außenohr, die zusammengenäht werden. Hin- und Rückreihen häkeln und nach jeder Reihe eine Wendeluftmasche häkeln. Diese zählt nicht als Masche!

R 1: 4 fM in einen Fadenring arbeiten. (4) Wendeluftmasche.
R 2: 2 fM in jede fM häkeln. (8) Wendeluftmasche.
R 3: 1 fM, 2 fM in die folgende fM häkeln. (12) Wendeluftmasche.
R 4: 2 fM, 2 fM in die folgende fM häkeln. (16) **Keine** Wendeluftmasche häkeln.

Den Faden durch die letzte Masche ziehen und einen langen grauen Faden hängen lassen. Damit werden die Teile festgenäht.
Innen- und Außenohr aufeinanderlegen und mit dem Faden in Rauchquartz zusammennähen.

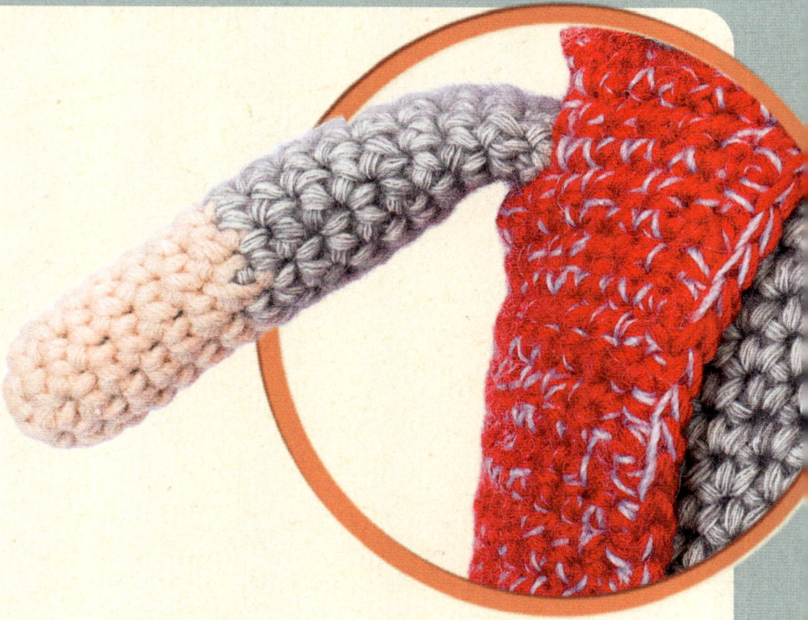

ARME

In Hellrosa arbeiten.

R 1: 6 fM in einen Fadenring arbeiten. (6)
R 2: 1 fM, 2 fM in die folgende fM häkeln. (9)
R 3–8: 9 fM häkeln.

In Rauchquartz weiterarbeiten und den hellrosa Faden vernähen.

R 9–18: 9 fM häkeln.

Den Faden durch die letzte Masche ziehen und die Arme an den Körper nähen.
Bereits beim Häkeln füllen.

SCHWANZ

In Rauchquartz arbeiten.

R 1: 6 fM in einen Fadenring arbeiten. (6)
R 2–28: 6 fM häkeln.

Den Faden durch die letzte Masche ziehen und den Schwanz an den Körper nähen.

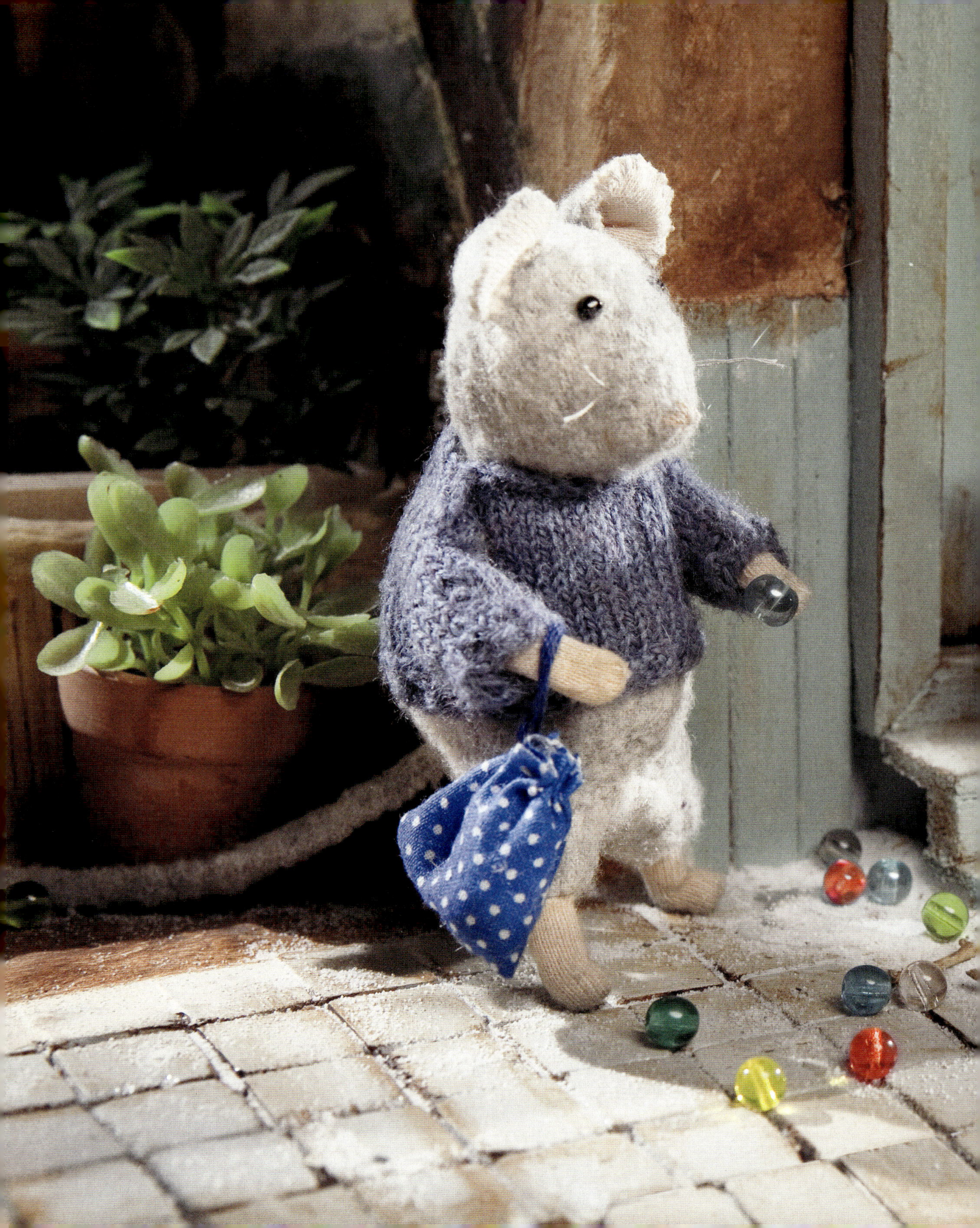

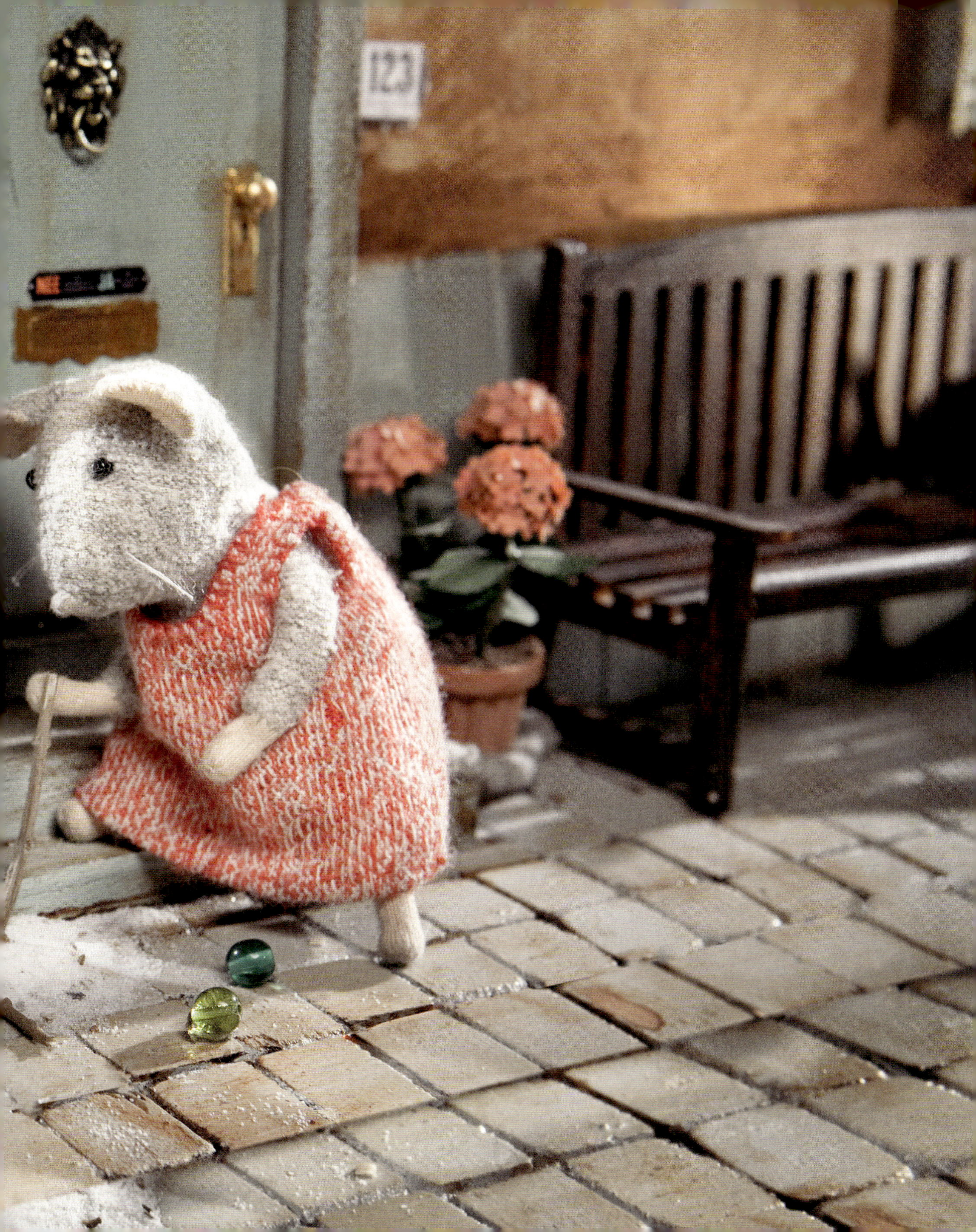
123

JULIAS KLEID

MÄUSEHAUS-GRÖSSE

Julia ist an ihrem rot-weißen Kleid gut zu erkennen. Wusstest du, dass sie nie etwas anderes trägt? Für den melierten Effekt von Julias Kleid arbeitest du mit doppeltem Faden: einen weißen und einen roten. Der weiße Faden ist das Stopfgarn, das im weißen Knäuel von Jawoll steckt.

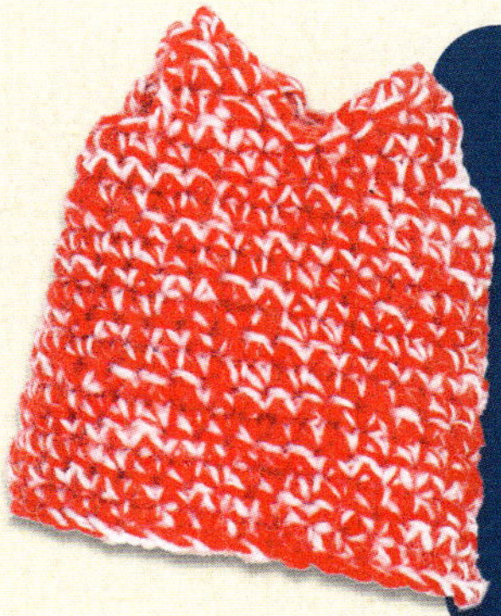

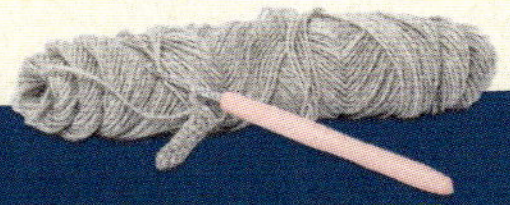

MATERIAL

1 Knäuel Lang Yarns Jawoll 83.0060 Rot

1 Knäuel Lang Yarns Jawoll 83.0001 Weiß (Stopfgarn)

Häkelnadel 2 mm

JULIAS KLEID

Dieses Muster wird mit rotem Garn und weißem Stopfgarn gehäkelt. Nach jeder Reihe folgt eine Wendeluftmasche, die nicht als Masche zählt.

Zunächst 29 Lm häkeln.

R 1: 1 fM in die 2. Lm ab Nadel häkeln, 27 fM häkeln. (28) Wendeluftmasche.
R 2–15: 28 fM häkeln. Wendeluftmasche.
R 16 Außenseite: 5 fM häkeln, die restlichen Maschen nicht häkeln. Wendeluftmasche.
R 17–18: 5 fM häkeln. Wendeluftmasche.

Den Faden durch die letzte Masche ziehen und auf der anderen Seite wieder ansetzen.
Hier R 16–18 wiederholen.

Den Faden durch die letzte Masche ziehen. 4 fM überspringen und dann erneut den Faden ansetzen. Das ist R 16 Innenseite.

R 16 Innenseite: 4 fM häkeln. Wendeluftmasche.
R 17 Innenseite: 2 fM zusammenhäkeln, 2 fM häkeln. (3) Wendeluftmasche.
R 18 Innenseite: 1 fM häkeln, 2 fM zusammenhäkeln. (2) Wendeluftmasche.
R 19 Innenseite: 2 fM zusammenhäkeln. (1) Wendeluftmasche.
R 20–21: 1 fM häkeln. Wendeluftmasche.

Noch einmal wiederholen, um das andere Armloch spiegelbildlich zu arbeiten. Die Schulterstreifen des Vorderteils an das Rückenteil nähen und die Halsöffnung mit Kettmaschen umhäkeln.

SAMS PULLOVER

MÄUSEHAUS-GRÖSSE

Sam ist an seinem blauen Pullover zu erkennen. Er trägt nie einen anderen.

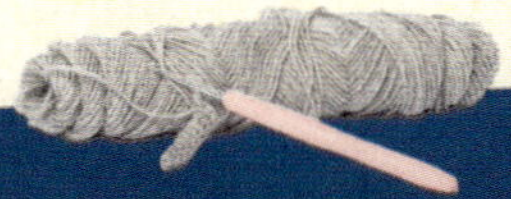

MATERIAL

1 Knäuel Lang Yarns Jawoll 83.0007 Blau

Häkelnadel 2 mm

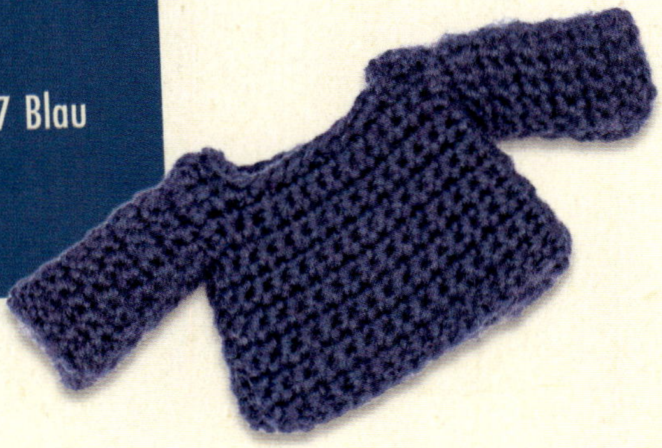

SAMS PULLOVER

Vorder- und Rückenteil

Zuerst 19 Lm häkeln. Nach jeder Reihe folgt eine Wendeluftmasche. Diese zählt nicht als Masche.

R 1–11: 18 fM häkeln. Wendeluftmasche.

Den Faden durch die letzte Masche ziehen, 2 fM vom Rand wieder ansetzen.

R 12–14: 14 fM häkeln. Wendeluftmasche.
R 15: 2 fM häkeln, restliche Maschen nicht häkeln. Wendeluftmasche.
R 16–17: 2 fM häkeln. Wendeluftmasche.

Beide Teile (mit der Innenseite des Pullovers nach außen) aufeinanderlegen. Die Seiten sowie die Schultern mit Kettmaschen zusammenhäkeln. Von innen nach außen drehen.

Ärmel

Zunächst 15 Lm häkeln
Hin- und Rückreihen arbeiten.

R 1–12: 14 fM häkeln.

Die Seiten mit Kettmaschen zusammenhäkeln.
An den Pullover nähen.
Sam den Pullover überziehen.

Kragen

Noch eine Runde häkeln.
Dazu an der Rückseite an einem Arm ansetzen, 3 fM häkeln, 2 fM zusammenhäkeln, auch über den Armen.

KUSCHELTIER GRÖSSE

JULIAS KLEID

Die große Julia braucht natürlich auch etwas zum Anziehen. Wie bei dem Mini-Muster häkelst du mit doppeltem Faden. Für dieses melierte Muster verwendest du das weiße Stopfgarn im weißen Knäuel von Jawoll. Natürlich kannst du das gleiche Muster auch in einer anderen Farbe häkeln. So gibst du dem Kleid deine eigene Note.

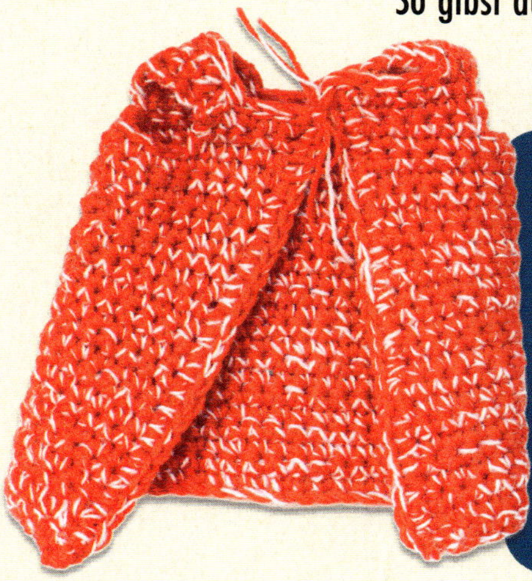

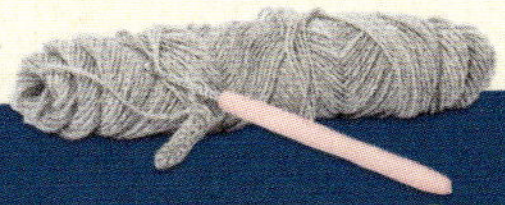

MATERIAL

1 Knäuel Lang Yarns Jawoll 83.0060 Rot

1 Knäuel Lang Yarns Jawoll 83.0001 Weiß (Stopfgarn)

Häkelnadel 4 mm

JULIAS KLEID

Mit einem doppelten roten Faden (also mit zwei roten Fäden) und weißem Stopfgarn arbeiten. Dieses Muster wird mit drei Fäden gehäkelt. Nach jeder Reihe folgt eine Wendeluftmasche. Diese zählt nicht als Masche. Zuerst 39 Lm häkeln.

R 1: 1 fM in die 2. Lm ab Nadel häkeln, 37 fM häkeln. (38) Wendeluftmasche.
R 2–15: 38 fM häkeln. Wendeluftmasche.
R 16 Außenseite: 6 fM häkeln, restliche Maschen nicht häkeln. Wendeluftmasche.
R 17–18: 6 fM häkeln. Wendeluftmasche.

Den Faden durch die letzte Masche ziehen und auf der anderen Seite wieder ansetzen.
Hier R 16–18 wiederholen.
Den Faden wiederum durch die letzte Masche ziehen. 6 fM überspringen und dann den Faden wieder ansetzen.
Das ist R 16 Innenseite.

R 16 Innenseite: 6 fM häkeln.
R 17 Innenseite: 2 fM zusammenhäkeln, 4 fM häkeln. (5)
R 18 Innenseite: 3 fM häkeln, 2 fM zusammenhäkeln. (4)
R 19 Innenseite: 2 fM zusammenhäkeln, 2 fM häkeln. (3)
R 20–21: 3 fM häkeln.
R 22: 1 fM häkeln, 2 fM zusammenhäkeln. (2)

Noch einmal wiederholen, um das andere Armloch spiegelbildlich zu arbeiten. Die Schulterstreifen mit dem Rückenteil verbinden und die Halsöffnung mit Km und die Außenseiten des Kleides mit fM häkeln.

KUSCHELTIER-GRÖSSE

SAMS PULLOVER

Natürlich braucht auch der große Sam einen Pullover. Du kannst auch eine andere Farbe wählen und auf diese Weise deine eigenen Charaktere kreieren.

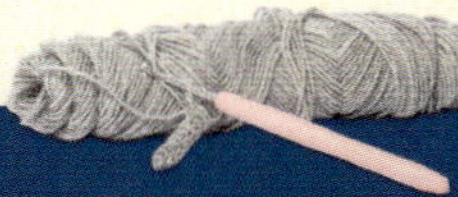

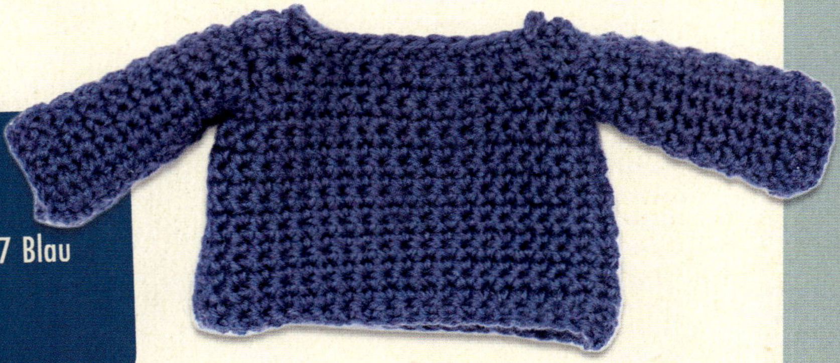

MATERIAL

1 Knäusel Lang Yarns Jawoll 83.007 Blau

Häkelnadel 4 mm

SAMS PULLOVER

Vorder- und Rückenteil

Zuerst 19 Lm häkeln. Nach jeder Reihe folgt eine Wendeluftmasche. Diese zählt nicht als Masche.

R 1–11: 18 fM häkeln. Wendeluftmasche.

Den Faden durch die letzte Masche ziehen, 2 fM vom Rand wieder ansetzen.

R 12–14: 14 fM häkeln. Wendeluftmasche.
R 15: 2 fM häkeln, restliche Maschen nicht häkeln. Wendeluftmasche.
R 16–17: 2 fM fäkeln. Wendeluftmasche.

Beide Teile (mit der Innenseite des Pullovers nach außen) aufeinanderlegen. Die Seiten sowie die Schultern mit Kettmaschen zusammenhäkeln. Von innen nach außen drehen.

Ärmel

Zunächst 17 Lm häkeln.
Hin- und Rückreihen häkeln. Die Wendeluftmasche zählt nicht als Masche.

R 1–14: 16 fM häkeln. Wendeluftmasche.

Die Seiten mit Km zusammenhäkeln. An den Pullover nähen. Sam den Pullover überziehen.

Kragen

Noch eine Runde häkeln.
Dazu an der Rückseite bei einem Arm ansetzen, 3 fM, 2 fM zusammenhäkeln, auch über den Armen.

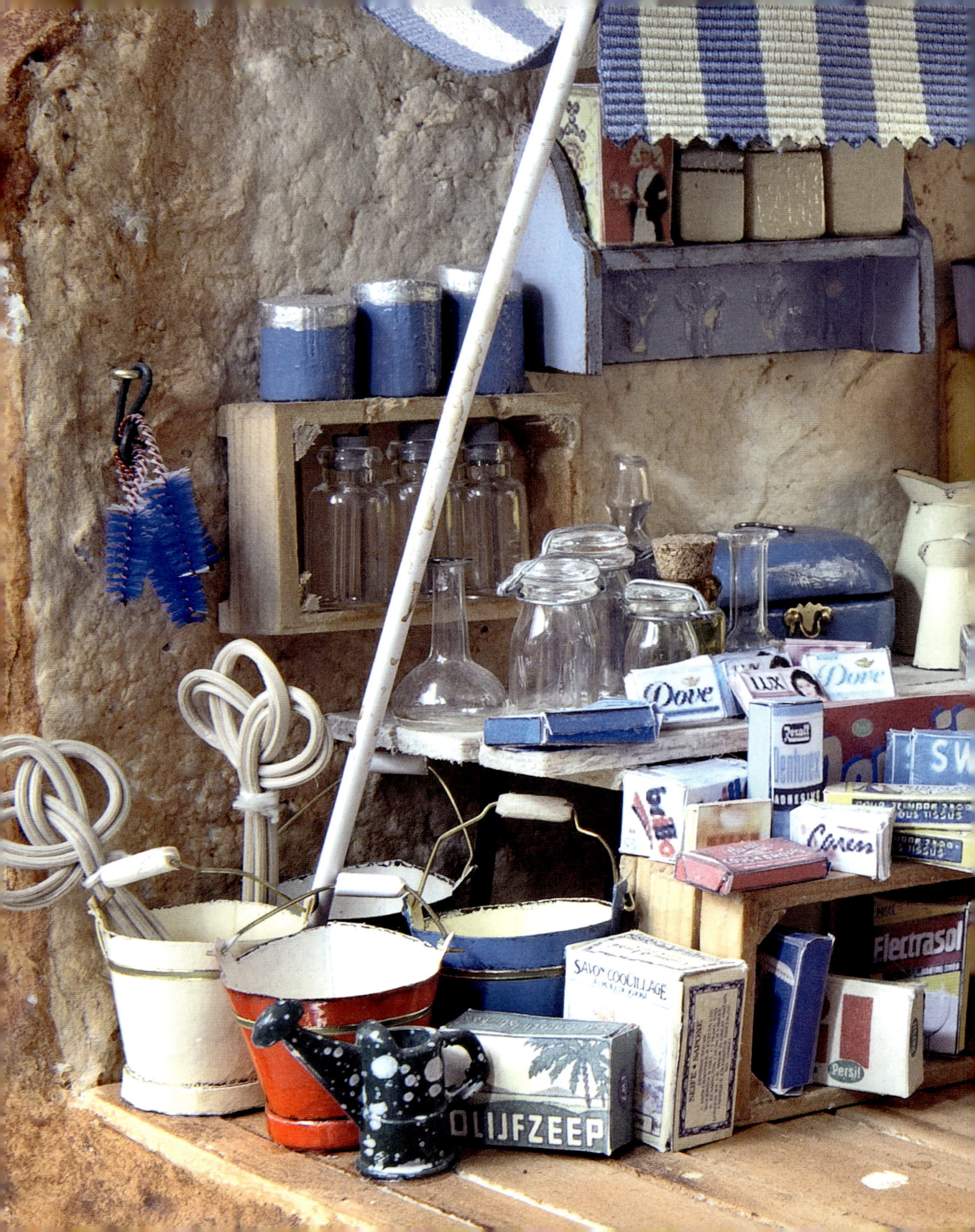
Dove
LUX
Dove
SW
Caress
Electrasol
SAVON COQUILLAGE
Persil
OLIJFZEEP

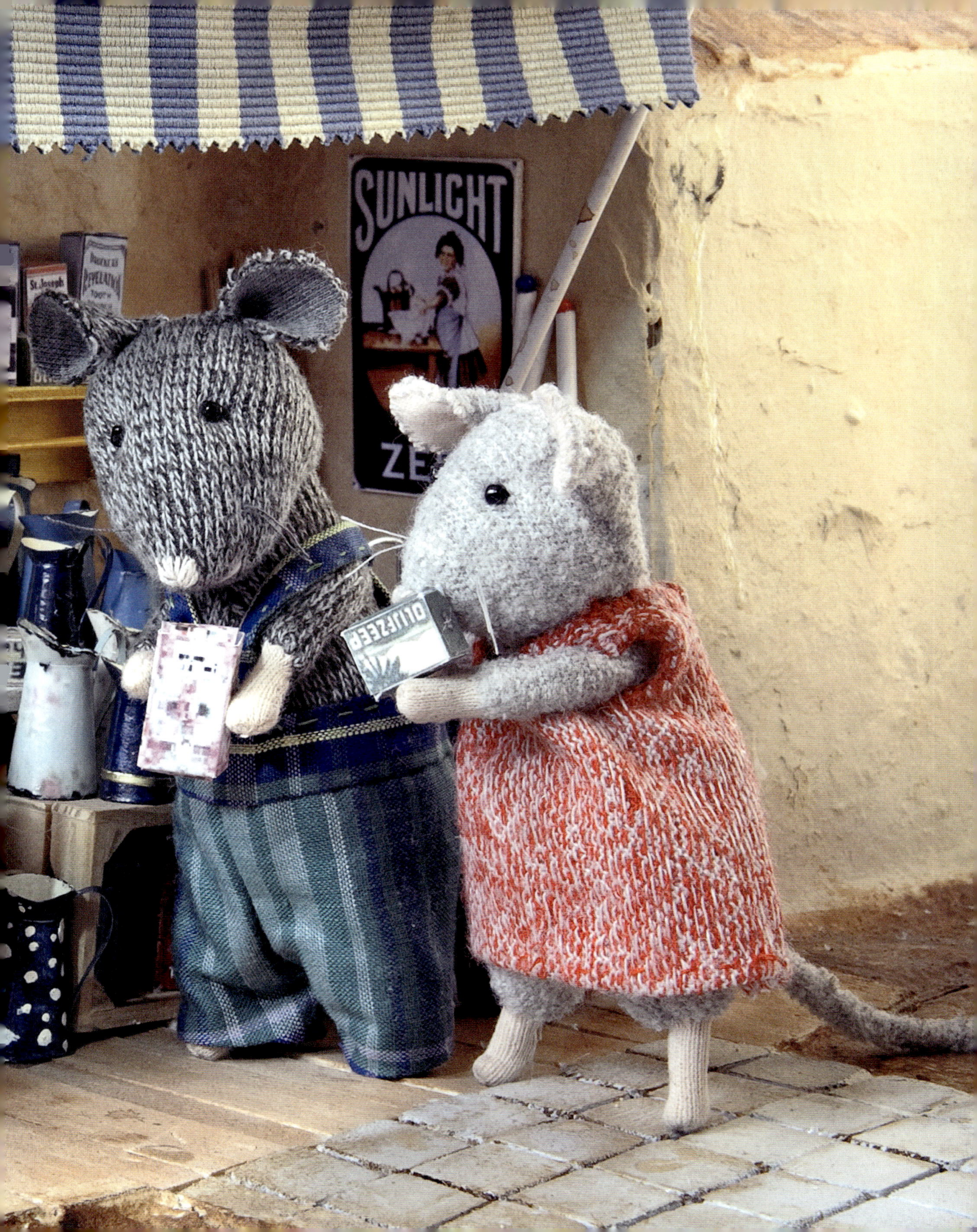
SUNLIGHT

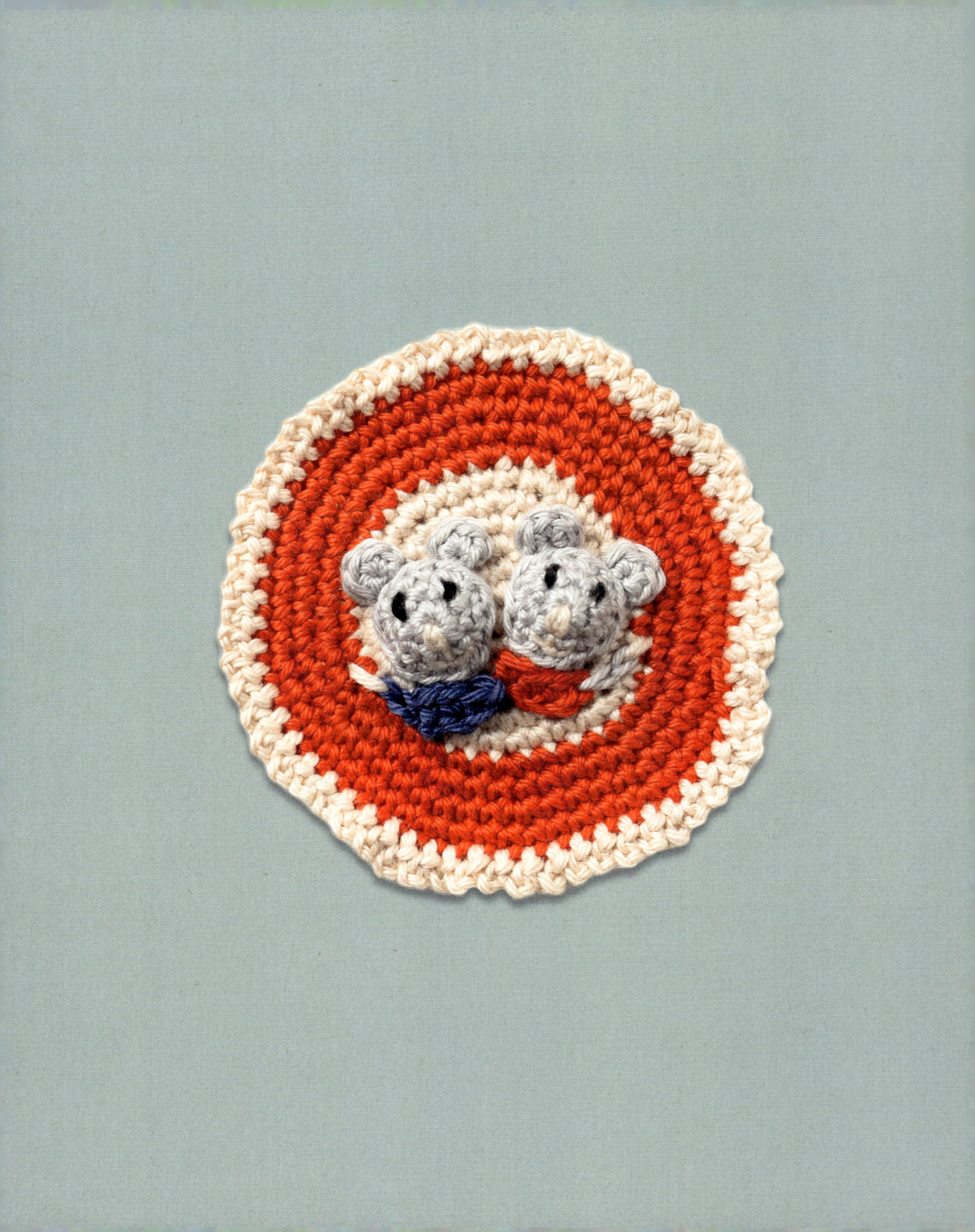

MÄUSE-AUFNÄHER

Mit diesem hübschen „Sam und Julia"-Aufnäher kannst du Löcher in der Kleidung abdecken. Oder du verwendest ihn für deinen Mäusekoffer (siehe S. 53).

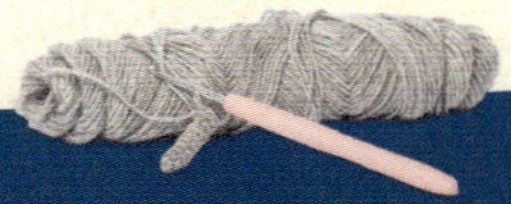

MATERIAL

Durable Coral 2192 Hellrosa
Lang Yarns Quattro 16.0060 Rot
Lang Yarns Quattro 16.0024 Hellgrau
Lang Yarns Quattro 16.0006 Blau
Häkelnadel 2,5 mm
Stopfnadel
Schere

PERFEKTE KREISE HÄKELN

In Hellrosa beginnen.

R 1: 6 fM in einen Fadenring häkeln. (6)
R 2: 2 fM in jede fM häkeln. (12)
R 3: 1 fM, 2 fM in die folgende fM. häkeln (18)
R 4: 1 fM, *2 fM in die folgende fM, 2 fM* häkeln. Von * bis * wiederholen, bis 1 fM übrig bleibt, 1 fM. (24)
R 5: 3 fM, 2 fM in die folgende fM häkeln. (30)
R 6: 2 fM, *2 fM in die folgende fM, 4 fM* häkeln. Von * bis * wiederholen, bis 12 fM übrig bleiben, 2 fM. (36)

In Rot weiterarbeiten und den hellrosa Faden vernähen.

R 7: 5 fM, 2 fM in die folgende fM häkeln. (42)
R 8: 3 fM, *2 fM in die folgende fM, 6 fM* häkeln. Von * bis * bis zum Ende wiederholen, 3 fM. (48)
R 9: 7 fM, 2 fM in die folgende fM häkeln. (54)
R 10: 4 fM, *2 fM in die folgende fM, 8 fM* häkeln. Von * bis * bis zum Ende wiederholen, 3 fM, Km in die letzte. (60)
R 11: Km in die erste und zweite fM häkeln.

Die restlichen Maschen nicht häkeln und den Faden durch die letzte Masche ziehen.
In Hellrosa weiterarbeiten und den roten Faden vernähen.

R 12: *1 Km, 3 Lm* häkeln.
Von * bis * wiederholen bis zum Ende der Runde.

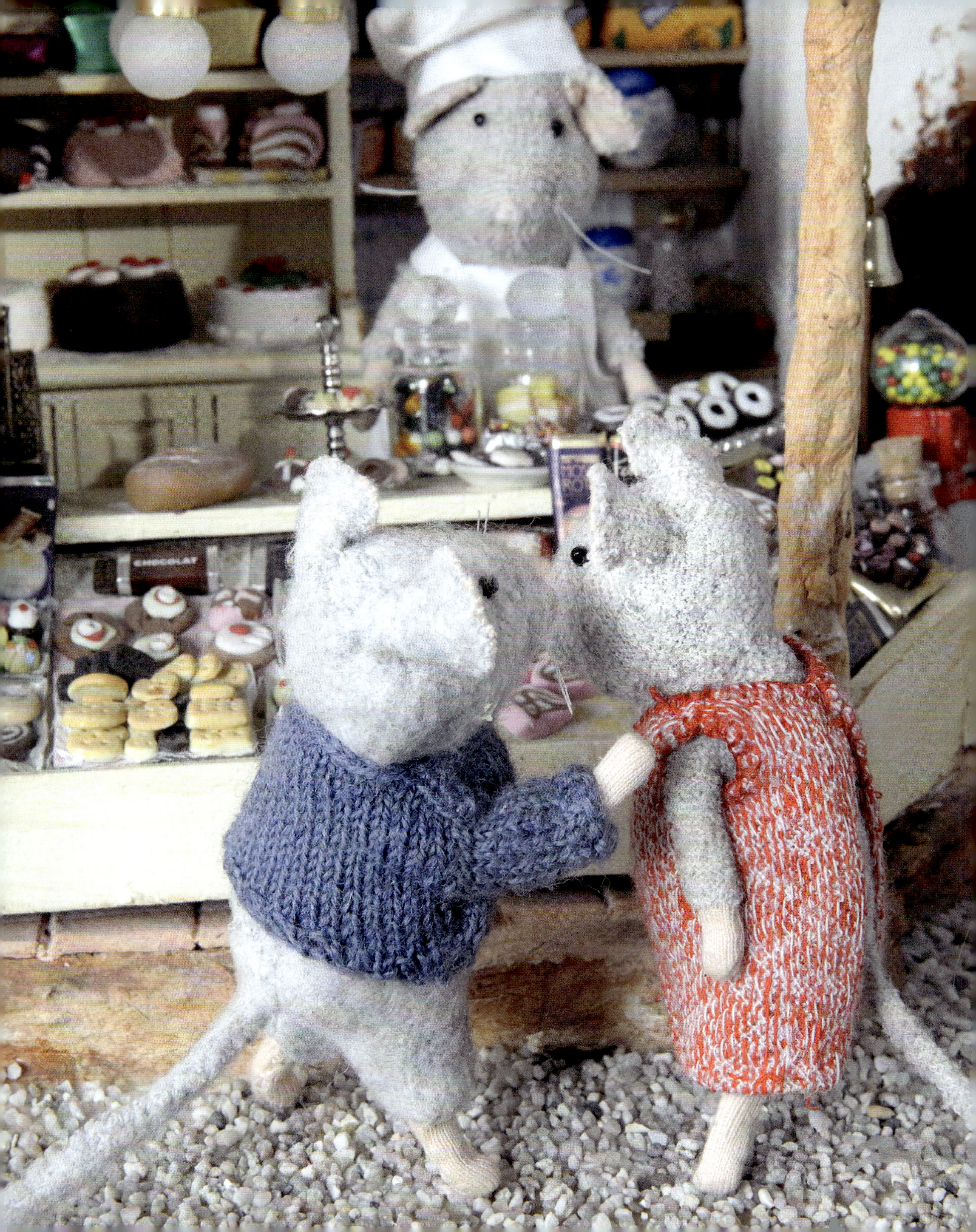
CHOCOLAT

KÖPFE

In Hellgrau arbeiten.

R 1: 6 fM in einen Fadenring arbeiten.
R 2: 1 fM, 2 fM in die folgende fM häkeln. (9)
R 3: 2 fM, 2 fM in die folgende fM häkeln. (12)

Nase und Mund in Hellrosa und die Augen in Schwarz aufsticken.

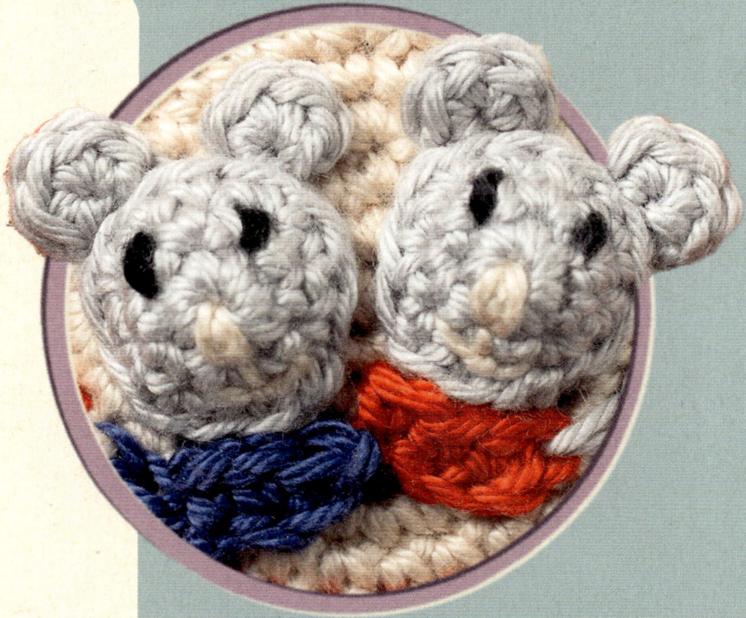

OHREN

In Grau arbeiten.

R 1: 4 fM in einen Fadenring arbeiten.

ROTE UND BLAUE KLEIDUNG

4 Lm häkeln.

R 1: 1 fM in die 2. Lm ab Nadel, 2 fM häkeln. (3)

Annähen.

ARME

Die Arme liegen über der Häkelarbeit. Dazu für Sams Arm 2 Km in Blau und für Julia 2 Km in Grau häkeln. Als Hand für beide 1 Km häkeln.

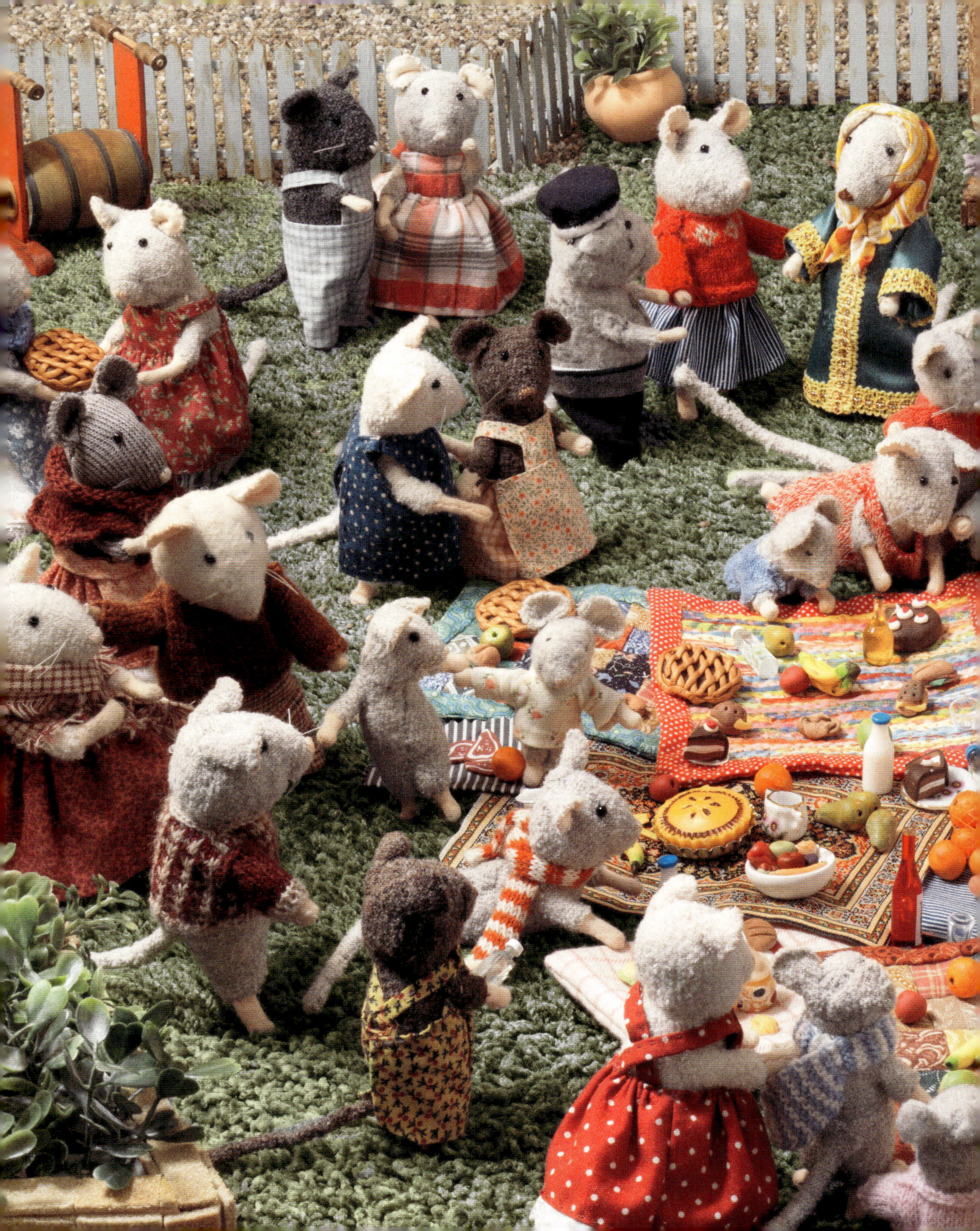

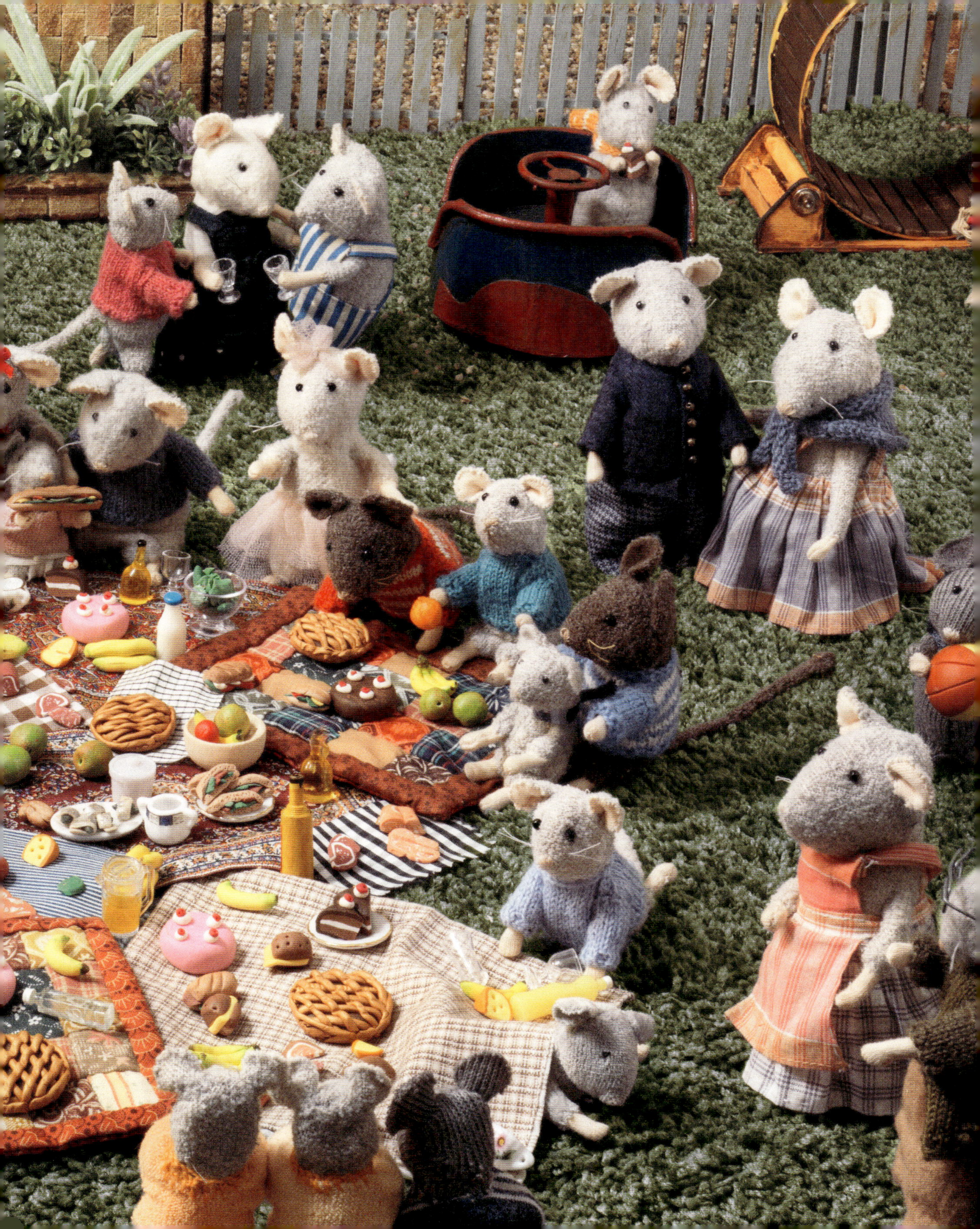

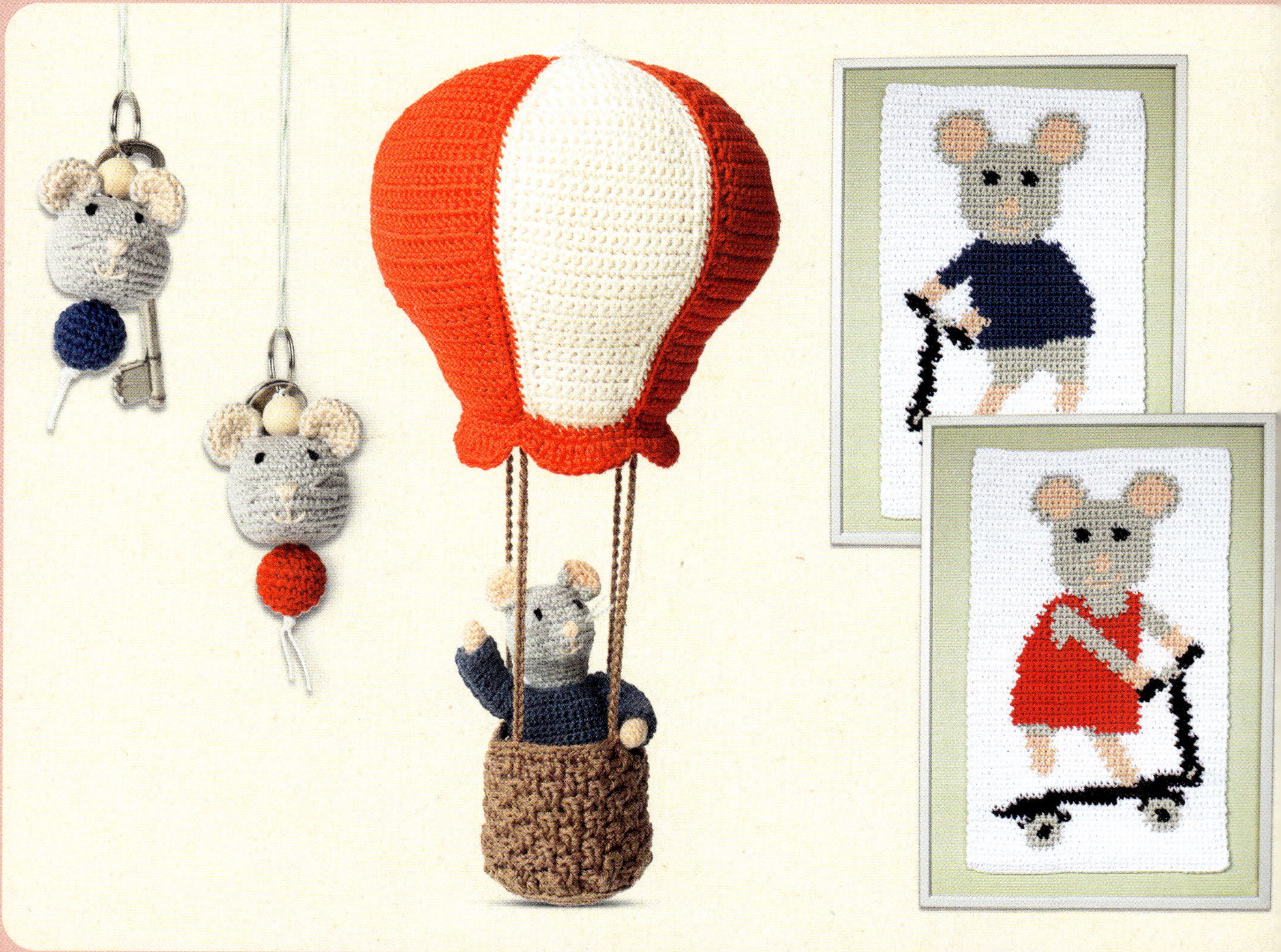

UNTERWEGS

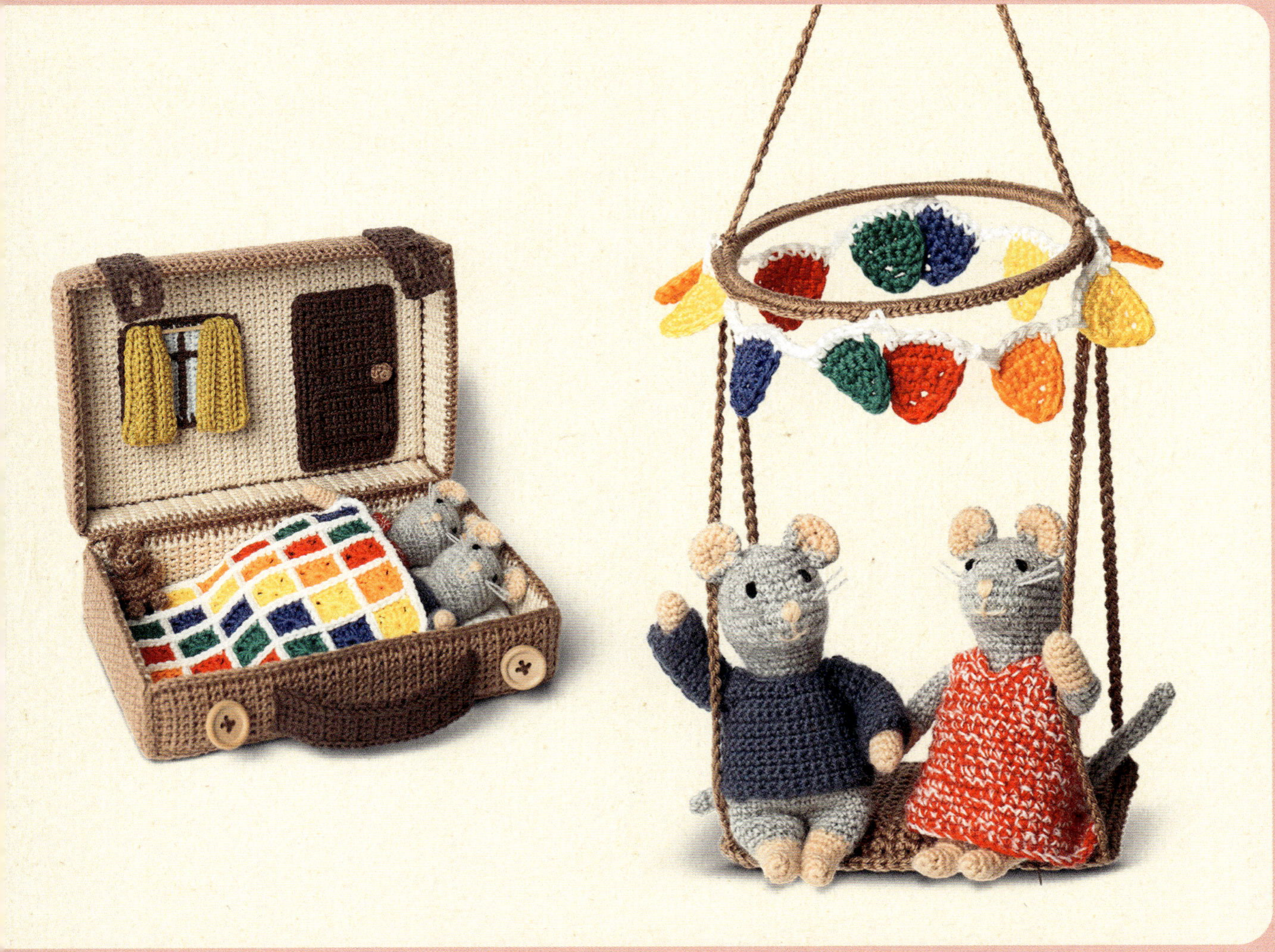

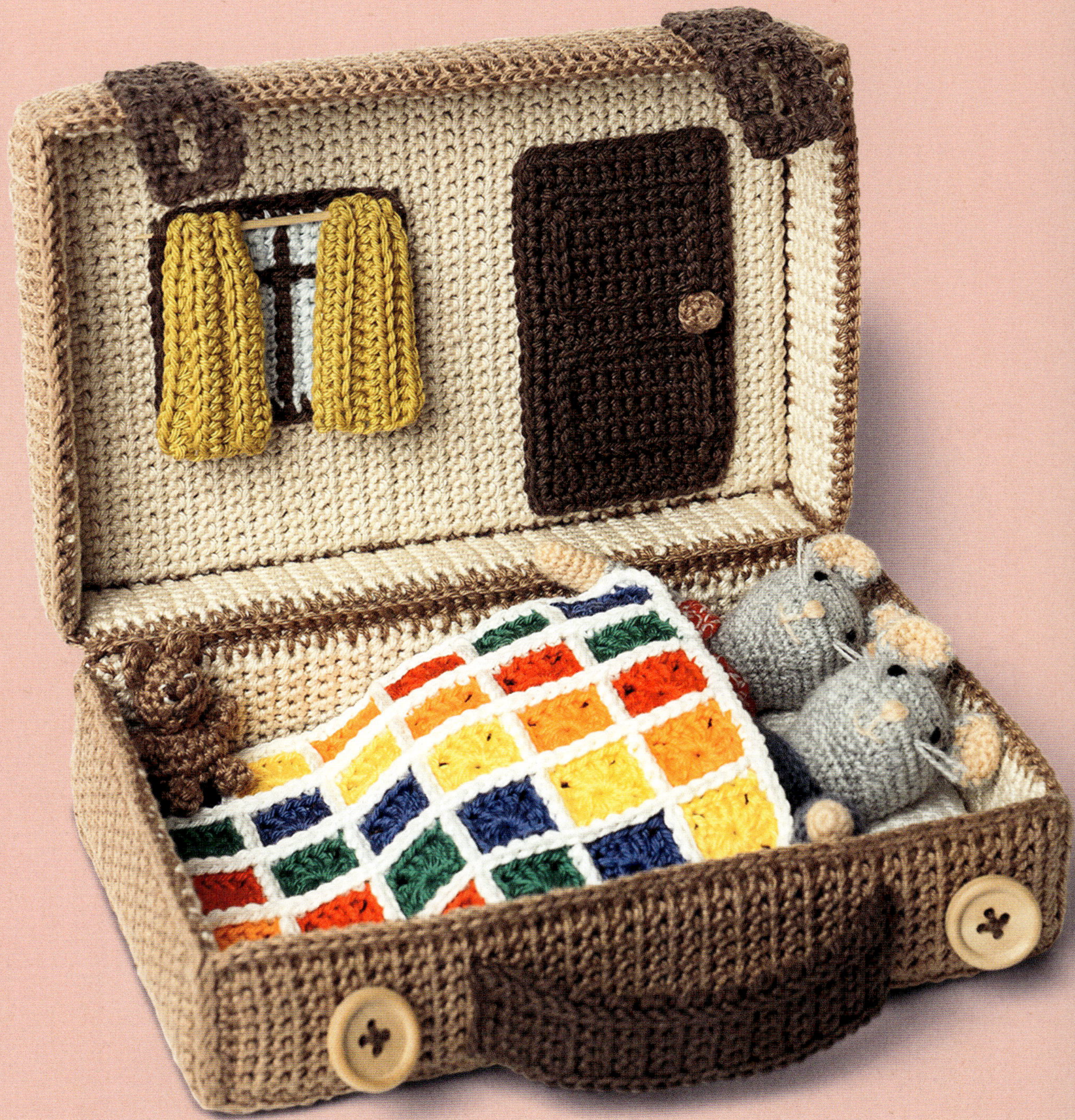

MÄUSEKOFFER

Nimm Sam und Julia mit diesem wundervollen Koffer überallhin mit. Er mag kompliziert aussehen, aber lass dich nicht täuschen – du bekommst das hin! Das Muster ist in mehrere kleine Teile unterteilt und deshalb leicht verständlich und einfach zu häkeln.

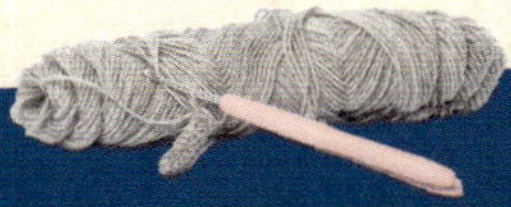

MATERIAL

Lang Yarns Quattro in den Farben:

1 Knäuel 16.0006 Dunkelblau

1 Knäuel 16.0049 Gelb

1 Knäuel 16.0060 Rot

1 Knäuel 16.0118 Grün

1 Knäuel 16.0159 Orange

1 Knäuel 16.0024 Grau

3 Knäuel 16.0002 Creme

1 Knäuel 16.0168 Braun

1 Knäuel 16. 0011 Senf

3 Knäuel Durable Coral 2218 Haselnuss

1 Knäuel Durable Coral 279 Perle

Häkelnadel 2,5 mm

Wellpappe in den folgenden Maßen:

2 Stücke Wellpappe 18 cm lang x 11 cm breit (Deckel und Boden)

2 Stücke 11 cm lang x 3 cm breit (Seiten Boden)

2 Stücke 11 cm lang x 2 cm breit (Seiten Deckel)

2 Stücke 18 cm lang x 3 cm breit (Boden)

2 Stücke 18 cm lang x 2 cm breit (Deckel)

Baumwollgarnreste in Braun, Grün, Gelb, Rot, Weiß, Blau und Schwarz

Füllwatte

Knöpfe in Creme

Mit den großen Pappen beginnen. Es werden Rechtecke für die Innen- und Außenseite in verschiedenen Farben gehäkelt.

Pappe 18 x 11 cm

Diese Pappe ist für den Kofferdeckel und -boden. Insgesamt vier Rechtecke für zwei Pappteile häkeln:

2 Rechtecke in Durable Coral 2218 Haselnuss häkeln.

2 Rechtecke in Lang Yarns Quattro 16.0002 Creme häkeln.

30 Lm häkeln. Nach jeder Reihe eine Wendeluftmasche häkeln. Diese zählt nicht als Masche.

R 1: 1 fM in die 2. Lm ab Nadel, 28 fM häkeln. (29) Wendeluftmasche.

R 2–52: 29 fM häkeln. Wendeluftmasche.

Pappe 18 x 3 cm

Dieses Stück ist die lange Seite des Kofferbodens. Insgesamt vier Rechtecke für vier Pappteile häkeln, zwei in Creme und zwei in Haselnuss:

2 Rechtecke in Durable Coral 2218 Haselnuss häkeln.

2 Rechtecke in Lang Yarns Quattro 16.0002 Creme häkeln.

Beginne mit dem Häkeln von 9 Lm.

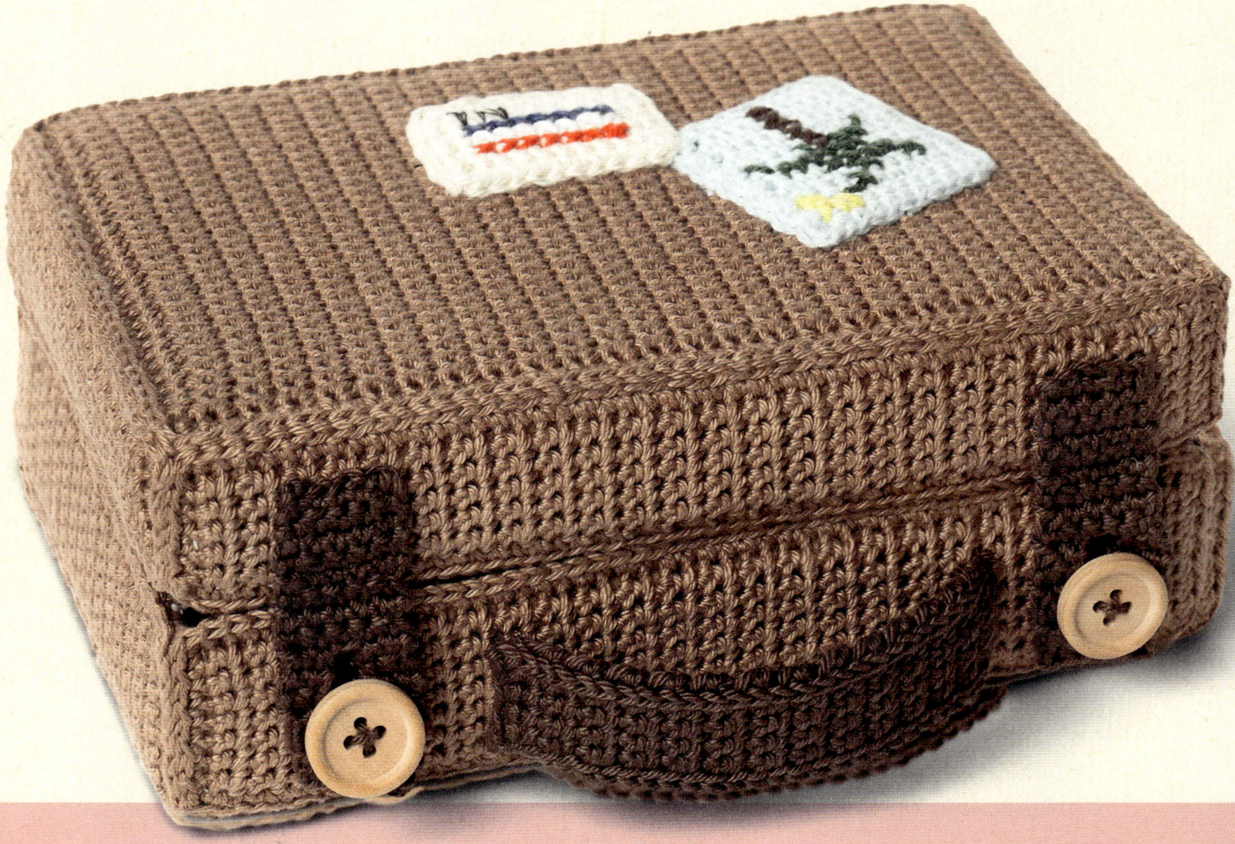

R 1: 1 fM in die 2. Lm ab Nadel, 7 fM häkeln. (8) Wendeluftmasche.
R 2–49: 8 fM häkeln. Wendeluftmasche.

Pappe 11 x 3 cm

Diese Pappe bildet die kürzere Seite des Kofferbodens. Insgesamt vier Rechtecke für zwei Pappteile häkeln:

2 Rechtecke in Durable Coral 2218 Haselnuss häkeln.

2 Rechtecke in Lang Yarns Quattro 16.0002 Creme häkeln.

Beginne mit dem Häkeln von 9 Lm.

R 1: 1 fM in die 2. Lm ab Nadel, 7 fM häkeln. (8) Wendeluftmasche.
R 2–30: 8 fM häkeln. Wendeluftmasche.

Pappe 18 x 2 cm

Das wird die lange Seite des Kofferdeckels. Insgesamt vier Rechtecke für zwei Pappteile häkeln:

2 Rechtecke in Durable Coral 2218 Haselnuss häkeln.

2 Rechtecke in Lang Yarns Quattro 16.0002 Creme häkeln.

Beginne mit dem Häkeln von 7 Lm.

R 1: 1 fM in die 2. Lm ab Nadel, 5 fM häkeln. (6) Wendeluftmasche.
R 2–49: 6 fM häkeln. Wendeluftmasche.

Pappe 11 x 2 cm

Das ist die kurze Seite des Kofferdeckels. Insgesamt vier Rechtecke für zwei Pappteile häkeln:

2 Rechtecke in Durable Coral 2218 Haselnuss häkeln.

2 Rechtecke in Lang Yarns Quattro 16.0002 Creme häkeln.

Zuerst 7 Lm. häkeln.

R 1: 1 fM in die 2. Lm ab Nadel, 5 fM häkeln. (6) Wendeluftmasche.
R 2–49: 6 fM häkeln. Wendeluftmasche.

Die Pappe zwischen die Rechtecke in Creme und Haselnuss in den entsprechenden Größen legen. Alle Teile mit fM in Haselnuss zusammenhäkeln.

Die Teile für Kofferdeckel und -boden voneinander trennen, um den Deckel und den Boden zusammenzusetzen. Die einzelnen Teile mit Haselnuss zusammennähen.

Beim Zusammensetzen des Koffers im Matratzenstich (Zaubernaht) arbeiten.

Den Deckel und den Kofferboden mit fM zusammenhäkeln, wobei die fM auf der Innenseite liegen.

GRIFF

Nach jeder Reihe eine Wendeluftmasche häkeln. Diese zählt nicht als Masche.

6 Lm in Braun häkeln.

R 1: 1 fM in die 2. Lm ab Nadel, 4 fM häkeln. (5) Wendeluftmasche.
R 2–28: 5 fM häkeln. Wendeluftmasche.

Die lange Seite des Kofferbodens mit Km umhäkeln.

VERSCHLUSS MIT KNOPFLOCH

Nach jeder Reihe eine Wendeluftmasche häkeln. Diese zählt nicht als Masche.

6 Lm in Braun häkeln.

R 1: 1 fM in die 2. Lm ab Nadel, 4 fM häkeln. (5) Wendeluftmasche.
R 2–8: 5 fM häkeln. Wendeluftmasche.
R 9–13: 2 fM häkeln. Wendeluftmasche.

Die restlichen Maschen nicht häkeln.

Den Faden durch die letzte Masche ziehen und an der anderen Seite wieder ansetzen.

R 1–5: 2 fM häkeln. Wendeluftmasche.

Den Faden durch die letzte Masche ziehen und an einer Ecke wieder ansetzen.

R 14: 2 fM, 1 Lm, 2 fM häkeln. (5) Wendeluftmasche.
R 15: 5 fM häkeln und den Faden durch die letzte Masche ziehen.

Die beiden Verschlüsse mit Knopfloch an der langen Seite des Kofferdeckels mit einem haselnussfarbenen Faden festnähen. Die Knöpfe an der langen Seite des Kofferbodens festnähen.

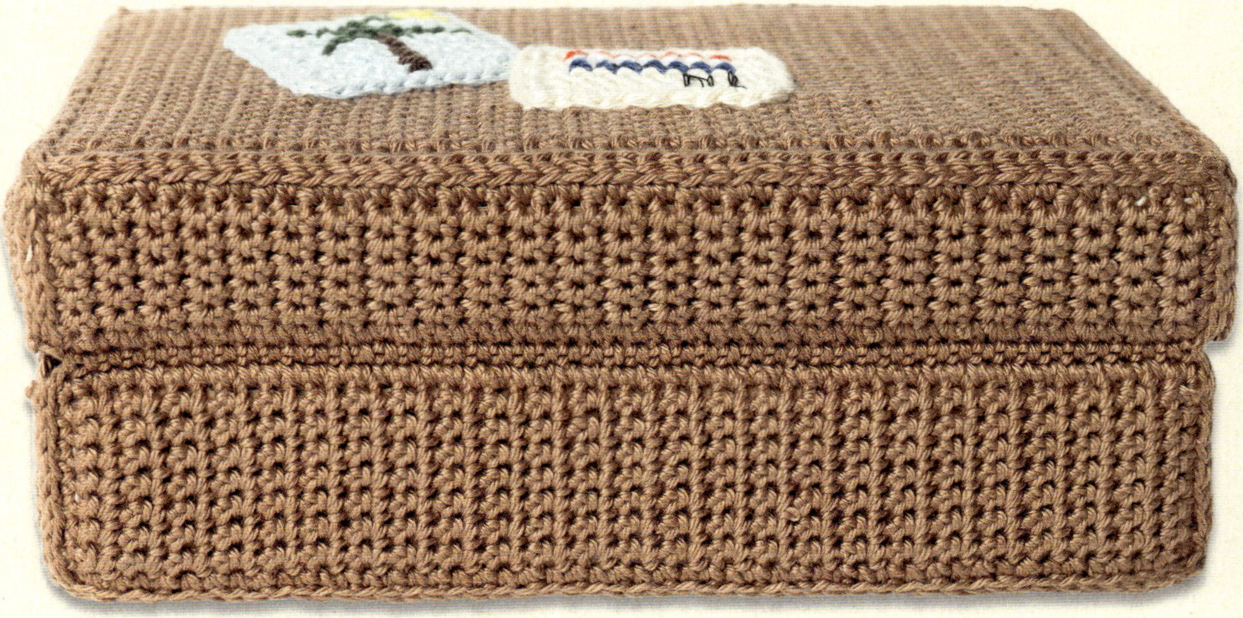

KOFFERSTICKER PALME

Nach jeder Reihe eine Wendeluftmasche arbeiten. Diese zählt nicht als Masche.

11 Lm in Perle häkeln.

R 1: 1 fM in die 2. Lm ab Nadel, 9 fM häkeln. (10) Wendeluftmasche.
R 2–12: 10 fM häkeln. Wendeluftmasche.

Umhäkeln und eine Palme in Braun, Grün und Gelb aufsticken.

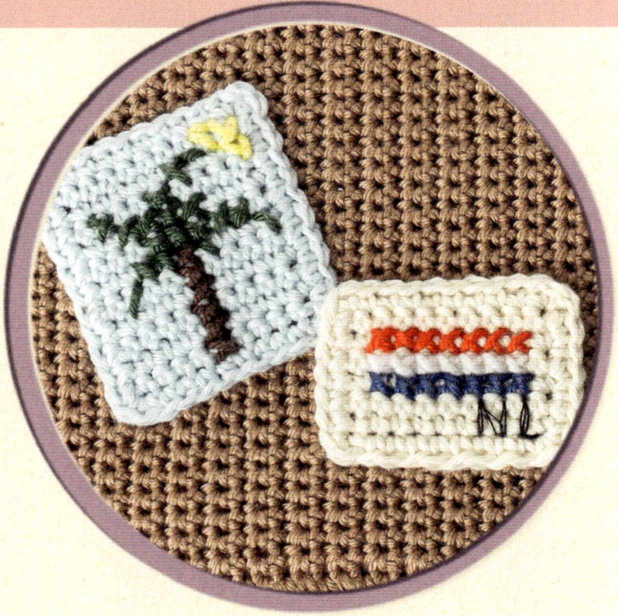

KOFFERSTICKER NIEDERLANDE

Nach jeder Reihe eine Wendeluftmasche arbeiten. Diese zählt nicht als Masche.

11 Lm in Beige häkeln.

R 1: 1 fM in die 2. Lm ab Nadel, 9 fM häkeln. (10) Wendeluftmasche.
R 2–7: 10 fM häkeln. Wendeluftmasche.

Umhäkeln und z. B. eine niederländische Flagge in Rot, Weiß und Blau aufsticken.

TÜR

Nach jeder Reihe eine Wendeluftmasche arbeiten. Diese zählt nicht als Masche.

13 Lm in Braun häkeln.

R 1: 1 fM in die 2. Lm ab Nadel, 11 fM häkeln. (12) Wendeluftmasche.
R 2–23: 12 fM häkeln. Wendeluftmasche.

Umhäkeln und den Faden durch die letzte Masche ziehen und vernähen.

In der Tür (siehe Abb. S. 58) befinden sich, wie auch im Fenster (S. 58), kleine Kassetten. Diese werden aufgehäkelt. Von oben 2 Reihen nach unten und 1 fM von der Seite abzählen (den umhäkelten Rand nicht mitzählen) und in Braun 7 Km nach unten häkeln. 10 Km zur Seite, 7 Km nach oben und weitere 10 Km zur Seite häkeln, um das Quadrat zu schließen. Diese Folge für die Türkassetten zweimal arbeiten. Zum Schluss den Türknauf in Haselnuss häkeln. Dieser besteht aus 2 Runden:

R 1: 6 fM in einen Fadenring arbeiten.
R 2: 6 fM häkeln. Den Faden durch die letzte Masche ziehen und den Türknauf an die Tür nähen.

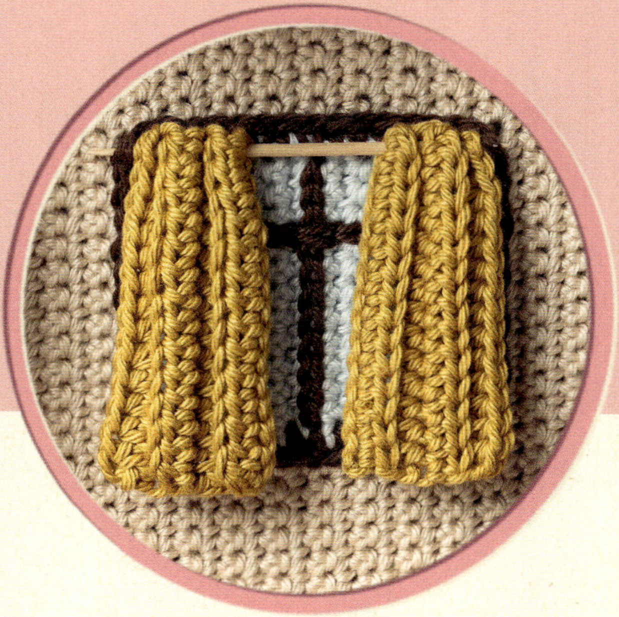

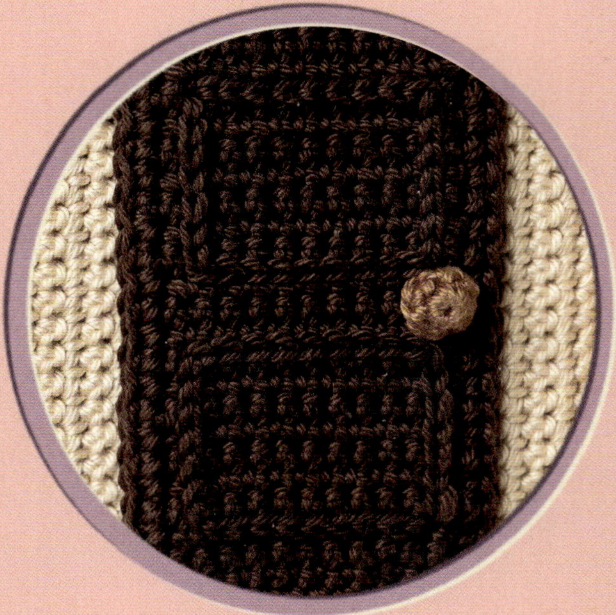

FENSTER

Nach jeder Reihe eine Wendeluftmasche arbeiten. Diese zählt nicht als Masche.

13 Lm in der Farbe Perle häkeln.

R 1: 1 fM in die 2. Lm ab Nadel, 11 fM häkeln. (12) Wendeluftmasche.
R 2–14: 12 fM häkeln. Wendeluftmasche.

In Braun umhäkeln. 6 fM vom Rand abzählen und senkrecht eine Reihe Km häkeln.

Waagerecht für die oberen Holzsprossen wiederholen. Hier 3 Maschen vom Rand nach unten abzählen und dann noch eine Reihe Km arbeiten.

GARDINE (2X)

Nach jeder Reihe eine Wendeluftmasche arbeiten. Diese zählt nicht als Masche.

15 Lm in Senfgelb häkeln.

R 1: 1 hStb in die 2. Lm ab Nadel, 13 hStb häkeln. (14) Wendeluftmasche.
R 2–4: 14 hStb in das hintere Maschenglied häkeln.

KISSEN (2X)

Nach jeder Reihe eine Wendeluftmasche arbeiten. Diese zählt nicht als Masche.

11 Lm in Creme häkeln.

R 1: 1 fM in die 2. Lm ab Nadel, 9 fM häkeln. (10) Wendeluftmasche.
R 2–16: 10 fM häkeln. Wendeluftmasche.

Doppelt falten und umhäkeln. Bereits beim Umhäkeln füllen.

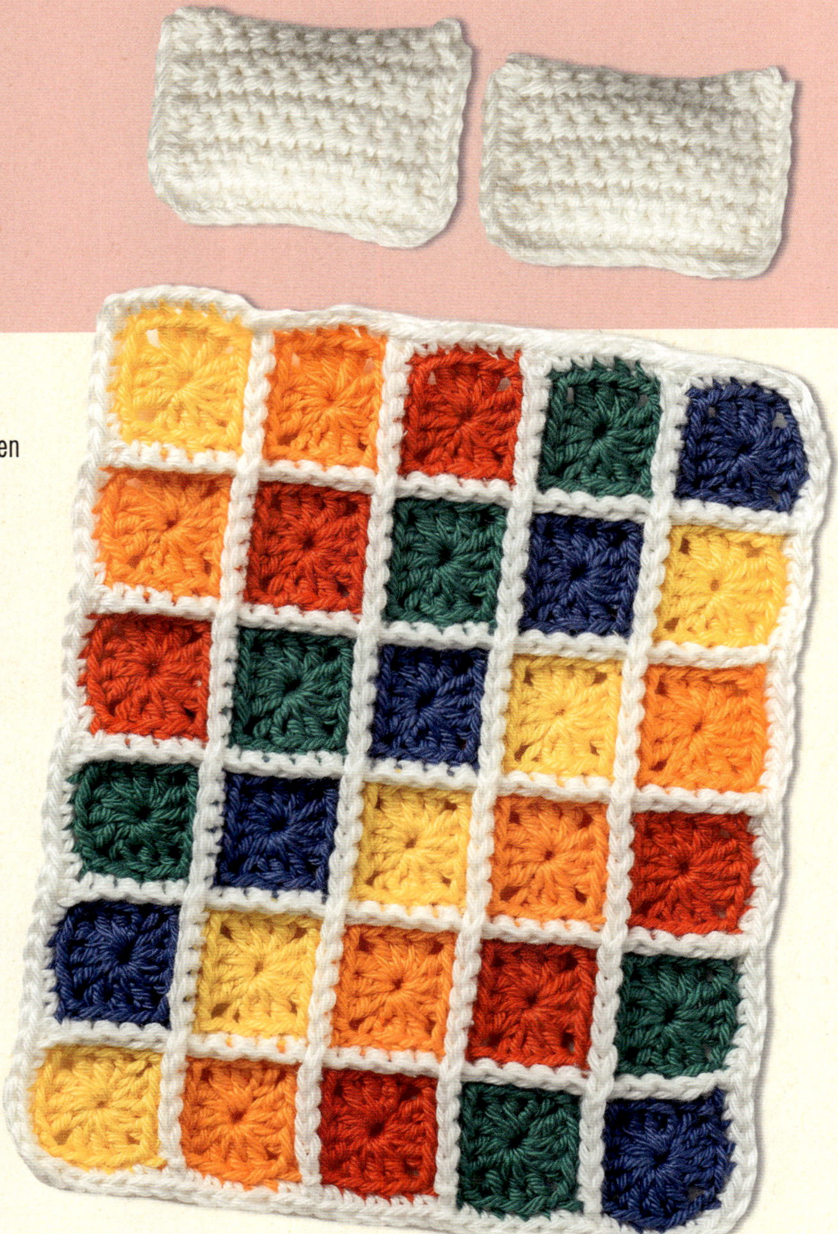

DECKE

Für die Decke kleine Granny Squares in den Farben Rot, Blau, Gelb, Grün und Orange häkeln. Je sechs Quadrate in einer Farbe häkeln, sodass am Ende 30 Quadrate entstehen.

R 1: 3 Lm häkeln (zählt als 1 Stb), 2 Stb, 2 Lm, 3 Stb, 2 Lm, 3 Stb, 2 Lm, 3 Stb, 2 Lm in einen Fadenring arbeiten. (20)

Mit 1 Km in der 1. Lm befestigen.

Die Granny Squares mit fM in Weiß zusammenhäkeln und dann mit fM in Weiß umhäkeln.

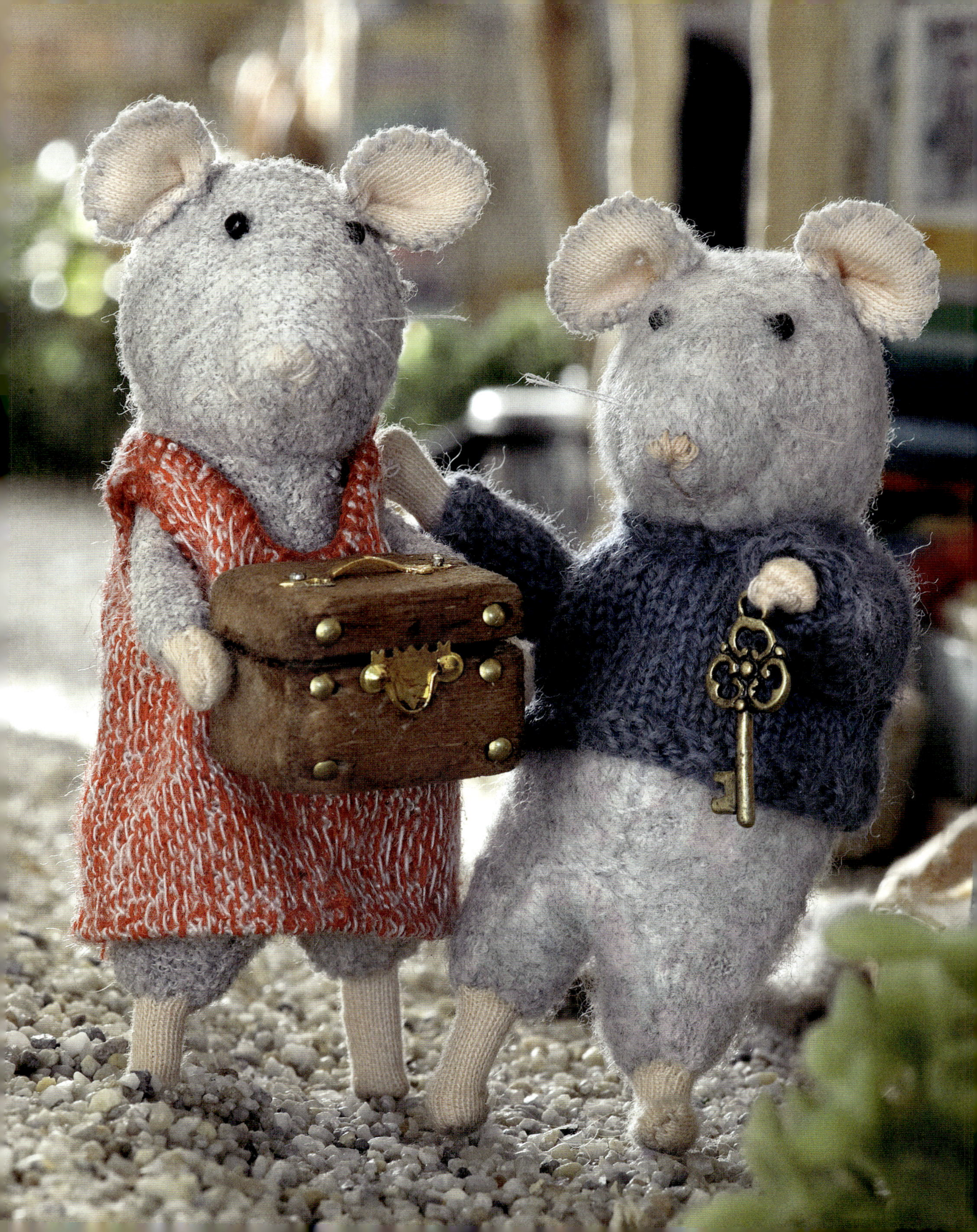

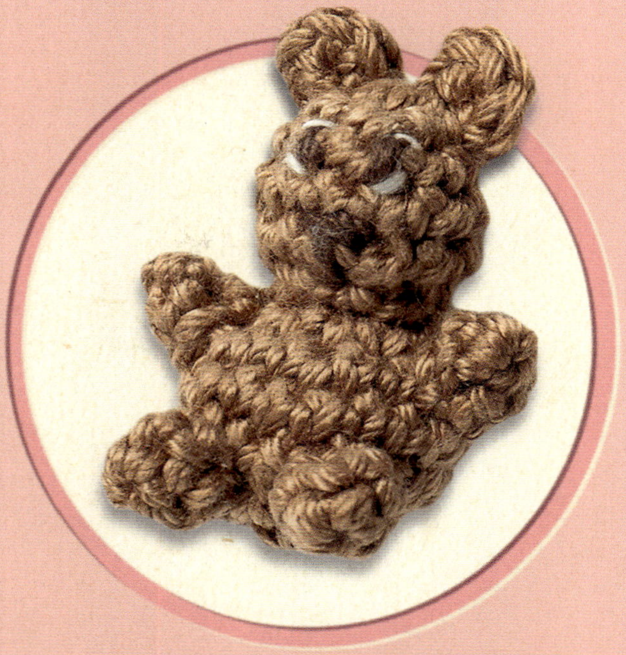

TEDDYBÄR

In Haselnuss arbeiten.

Körper und Kopf

R 1: 6 fM in einen Fadenring arbeiten.
R 2: 1 fM, 2 fM in die folgende fM häkeln. (9)
R 3: 2 fM, 2 fM in die folgende fM häkeln. (12)
R 4: 12 fM häkeln.
R 5: 2 fM häkeln, 2 fM zusammenhäkeln. (9)
R 6: 1 fM häkeln, 2 fM zusammenhäkeln. (6)
R 7: 2 fM in jede fM häkeln. (12)
R 8: 1 fM, 2 fM in die folgende fM häkeln. (18)
R 9: 18 fM häkeln.
R 10: 1 fM häkeln, 2 fM zusammenhäkeln. (12)
R 11: 2 fM zusammenhäkeln. (6)

Den Teddybär füllen und den Ring schließen. Die Augen und die Schnauze mit schwarzem Baumwollgarn aufsticken.

Ohren

R 1: 4 fM in einen Fadenring arbeiten.

Den Faden durch die letzte Masche ziehen und an die kleine Kugel nähen.

Arme und Beine

R 1: 4 fM in einen Fadenring arbeiten.
R 2: 4 fM häkeln.

Den Faden durch die letzte Masche ziehen und Arme und Beine an den Körper nähen.

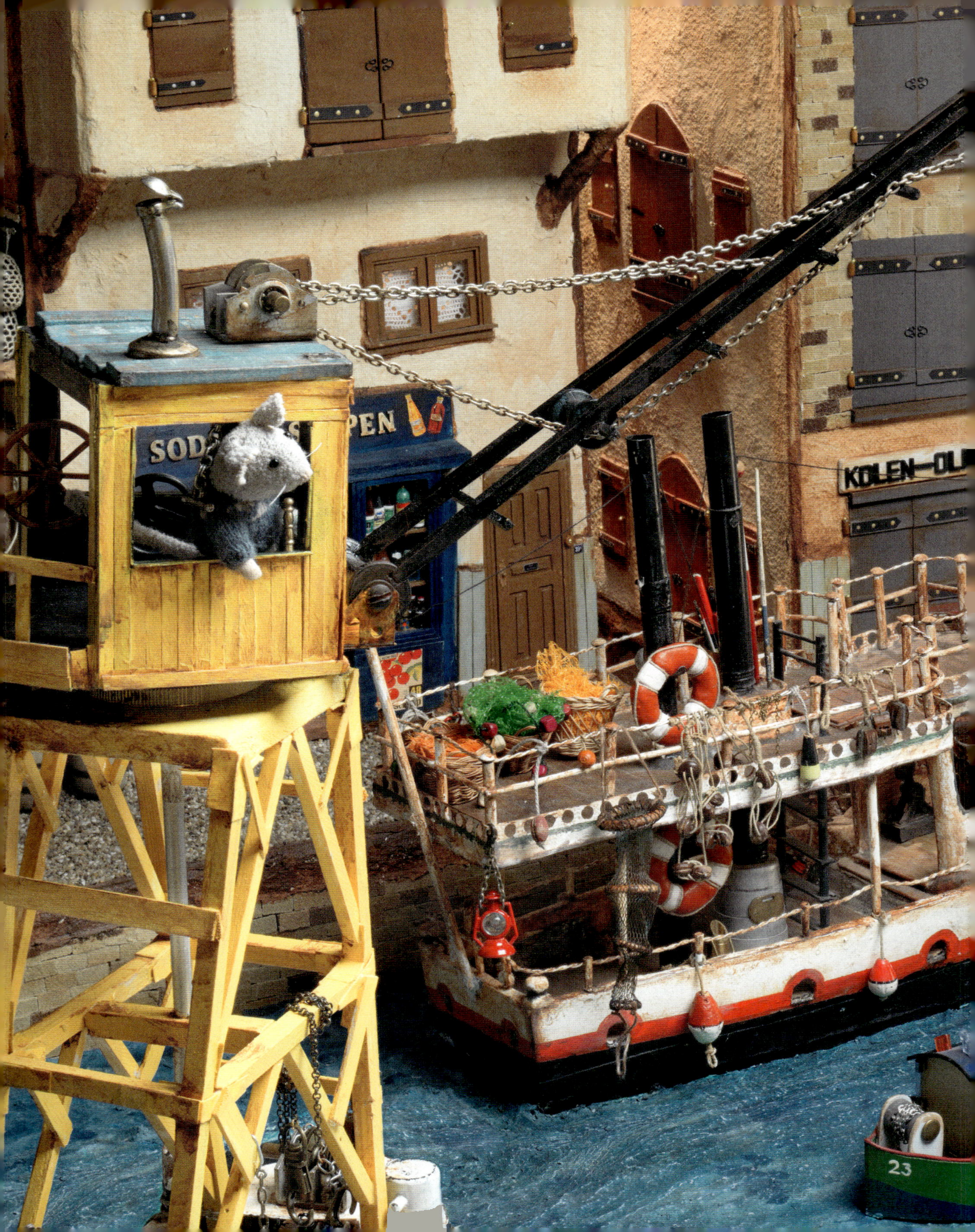
23

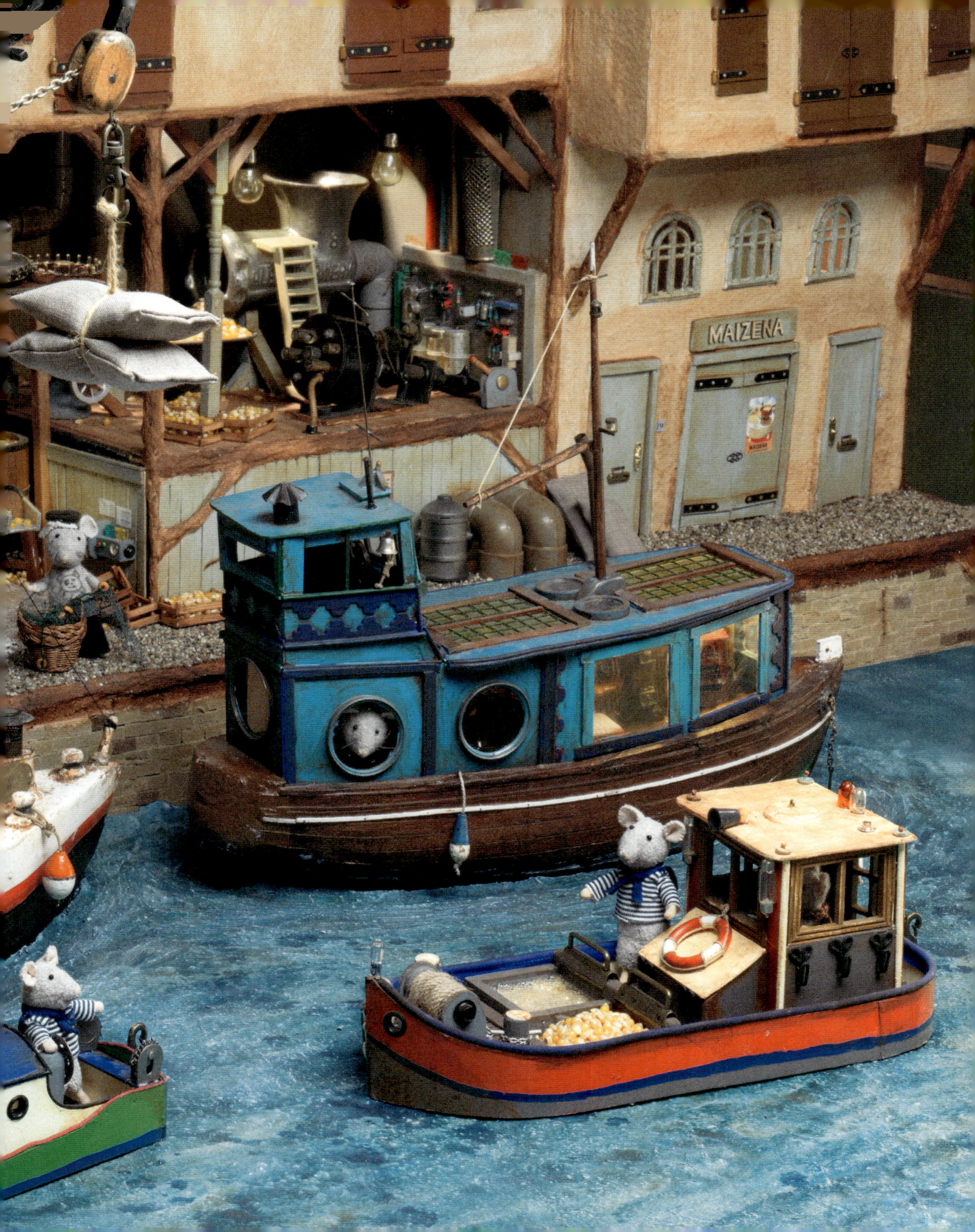
MAIZENA

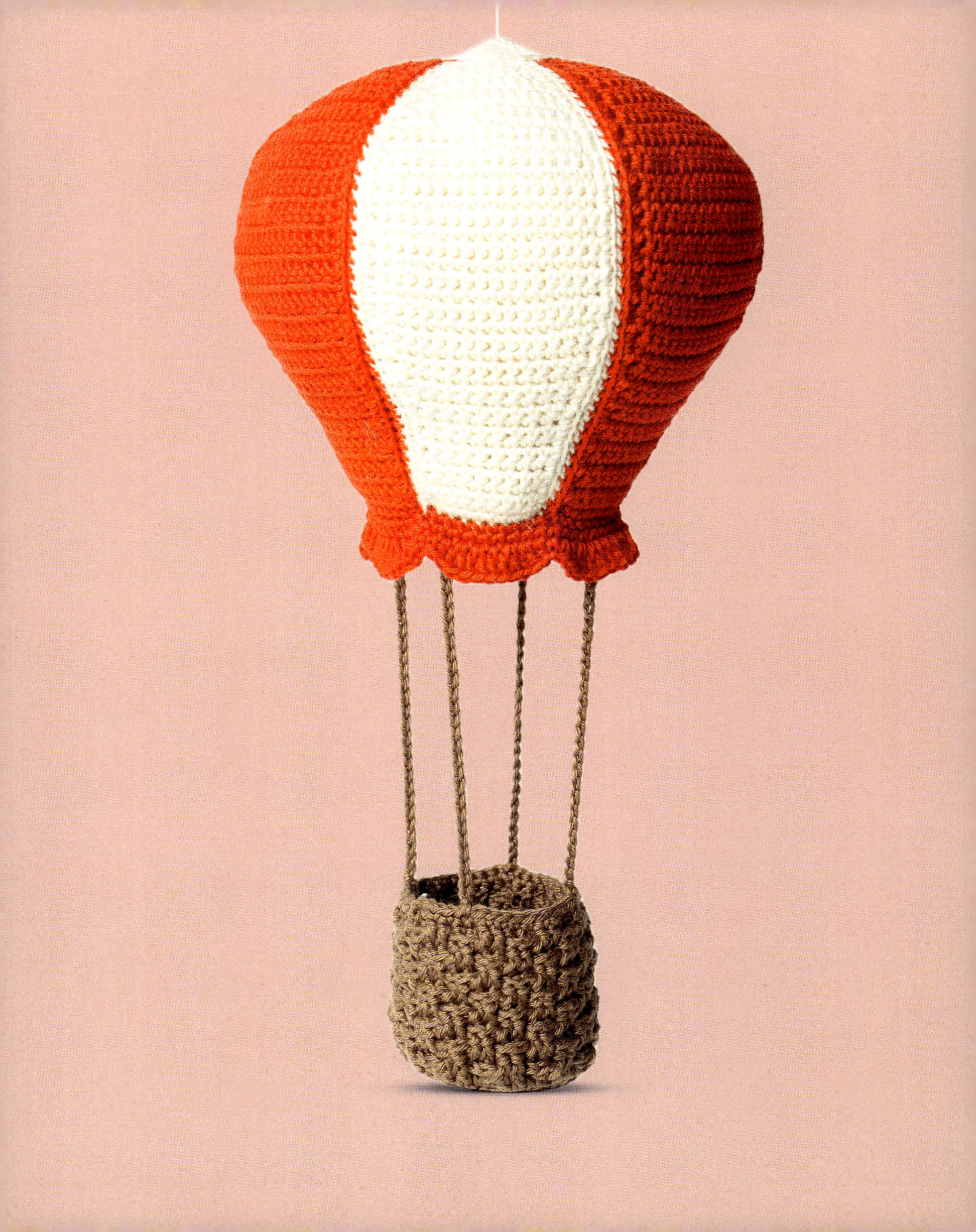

HEISSLUFTBALLON

Dieser Ballon ist im Kinderzimmer (oder im Flur oder im Wohnzimmer) ein echter Hingucker. Häng ihn auf und alle werden von Sams und Julias Abenteuern begeistert sein.

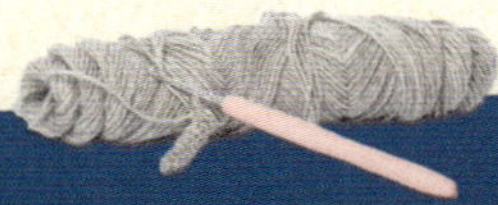

MATERIAL

Lang Yarns Quattro 16.0060 Rot

Lang Yarns Quattro 16.0094 Creme

Durable Coral 2218 Haselnuss

Häkelnadel 2,5 mm

Füllwatte

Schere

Nadel

BALLONFLÄCHE (6X)

Insgesamt häkelt man diese Flächen sechsmal, davon dreimal in Lang Yarns Rot und dreimal in Lang Yarns Creme. Nach jeder Reihe folge eine Wendeluftmasche. Diese zählt nicht als Masche!

Zuerst 6 Lm häkeln.

R 1: 5 fM häkeln. Wendeluftmasche.
R 2: 2 fM in die 1. fM häkeln, 3 fM, 2 fM in die letzte fM häkeln. (7) Wendeluftmasche.
R 3: 7 fM häkeln. Wendeluftmasche.
R 4: 2 fM in die 1. fM häkeln, 5 fM, 2 fM in die letzte fM häkeln. (9) Wendeluftmasche.
R 5: 9 fM häkeln. Wendeluftmasche.
R 6: 2 fM in die 1. fM häkeln, 7 fM, 2 fM in die letzte fM häkeln. (11) Wendeluftmasche.
R 7: 11 fM häkeln. Wendeluftmasche.
R 8: 2 fM in die 1. fM häkeln, 9 fM, 2 fM in die letzte fM häkeln. (13) Wendeluftmasche.
R 9: 13 fM häkeln. Wendeluftmasche.
R 10: 2 fM in die 1. fM häkeln, 11 fM, 2 fM in die letzte fM häkeln. (15) Wendeluftmasche.
R 11: 15 fM häkeln. Wendeluftmasche.

R 12: 2 fM in die 1. fM häkeln, 13 fM, 2 fM in die letzte fM häkeln. (17) Wendeluftmasche.
R 13–24: 17 fM häkeln. Wendeluftmasche.
R 25: 2 fM zusammenhäkeln, 13 fM häkeln, 2 fM zusammenhäkeln. (15) Wendeluftmasche.
R 26: 15 fM häkeln. Wendeluftmasche.
R 27: 2 fM zusammenhäkeln, 11 fM häkeln, 2 fM zusammenhäkeln. (13) Wendeluftmasche.
R 28: 13 fM häkeln. Wendeluftmasche.
R 29: 2 fM zusammenhäkeln, 9 fM häkeln, 2 fM zusammenhäkeln. (11) Wendeluftmasche.
R 30: 11 fM häkeln. Wendeluftmasche.
R 31: 2 fM zusammenhäkeln, 7 fM häkeln, 2 fM zusammenhäkeln. (9) Wendeluftmasche.
R 32–40: 9 fM häkeln. Wendeluftmasche.

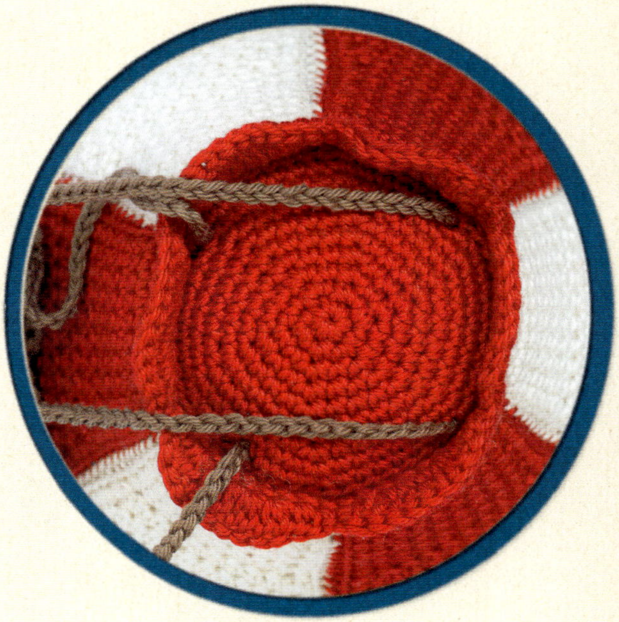

Umhäkeln und einen Faden durch die letzte Masche ziehen. Dieser sollte lang genug sein, um die Flächen aneinanderzunähen.

MITTELTEIL DES BALLONS

In Lang Yarns Creme arbeiten.

R 1: 6 fM in einen Fadenring arbeiten.
R 2: 2 fM in jede fM häkeln. (12)
R 3: 1 fM, 2 fM in die folgende fM häkeln. (18)
R 4: 2 fM, 2 fM in die folgende fM häkeln. (24)
R 5: 3 fM, 2 fM in die folgende fM häkeln. (30)

Den Mittelteil nur an die hinteren Maschenglieder der Teilflächen annähen.

Einen Nylonfaden oder eine gewachste Kordel durch den Fadenring des Ballon-Mittelteils ziehen, um den Ballon aufzuhängen. Den Ballon mit Füllmaterial ausstopfen.

Wir werden jetzt einen Kreis häkeln, um ihn zu schließen.

UNTERSEITE DES BALLONS

In Lang Yarns Rot arbeiten.

R 1: 6 fM in einen Fadenring arbeiten. (6)
R 2: 2 fM in jede fM häkeln. (12)
R 3: 1 fM, 2 fM in die folgende fM häkeln. (18)
R 4: 2 fM, 2 fM in die folgende fM häkeln. (24)
R 5: 3 fM, 2 fM in die folgende fM häkeln. (30)
R 6: 4 fM, 2 fM in die folgende fM häkeln. (36)
R 7: 5 fM, 2 fM in die folgende fM häkeln. (42)
R 8: 6 fM, 3 fM in die folgende fM häkeln. (48)
R 9: 7 fM, 2 fM in die folgende fM häkeln. (54)

Nur an den hinteren Maschengliedern der Ballonflächen und an beiden Maschengliedern des Kreises festnähen. Den Ballon beim Zunähen weiter füllen, damit er noch fester wird.

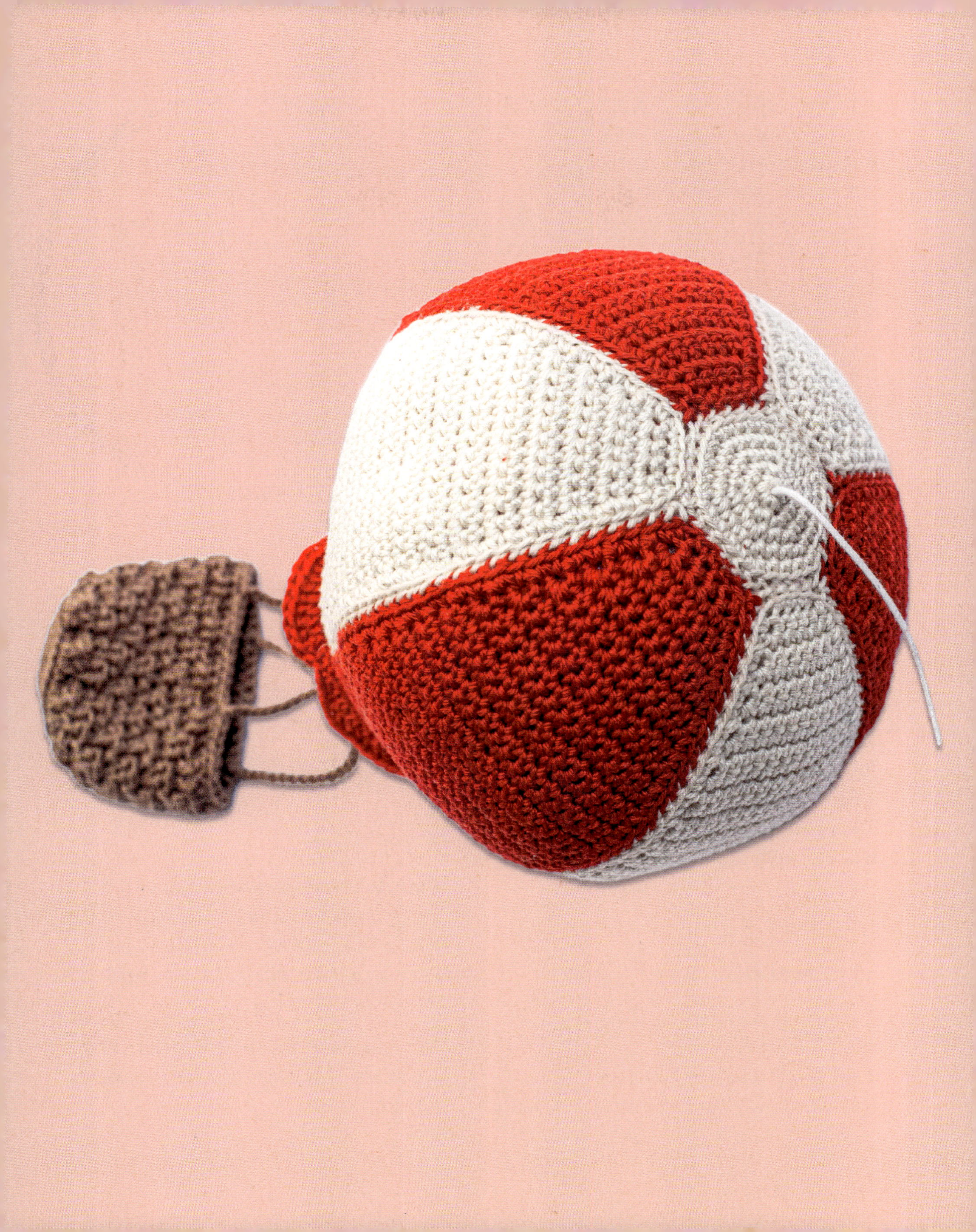

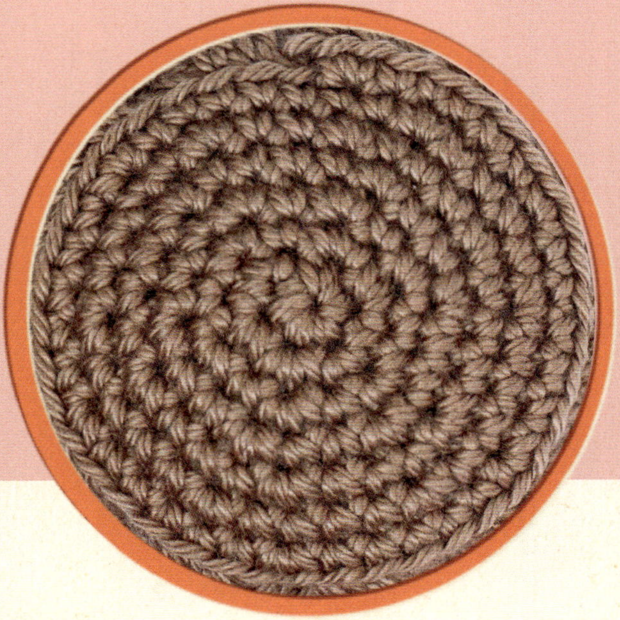

Mit Lang Yarns Rot im hinteren Maschenglied an der Unterseite der Ballonflächen die 1. R häkeln.

R 1: 54 fM in das hintere Maschenglied häkeln.
R 2: 54 fM häkeln.
R 3: *1 fM, 1 hStb, 2 Stb in dieselbe fM, 2 Stb in dieselbe fM, 1 Stb, 2 Stb in dieselbe fM, 2 Stb in dieselbe fM, 1 hStb, 1 fM* häkeln. Von * bis * wiederholen, bis fünf Bögen gearbeitet sind. Der letzte Bogen besteht aus 1 fM, 1 hStb, 2 Stb in dieselbe fM, 2 Stb in dieselbe fM, 1 Stb, 2 Stb in dieselbe fM, 1 Stb und 1 hStb in dieselbe fM, 1 Km in die folgende fM, 1 Km in die 1. fM häkeln.

KORB

In Haselnuss arbeiten.

R 1: 6 fM in einen Fadenring arbeiten. (6)
R 2: 2 fM in jede fM häkeln. (12)
R 3: 1 fM, 2 fM in die folgende fM häkeln. (18)
R 4: 1 fM häkeln, *2 fM in die folgende fM, 2 fM* häkeln. Von * bis * wiederholen, bis noch 1 fM übrig bleibt, 1 fM häkeln. (24)
R 5: 3 fM, 2 fM in die folgende fM häkeln. (30)
R 6: 2 fM häkeln, *2 fM in die folgende fM, 4 fM* häkeln. Von * bis * wiederholen, bis noch 2 fM übrig bleiben, 2 fM häkeln. (36)
R 7: 5 fM, 2 fM in die folgende fM häkeln. (42)
R 8: Häkle in das hintere Maschenglied eine Km in die 1. fM und 2 Lm (die als erstes Stb zählt), 41 Stb in das hintere Maschenglied häkeln. (41)
R 9: Km in 2. Lm häkeln, 2 Lm, 2 RStbv, 2 RStbh häkeln. (42)
R 10: Km in die 2. Lm häkeln, 2 l, 2 RStbh, 2 RStbv häkeln. (42)
R 11–16: R 9 und 10 wiederholen.
R 17: 42 fM häkeln.

Den Faden durch die letzte Masche ziehen.
Den Faden beliebig an 4 Punkten in einem Abstand von etwa 10 fM befestigen und 30 Lm häkeln.
Den Faden durch die letzte Masche ziehen und den Korb unten an den Ballon nähen.

Beim Ballon bleiben zweimal 13 fM Abstand und zweimal 14 fM Abstand beim Befestigen der Luftmaschenketten.

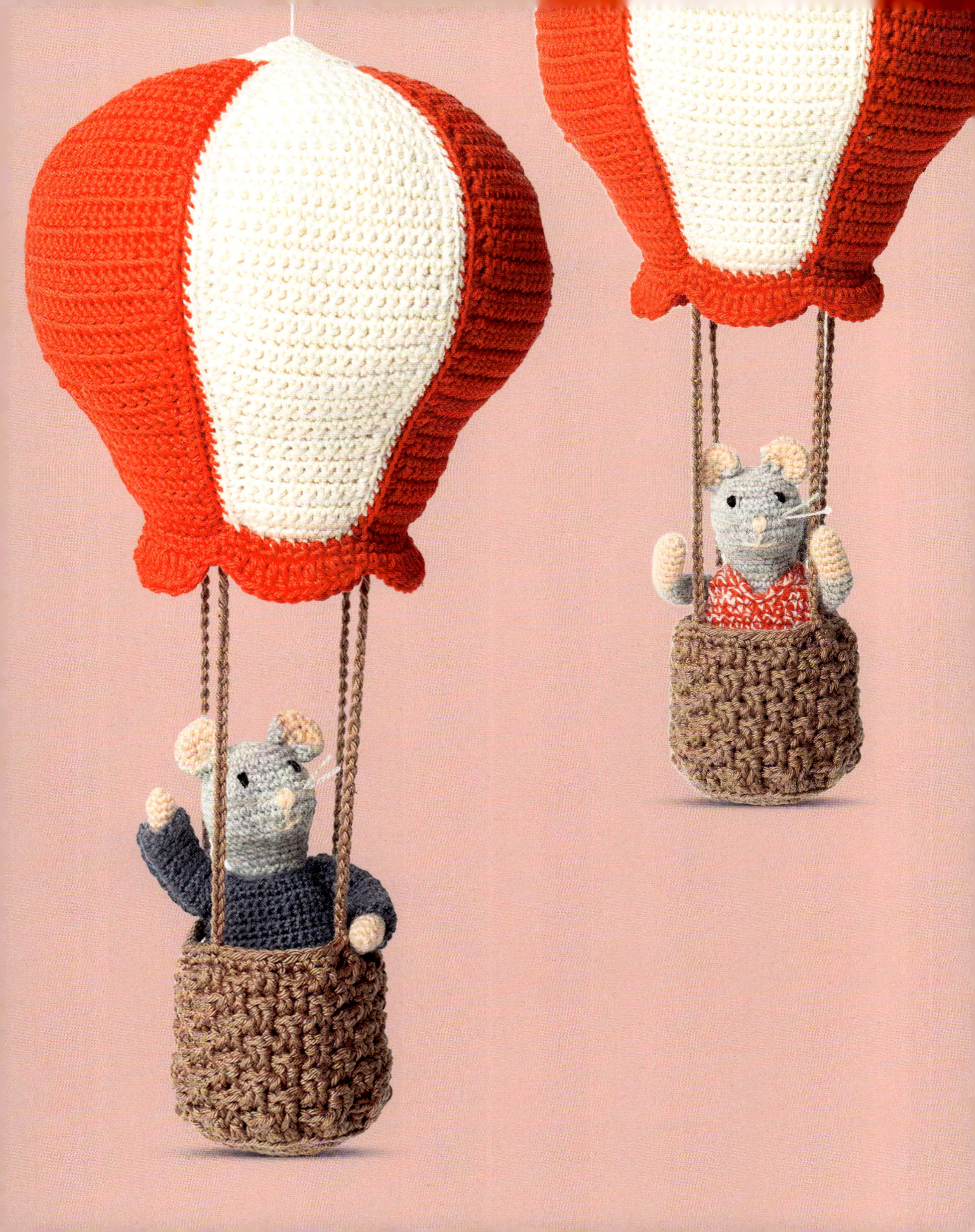

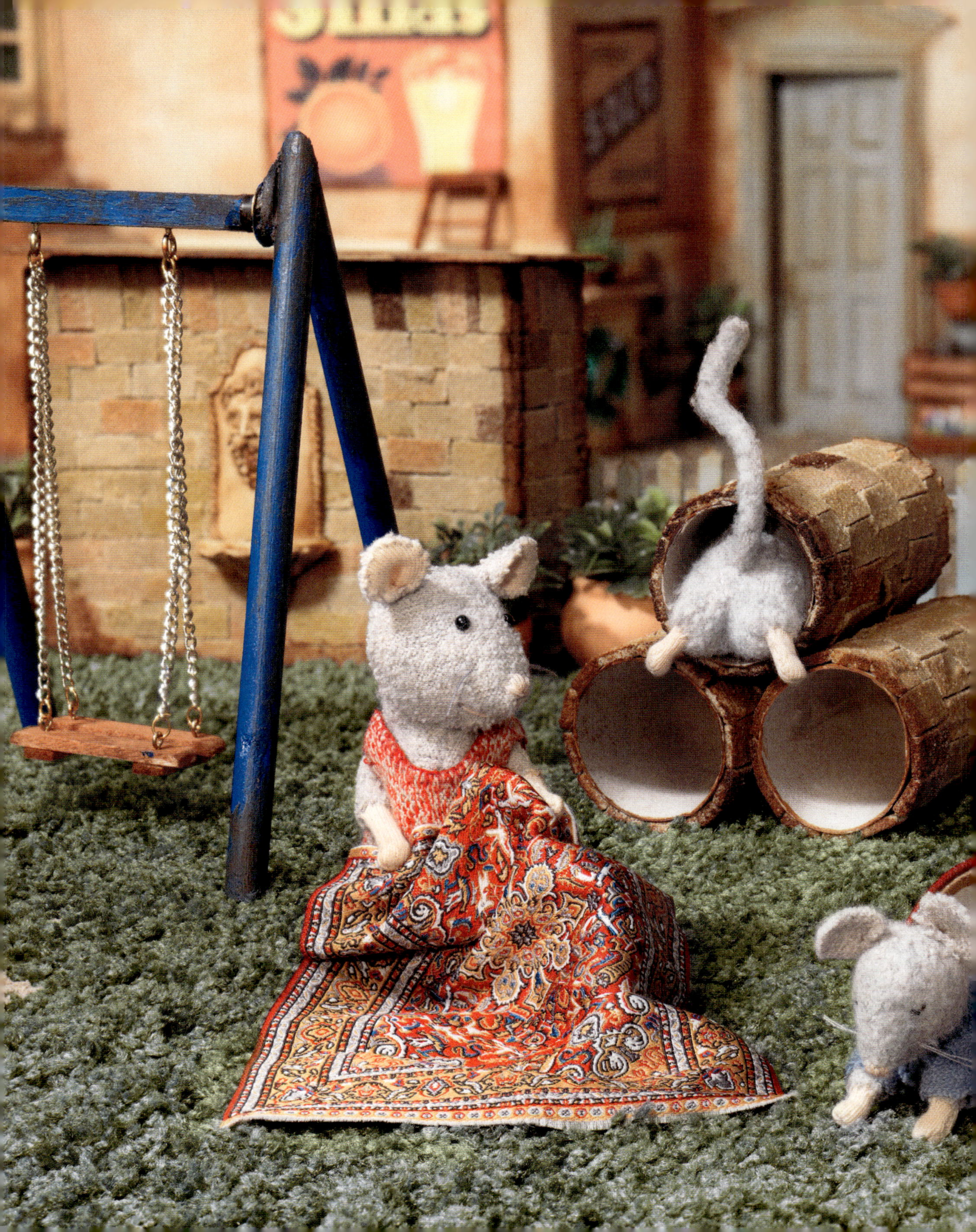

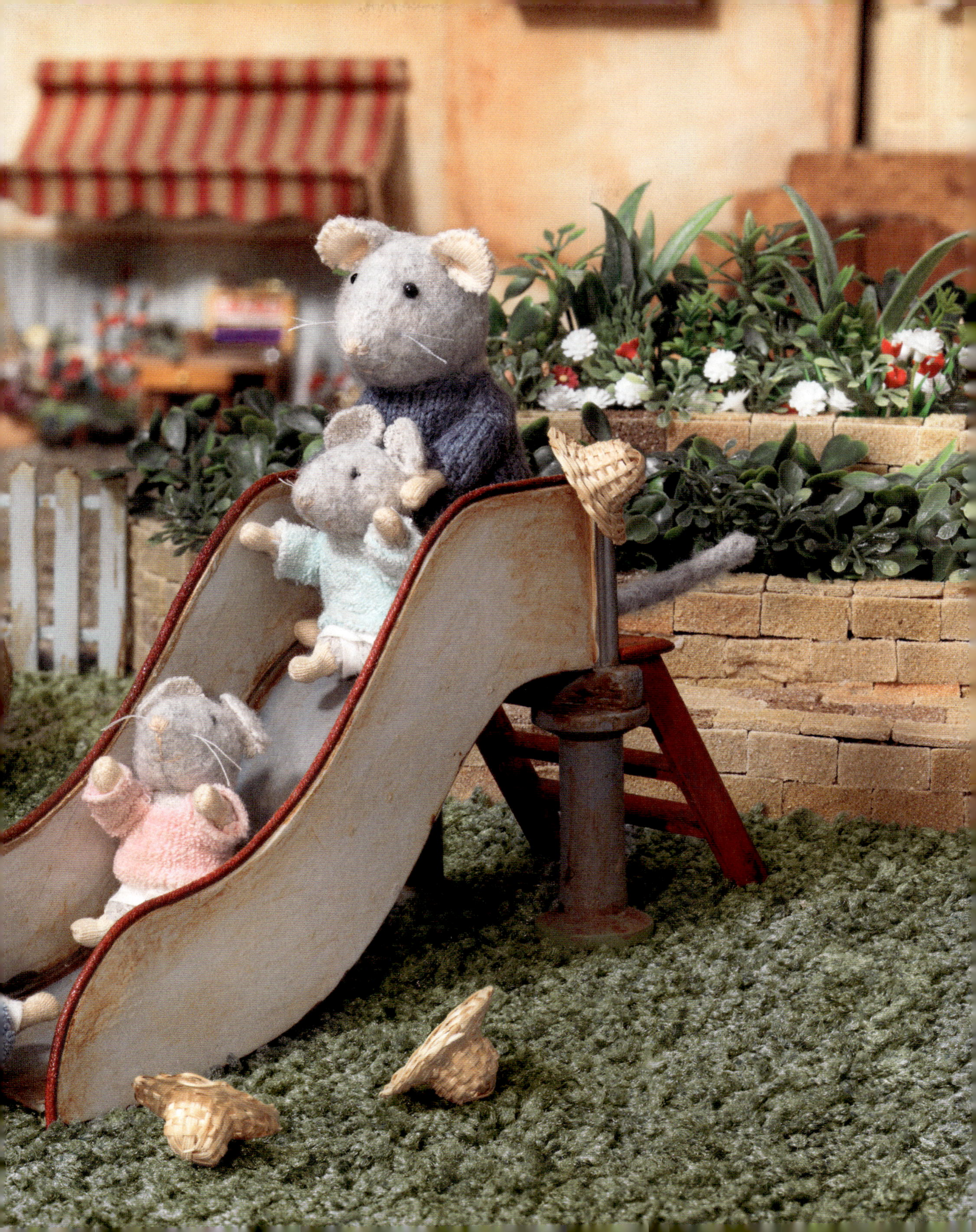

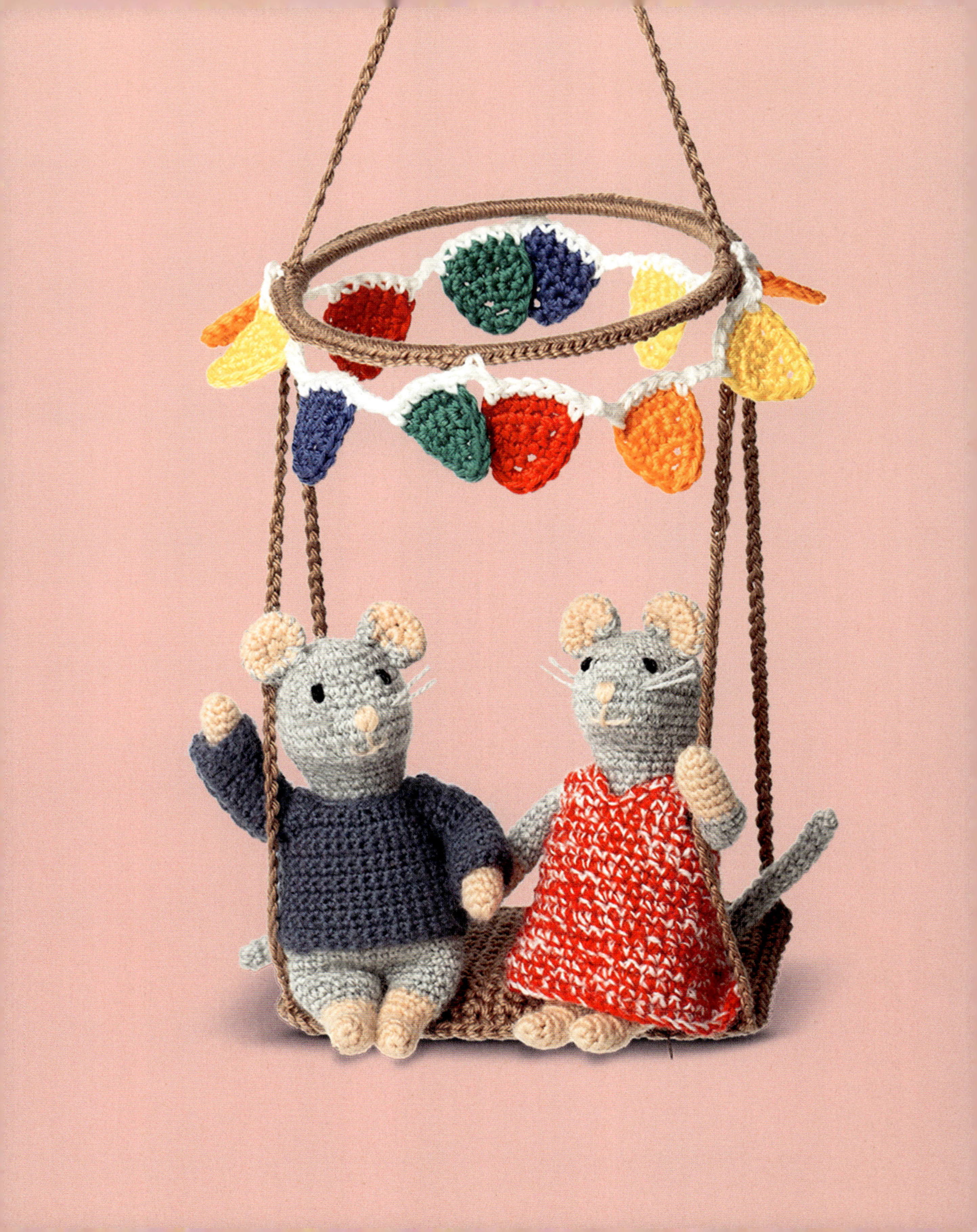

SCHAUKEL

Hänge diese fröhliche Schaukel an ein Bücherregal im Kinderzimmer und lass Sam und Julia darauf schaukeln. Jeder, der sie entdeckt, wird entzückt sein!

MATERIAL

Durable Coral 2218 Haselnuss
Lang Yarns Quattro 16.0006 Blau
Lang Yarns Quattro 16.0049 Gelb
Lang Yarns Quattro 16.0060 Rot
Lang Yarns Quattro 16.0118 Grün
Lang Yarns Quattro 16.0159 Orange
Metallring mit 100 mm Ø
Häkelnadel 2,5 mm
Wellpappe 10 x 5 cm

Den Ring mit Haselnuss umhäkeln, bis kein Metall mehr sichtbar ist.

SCHAUKELBRETT (2X)

Das Garn bedeckt rundum die Pappe. Die Rechtecke sollten auf allen Seiten der Pappe 1 fM breiter sein, damit die Pappe gut hineinpasst. Wie nachfolgend beschrieben, 2 Rechtecke häkeln. Nach jeder Reihe wird eine Wendeluftmasche gehäkelt. Diese zählt nicht als Masche.

15 Lm in Haselnuss häkeln.

R 1: 1 fM in die 2. Lm ab Nadel häkeln, 13 fM. (14) Wendeluftmasche.

R 2–29: 14 fM häkeln. Wendeluftmasche.

Den Faden durch die letzte Masche ziehen. Ein zweites Rechteck häkeln. Beim zweiten Rechteck den Faden durch die letzte Masche ziehen. **Nicht** vernähen.

Die Wellpappe zwischen die beiden Rechtecke legen und die Teile mit fM zusammennähen.

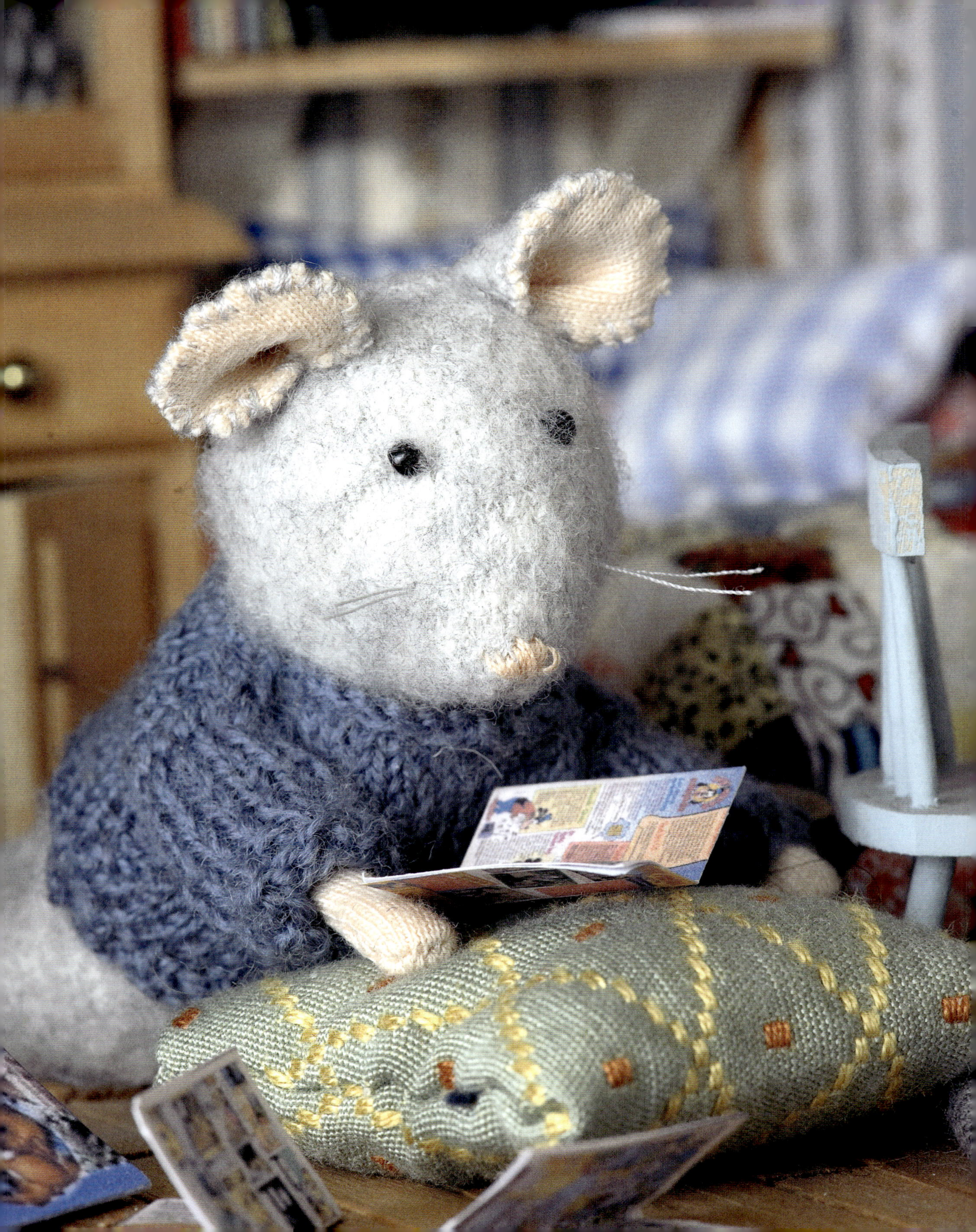

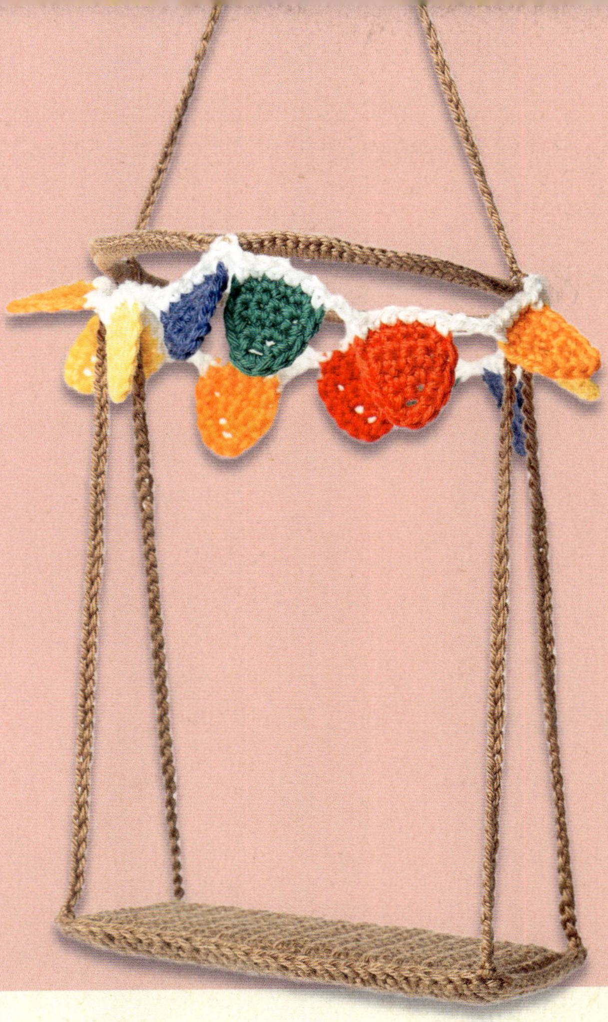

In jeder Ecke den Faden ansetzen und viermal eine Luftmaschenkette aus 40 Lm häkeln.

Die Luftmaschenketten am Ring festnähen.
An zwei Punkten erneut ansetzen und jeweils 30 Lm häkeln, um daran die Schaukel aufzuhängen.

GIRLANDE

Von jeder Farbe zwei Fähnchen häkeln, nur von Orange und Gelb jeweils drei Fähnchen häkeln. In diesem Beispiel werden zwölf Fähnchen gehäkelt. Nach jeder Reihe folgt eine Wendeluftmasche. Diese zählt nicht als Masche. 2 Lm häkeln.

R 1: 2 fM in die 2. Lm ab Nadel häkeln. (2) Wendeluftmasche.
R 2: 2 fM in die 1. fM, 2 fM in die 2. fM häkeln. (4) Wendeluftmasche.
R 3–4: 4 fM häkeln. Wendeluftmasche.
Umhäkeln, dabei in der Spitze 3 fM häkeln.

Die Luftmaschenkette mit 3 Lm beginnen und dann die erste Flagge häkeln. So weiterarbeiten, bis du genügend Flaggen hast, um sie an den Ring zu hängen. Die Flaggen in gleichmäßigen Abstand voneinander befestigen.

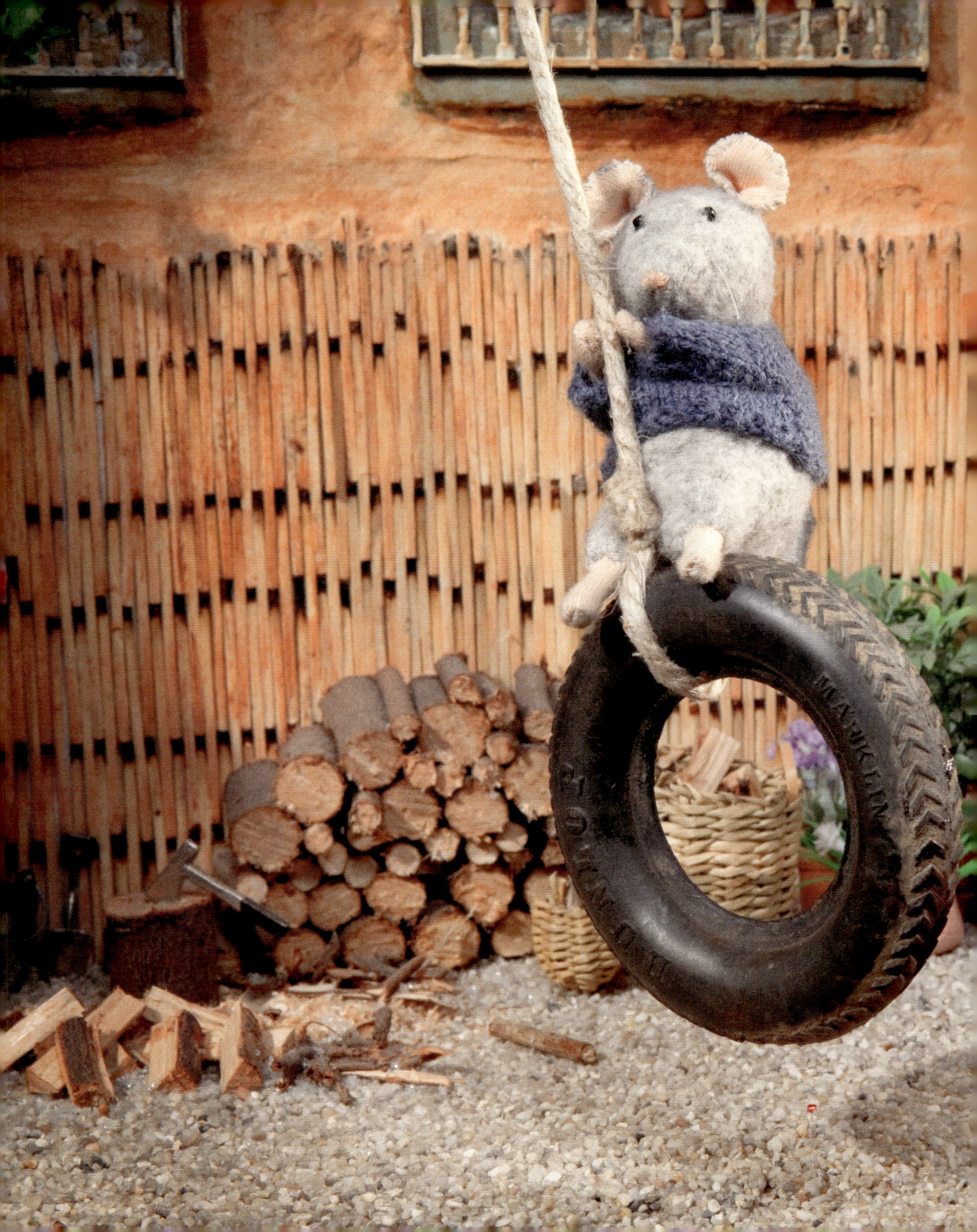

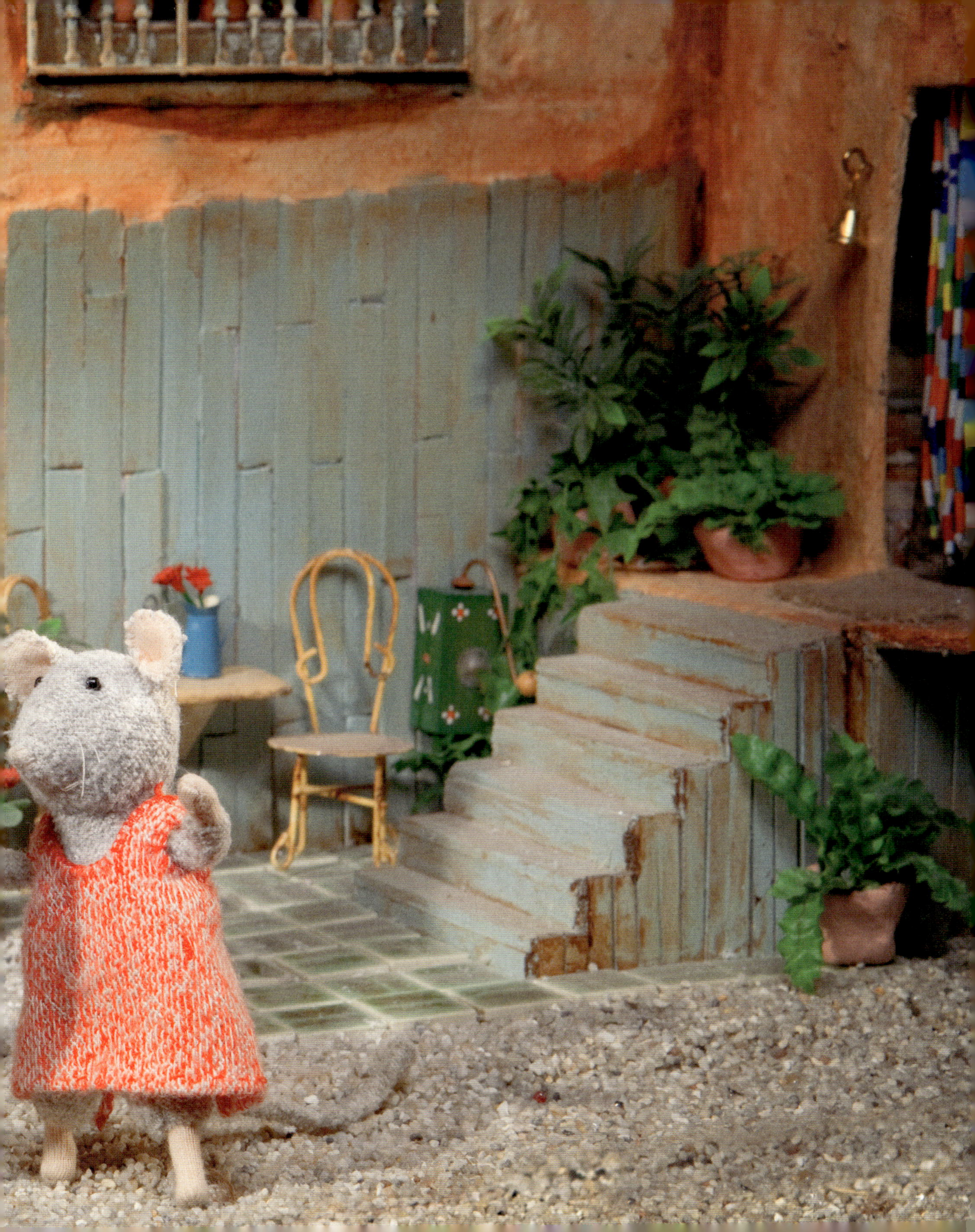

SAM UND JULIA AUF DEM TRETROLLER

Dieses Wandbild kannst du aufhängen oder du häkelst mehrere Bilder zusammen und erhältst eine hübsche Decke!

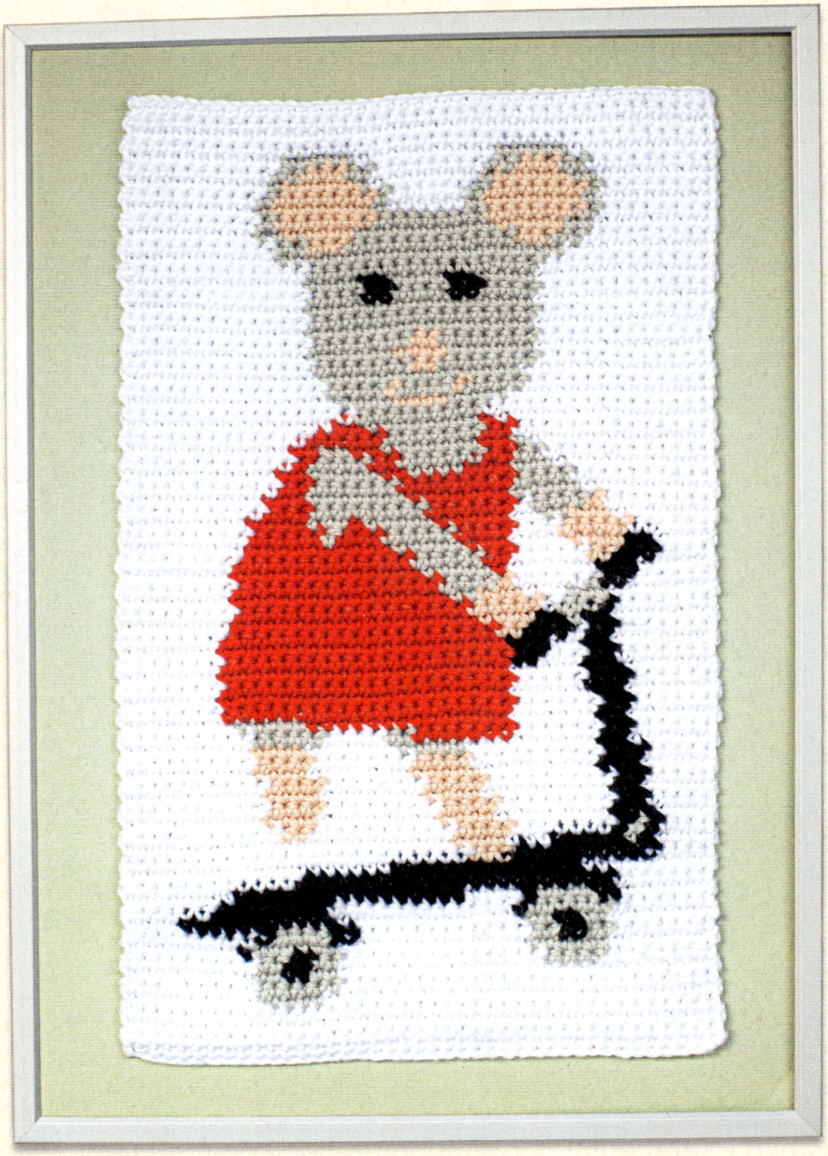

MATERIAL

Mr. Cey Cotton 001 Kristall
Mr. Cey Cotton 013 Haihaut
Mr. Cey Cotton 015 Onyx
Mr. Cey Cotton 047 Marine
Mr. Cey Cotton 088 Tomate
Mr. Cey Cotton 091 Hellrosa
Häkelnadel 2,5 mm
Stopfnadel
Schere

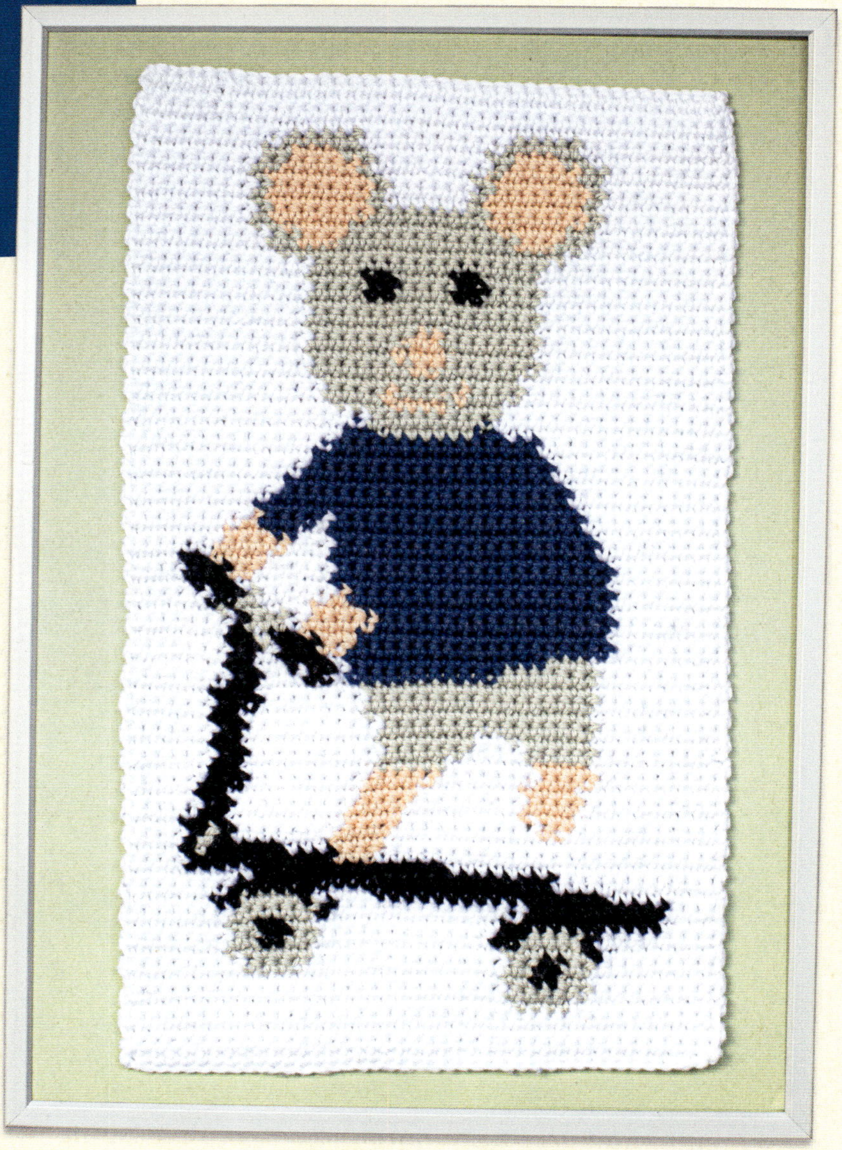

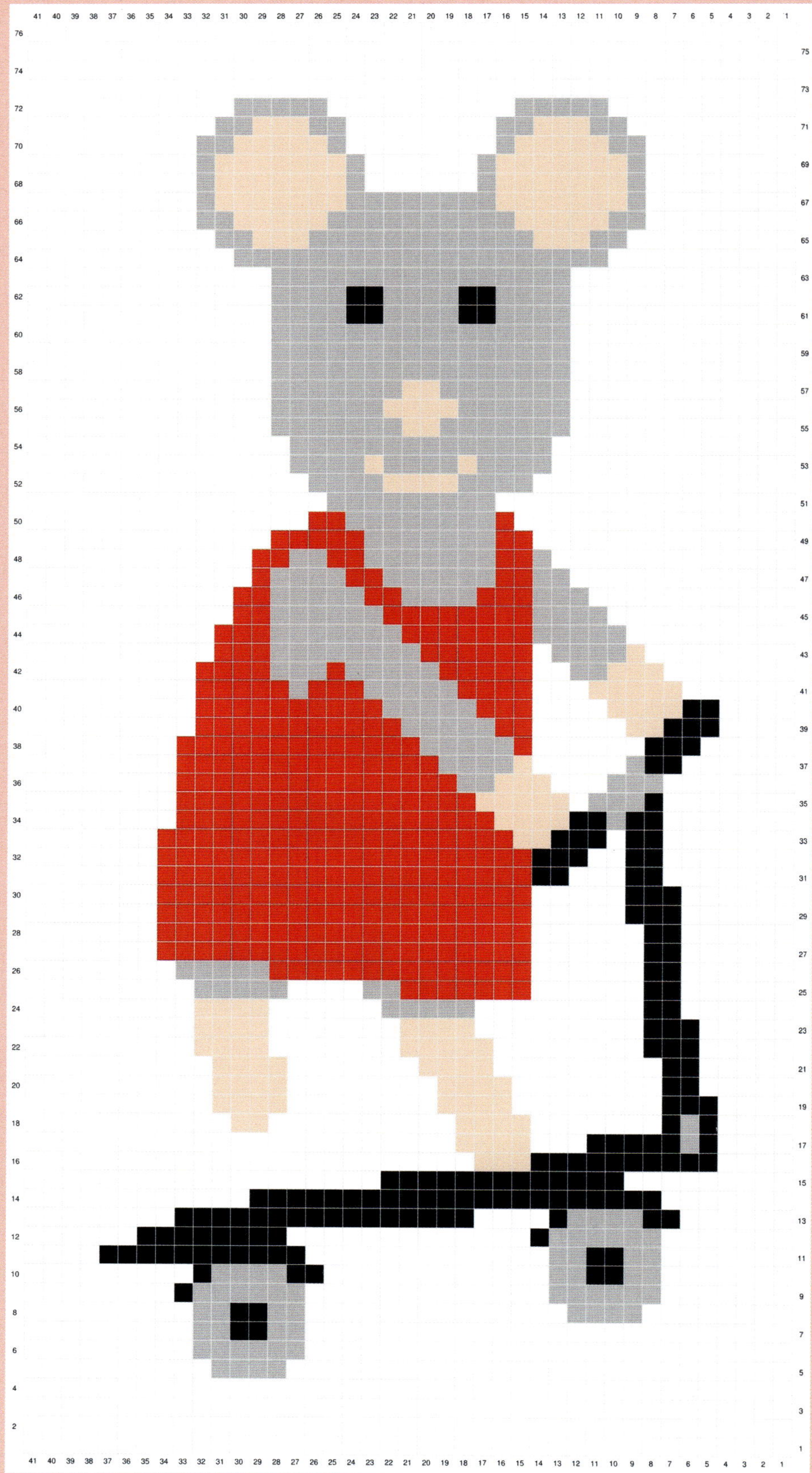

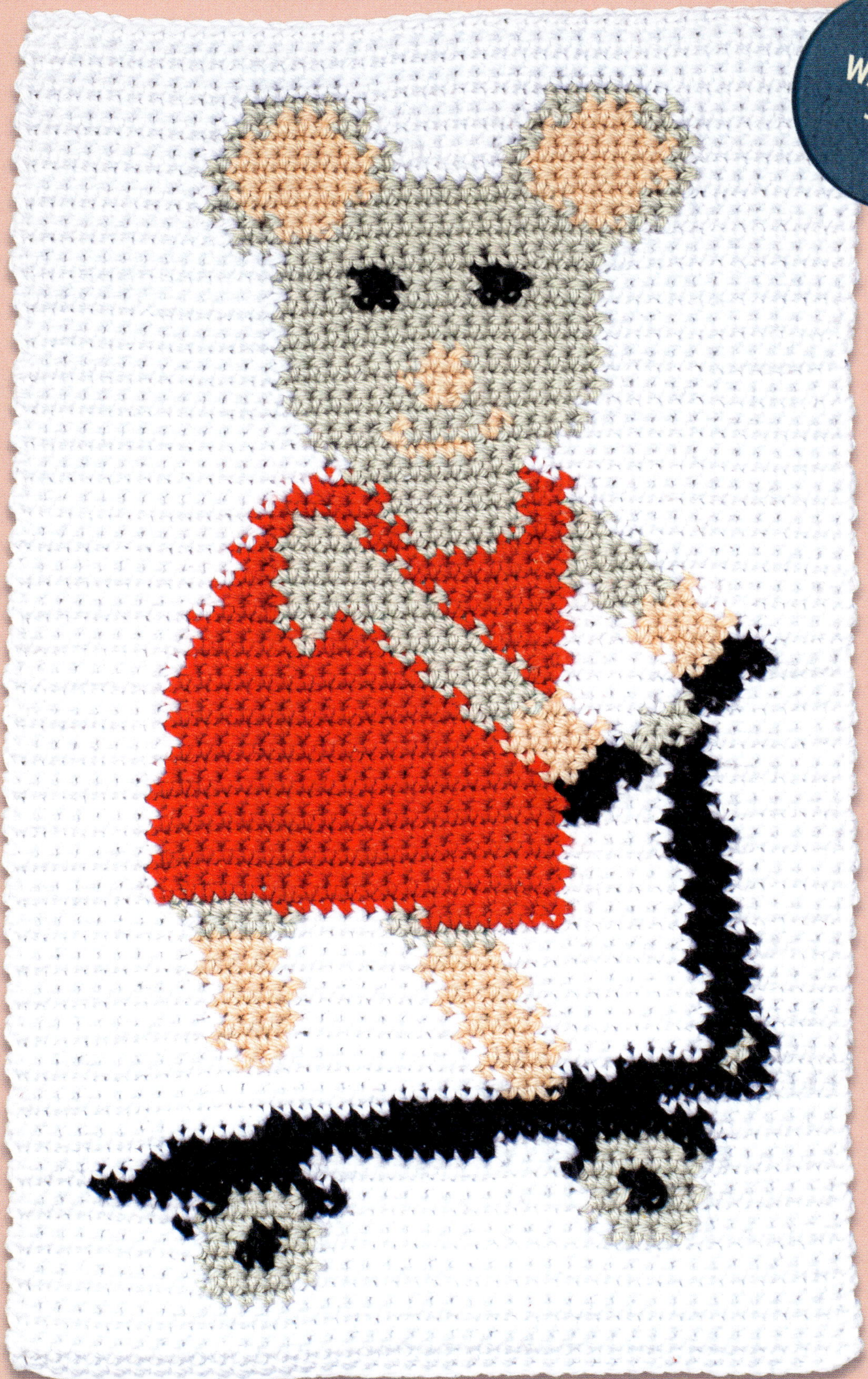
WANDBILD
JULIA

WANDBILD JULIA

Diese Muster wird in Hin- und Rückreihen gearbeitet, nach jeder Reihe folgt eine Wendeluftmasche. Diese zählt nicht als Masche. In diesem Häkelmuster wird sie bei den Reihen nicht aufgeführt.

42 Lm in Kristall arbeiten.

R 1: 1 fM in die 2. Lm ab Nadel, 40 fM. Häkeln. (41)
R 2–4: 41 fM häkeln.
R 5: 27 fM mit Kristall häkeln, weiter mit Grau, 4 fM, weiter mit Kristall, 10 fM häkeln. (41)
R 6: 9 fM mit Kristall häkeln, weiter mit Grau, 6 fM, weiter mit Kristall, 26 fM häkeln. (41)
R 7: 26 fM mit Kristall häkeln, weiter mit Grau, 2 fM, weiter mit Schwarz, 2 fM, weiter mit Grau, 2 fM, weiter mit Kristall, 9 fM häkeln. (41)
R 8: 9 fM mit Kristall häkeln, weiter mit Grau, 2 fM, weiter mit Schwarz, 2 fM, weiter mit Grau, 2 fM, weiter mit Kristall, 14 fM, weiter mit Grau, 4 fM, weiter mit Kristall, 8 fM häkeln. (41)
R 9: 7 fM mit Kristall häkeln, weiter mit Grau, 6 fM, weiter mit Kristall, 13 fM, weiter mit Grau, 6 fM, weiter mit Schwarz, 1 fM, weiter mit Kristall, 8 fM häkeln. (41)
R 10: 9 fM mit Kristall häkeln, weiter mit Schwarz, 1 fM, weiter mit Grau, 4 fM, weiter mit Schwarz, 2 fM, weiter mit Kristall, 12 fM, weiter mit Grau, 2 fM, weiter mit Schwarz, 2 fM, weiter mit Grau, 2 fM, weiter mit Kristall, 7 fM häkeln. (41)
R 11: 7 fM mit Kristall häkeln, weiter mit Grau, 2 fM, weiter mit Schwarz, 2 fM, weiter mit Grau, 2 fM, weiter mit Kristall, 13 fM, weiter mit Schwarz, 11 fM, weiter mit Kristall, 4 fM häkeln. (41)
R 12: 6 fM mit Kristall häkeln, weiter mit Schwarz, 8 fM, weiter mit Kristall, 13 fM, weiter mit Schwarz, 1 fM, weiter mit Grau, 6 fM, weiter mit Kristall, 7 fM häkeln. (41)
R 13: 6 fM mit Kristall häkeln, weiter mit Schwarz, 2 fM, weiter mit Grau, 4 fM, weiter mit Schwarz, 1 fM, weiter mit Kristall, 4 fM, weiter mit Schwarz, 16 fM, weiter mit Kristall, 8 fM häkeln. (41)
R 14: 12 fM mit Kristall häkeln, weiter mit Schwarz, 22 fM, weiter mit Kristall, 7 fM häkeln. (41)
R 15: 9 fM mit Kristall häkeln, weiter mit Schwarz, 13 fM, weiter mit Kristall, 19 fM häkeln. (41)
R 16: 24 fM mit Kristall häkeln, weiter mit Hellrosa, 3 fM, weiter mit Schwarz, 10 fM, weiter mit Kristall, 4 fM häkeln. (41)
R 17: 4 fM mit Kristall häkeln, weiter mit Schwarz, 1 fM, weiter mit Grau, 1 fM, weiter mit Schwarz, 5 fM, weiter mit Kristall, 3 fM, weiter mit Hellrosa, 4 fM, weiter mit Kristall, 23 fM häkeln. (41)
R 18: 11 fM mit Kristall häkeln, weiter mit Hellrosa, 2 fM, weiter mit Kristall, 10 fM, weiter mit Hellrosa, 4 fM, weiter mit Kristall, 7 fM, weiter mit Schwarz, 1 fM, weiter mit Grau, 1 fM, weiter mit Schwarz, 1 fM, weiter mit Kristall, 4 fM häkeln. (41)
R 19: 4 fM mit Kristall häkeln, weiter mit Schwarz, 3 fM, weiter mit Kristall, 8 fM, weiter mit Hellrosa, 4 fM, weiter mit Kristall, 8 fM, weiter mit Hellrosa, 4 fM, weiter mit Kristall, 10 fM häkeln. (41)
R 20: 10 fM in Kristall häkeln, weiter mit Hellrosa, 4 fM, weiter mit Kristall, 8 fM, weiter mit Hellrosa, 4 fM, weiter mit Kristall, 8 fM, weiter mit Schwarz, 2 fM, weiter mit Kristall, 5 fM häkeln. (41)
R 21: 5 fM mit Kristall häkeln, weiter mit Schwarz, 2 fM, weiter mit Kristall, 9 fM, weiter mit Hellrosa, 4 fM, weiter mit Kristall, 7 fM, weiter mit Hellrosa, 4 fM, weiter mit Kristall, 10 fM häkeln. (41)
R 22: 9 fM mit Kristall häkeln, weiter mit Hellrosa, 4 fM, weiter mit Kristall, 7 fM, weiter mit Hellrosa, 5 fM, weiter mit Kristall, 8 fM, weiter mit Schwarz, 3 fM, weiter mit Kristall, 5 fM häkeln. (41)

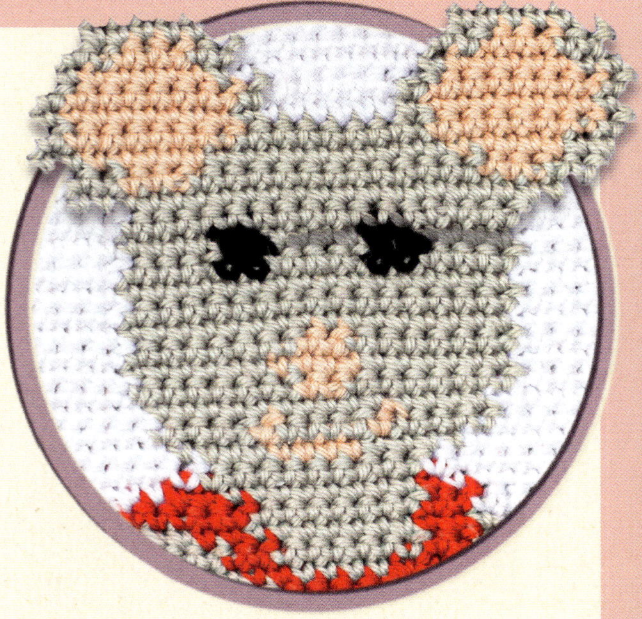

R 23: 5 fM mit Kristall häkeln, weiter mit Schwarz, 3 fM, weiter mit Kristall, 9 fM, weiter mit Hellrosa, 4 fM, weiter mit Kristall, 7 fM, weiter mit Hellrosa, 4 fM, weiter mit Kristall, 9 fM häkeln. (41)

R 24: 9 fM mit Kristall häkeln, weiter mit Hellrosa, 4 fM, weiter mit Kristall, 6 fM, weiter mit Grau, 5 fM, weiter mit Kristall, 9 fM, weiter mit Schwarz, 2 fM, weiter mit Kristall, 6 fM häkeln. (41)

R 25: 6 fM mit Kristall häkeln, weiter mit Schwarz, 2 fM, weiter mit Kristall, 6 fM, weiter mit Rot, 7 fM, weiter mit Grau, 2 fM, weiter mit Kristall, 4 fM, weiter mit Grau, 5 fM, weiter mit Kristall, 9 fM häkeln. (41)

R 26: 8 fM mit Kristall häkeln, weiter mit Grau, 5 fM, weiter mit Rot, 14 fM, weiter mit Kristall, 6 fM, weiter mit Schwarz, 2 fM, weiter mit Kristall, 6 fM häkeln. (41)

R 27: 6 fM mit Kristall häkeln, weiter mit Schwarz, 2 fM, weiter mit Kristall, 6 fM, weiter mit Rot, 20 fM, weiter mit Kristall, 7 fM häkeln. (41)

R 28: 7 fM mit Kristall häkeln, weiter mit Rot, 20 fM, weiter mit Kristall, 6 fM, weiter mit Schwarz, 2 fM, weiter mit Kristall, 6 fM häkeln. (41)

R 29: 6 fM mit Kristall häkeln, weiter mit Schwarz, 3 fM, weiter mit Kristall, 5 fM, weiter mit Rot, 20 fM, weiter mit Kristall, 7 fM häkeln. (41)

R 30: 7 fM mit Kristall häkeln, weiter mit Rot, 20 fM, weiter mit Kristall, 5 fM, weiter mit Schwarz, 3 fM, weiter mit Kristall, 6 fM häkeln. (41)

R 31: 7 fM mit Kristall häkeln, weiter mit Schwarz, 2 fM, weiter mit Kristall, 3 fM, weiter mit Schwarz, 2 fM, weiter mit Rot, 20 fM, weiter mit Kristall, 7 fM häkeln. (41)

R 32: 7 fM mit Kristall häkeln, weiter mit Rot, 20 fM, weiter mit Schwarz, 3 fM, weiter mit Kristall, 2 fM, weiter mit Schwarz, 2 fM, weiter mit Kristall, 7 fM häkeln. (41)

R 33: 7 fM mit Kristall häkeln, weiter mit Schwarz, 2 fM, weiter mit Kristall, 1 fM, weiter mit Schwarz, 3 fM, weiter mit Hellrosa, 2 fM, weiter mit Rot, 19 fM, weiter mit Kristall, 7 fM häkeln. (41)

R 34: 8 fM mit Kristall häkeln, weiter mit Rot, 17 fM, weiter mit Hellrosa, 4 fM, weiter mit Schwarz, 2 fM, weiter mit Grau, 1 fM, weiter mit Schwarz, 2 fM, weiter mit Kristall, 7 fM häkeln. (41)

R 35: 7 fM mit Kristall häkeln, weiter mit Schwarz, 1 fM, weiter mit Grau, 3 fM, weiter mit Kristall, 1 fM, weiter mit Hellrosa, 5 fM, weiter mit Rot, 16 fM, weiter mit Kristall, 8 fM häkeln. (41)

R 36: 8 fM mit Kristall häkeln, weiter mit Rot, 15 fM, weiter mit Grau, 2 fM, weiter mit Hellrosa, 3 fM, weiter mit Kristall, 3 fM, weiter mit Grau, 3 fM, weiter mit Kristall, 7 fM häkeln. (41)

R 37: 6 fM mit Kristall häkeln, weiter mit Schwarz, 2 fM, weiter mit Grau, 1 fM, weiter mit Kristall, 5 fM, weiter mit Hellrosa, 1 fM, weiter mit Grau, 4 fM, weiter mit Rot, 14 fM, weiter mit Kristall, 8 fM häkeln. (41)

R 38: 8 fM mit Kristall häkeln, weiter mit Rot, 13 fM, weiter mit Grau, 5 fM, weiter mit Rot, 1 fM, weiter mit Kristall, 6 fM, weiter mit Schwarz, 3 fM, weiter mit Kristall, 5 fM häkeln. (41)

R 39: 4 fM mit Kristall häkeln, weiter mit Schwarz, 3 fM, weiter mit Hellrosa, 2 fM, weiter mit Kristall, 5 fM, weiter mit Rot, 2 fM, weiter mit Grau, 5 fM, weiter mit Rot, 11 fM, weiter mit Kristall, 9 fM häkeln. (41)

R 40: 9 fM mit Kristall häkeln, weiter mit Rot, 10 fM, weiter mit Grau, 5 fM, weiter mit Rot, 3 fM, weiter mit Kristall, 4 fM, weiter mit Hellrosa, 4 fM, weiter mit Schwarz, 2 fM, weiter mit Kristall, 4 fM häkeln. (41)

R 41: 6 fM mit Kristall häkeln, weiter mit Hellrosa, 5 fM, weiter mit Kristall, 3 fM, weiter mit Rot, 4 fM, weiter mit Grau, 5 fM, weiter mit Rot, 3 fM, weiter mit Grau, 1 fM, weiter mit Rot, 5 fM, weiter mit Kristall, 9 fM häkeln. (41)

R 42: 9 fM mit Kristall häkeln, weiter mit Rot, 4 fM, weiter mit Grau, 3 fM, weiter mit Rot, 1 fM, weiter mit Grau, 5 fM, weiter mit Rot, 5 fM, weiter mit Kristall, 2 fM, weiter mit Grau, 2 fM, weiter mit Hellrosa, 3 fM, weiter mit Kristall, 7 fM häkeln. (41)

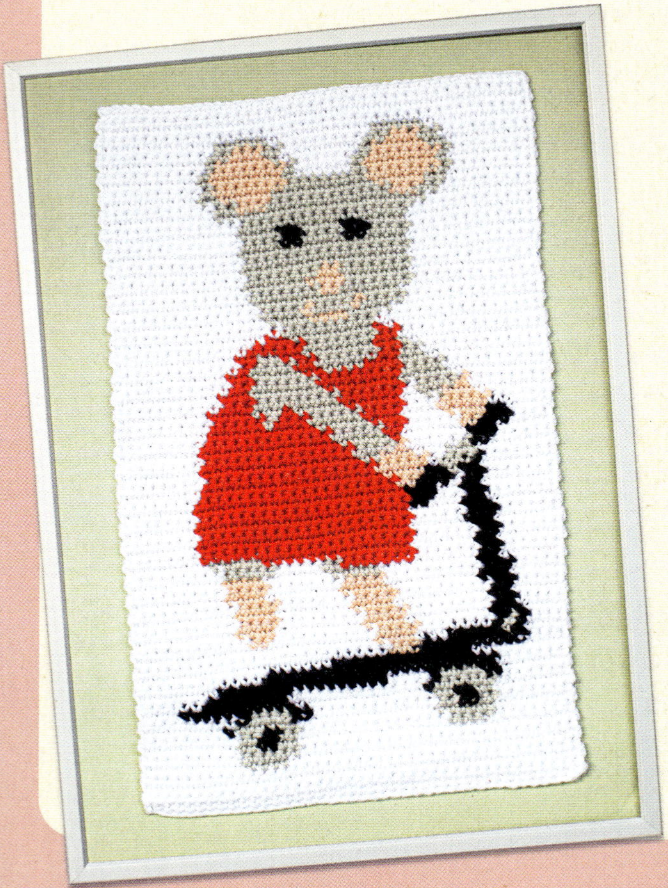

R 43: 8 fM mit Kristall häkeln, weiter mit Hellrosa, 1 fM, weiter mit Grau, 4 fM, weiter mit Kristall, 1 fM, weiter mit Rot, 6 fM, weiter mit Grau, 8 fM, weiter Rot, 3 fM, weiter mit Kristall, 10 fM häkeln. (41)

R 44: 10 fM mit Kristall häkeln, weiter mit Rot, 3 fM, weiter mit Grau, 7 fM, weiter mit Rot, 7 fM, weiter mit Grau, 5 fM, weiter mit Kristall, 9 fM häkeln. (41)

R 45: 10 fM mit Kristall häkeln, weiter mit Grau, 4 fM, weiter mit Rot, 8 fM, weiter mit Grau, 6 fM, weiter mit Rot, 2 fM, weiter mit Kristall, 11 fM häkeln. (41)

R 46: 11 fM mit Kristall häkeln, weiter mit Rot, 2 fM, weiter mit Grau, 5 fM, weiter mit Rot, 2 fM, weiter Grau, 4 fM, weiter mit Rot, 3 fM, weiter mit Grau, 3 fM, weiter mit Kristall, 11 fM häkeln. (41)

R 47: 12 fM mit Kristall häkeln, weiter mit Grau, 2 fM, weiter mit Rot, 2 fM, weiter mit Grau 6 fM, weiter mit Rot, 2 fM, weiter mit Grau, 4 fM, weiter mit Rot, 1 fM, weiter mit Kristall, 12 fM häkeln. (41)

R 48: 12 fM mit Kristall häkeln, weiter mit Rot, 2 fM, weiter mit Grau, 2 fM, weiter mit Rot, 2 fM, weiter mit Grau, 7 fM, weiter mit Rot, 2 fM, weiter mit Grau, 1 fM, weiter mit Kristall, 13 fM häkeln. (41)

R 49: 14 fM mit Kristall häkeln, weiter mit Rot, 2 fM, weiter mit Grau, 7 fM, weiter mit Rot, 5 fM, weiter mit Kristall, 13 fM häkeln. (41)

R 50: 15 fM mit Kristall häkeln, weiter mit Rot, 2 fM, weiter mit Grau, 8 fM, weiter mit Rot, 1 fM, weiter mit Kristall, 15 fM häkeln. (41)

R 51: 16 fM mit Kristall häkeln, weiter mit Grau, 9 fM, weiter mit Kristall, 16 fM häkeln. (41)

R 52: 15 fM mit Kristall häkeln, weiter mit Grau, 4 fM, weiter mit Hellrosa, 4 fM, weiter mit Grau, 4 fM, weiter mit Kristall, 14 fM häkeln. (41)

R 53: 13 fM mit Kristall häkeln, weiter mit Grau, 4 fM, weiter mit Hellrosa, 1 fM, weiter mit Grau, 4 fM, weiter mit Hellrosa, 1 fM, weiter mit Grau, 4 fM, weiter mit Kristall, 14 fM häkeln. (41)

R 54:14 fM mit Kristall häkeln, weiter mit Grau, 14 fM, weiter mit Kristall, 13 fM häkeln. (41)

R 55: 12 fM mit Kristall häkeln, weiter mit Grau, 7 fM, weiter mit Hellrosa, 2 fM, weiter mit Grau, 7 fM, weiter mit Kristall, 13 fM häkeln. (41)

R 56: 13 fM mit Kristall häkeln, weiter mit Grau, 6 fM, weiter mit Hellrosa, 4 fM, weiter mit Grau, 6 fM, weiter mit Kristall, 12 fM häkeln. (41)

R 57: 12 fM mit Kristall häkeln, weiter mit Grau, 7 fM, weiter mit Hellrosa, 2 fM, weiter mit Grau, 7 fM, weiter mit Kristall, 13 fM häkeln. (41)

R 58: 13 fM mit Kristall häkeln, weiter mit Grau, 16 fM, weiter mit Kristall, 12 fM häkeln. (41)

R 59: 12 fM mit Kristall häkeln, weiter mit Grau, 16 fM, weiter mit Kristall, 13 fM. (41)

R 60: 13 fM mit Kristall, weiter mit Grau, 16 fM, weiter mit Kristall, 12 fM häkeln. (41)

R 61: 12 fM mit Kristall häkeln, weiter mit Grau, 4 fM, weiter mit Schwarz, 2 fM, weiter mit Grau, 4 fM, weiter mit Schwarz, 2 fM, weiter mit Grau, 4 fM, weiter mit Kristall, 13 fM häkeln. (41)

R 62: 13 fM mit Kristall häkeln, weiter mit Grau, 4 fM, weiter mit Schwarz, 2 fM, weiter mit Grau, 4 fM, weiter mit Schwarz, 2 fM, weiter mit Grau, 4 fM, weiter mit Kristall, 12 fM häkeln. (41)

R 63: 12 fM mit Kristall häkeln, weiter mit Grau, 16 fM, weiter mit Kristall, 13 fM häkeln. (41)

R 64: 11 fM mit Kristall häkeln, weiter mit Grau, 20 fM, weiter mit Kristall, 10 fM häkeln. (41)

R 65: 9 fM mit Kristall häkeln, weiter mit Grau, 2 fM, weiter mit Hellrosa, 3 fM, weiter mit Grau, 12 fM, weiter mit Hellrosa, 3 fM, weiter mit Grau, 2 fM, weiter mit Kristall, 10 fM häkeln. (41)

R 66: 9 fM mit Kristall häkeln, weiter mit Grau, 2 fM, weiter mit Hellrosa, 5 fM, weiter mit Grau, 10 fM, weiter mit Hellrosa, 5 fM, weiter mit Grau, 2 fM, weiter mit Kristall, 8 fM häkeln. (41)

R 67: 8 fM mit Kristall häkeln, weiter mit Grau, 1 fM, weiter mit Hellrosa, 7 fM, weiter mit Grau, 8 fM, weiter mit Hellrosa, 7 fM, weiter mit Grau, 1 fM, weiter mit Kristall, 9 fM häkeln. (41)

R 68: 9 fM mit Kristall häkeln, weiter mit Grau, 1 fM, weiter mit Hellrosa, 7 fM, weiter mit Grau, 1 fM, weiter mit Kristall, 6 fM, weiter mit Grau, 1 fM, weiter mit Hellrosa, 7 fM, weiter mit Grau, 1 fM, weiter mit Kristall, 8 fM häkeln. (41)

R 69: 8 fM mit Kristall häkeln, weiter mit Grau, 1 fM, weiter mit Hellrosa, 7 fM, weiter mit Grau, 1 fM, weiter mit Kristall, 6 fM, weiter mit Grau, 1 fM, weiter mit Hellrosa, 7 fM, weiter mit Grau, 1 fM, weiter mit Kristall, 9 fM häkeln. (41)

R 70: 9 fM mit Kristall häkeln, weiter mit Grau, 2 fM, weiter mit Hellrosa, 5 fM, weiter mit Grau, 1 fM, weiter mit Kristall, 8 fM, weiter mit Grau, 1 fM, weiter mit Hellrosa, 5 fM, weiter mit Grau, 2 fM, weiter mit Kristall, 8 fM häkeln. (41)

R 71: 9 fM mit Kristall häkeln, weiter mit Grau, 2 fM, weiter mit Hellrosa, 3 fM, weiter mit Grau, 2 fM, weiter mit Kristall, 8 fM, weiter mit Grau, 2 fM, weiter mit Hellrosa, 3 fM, weiter mit Grau, 2 fM, weiter mit Kristall, 10 fM häkeln. (41)

R 72: 11 fM mit Kristall häkeln, weiter mit Grau, 5 fM, weiter mit Kristall, 10 fM, weiter mit Grau, 5 fM, weiter mit Kristall, 10 fM häkeln. (41)

R 73–76: 41 fM mit Kristall häkeln.

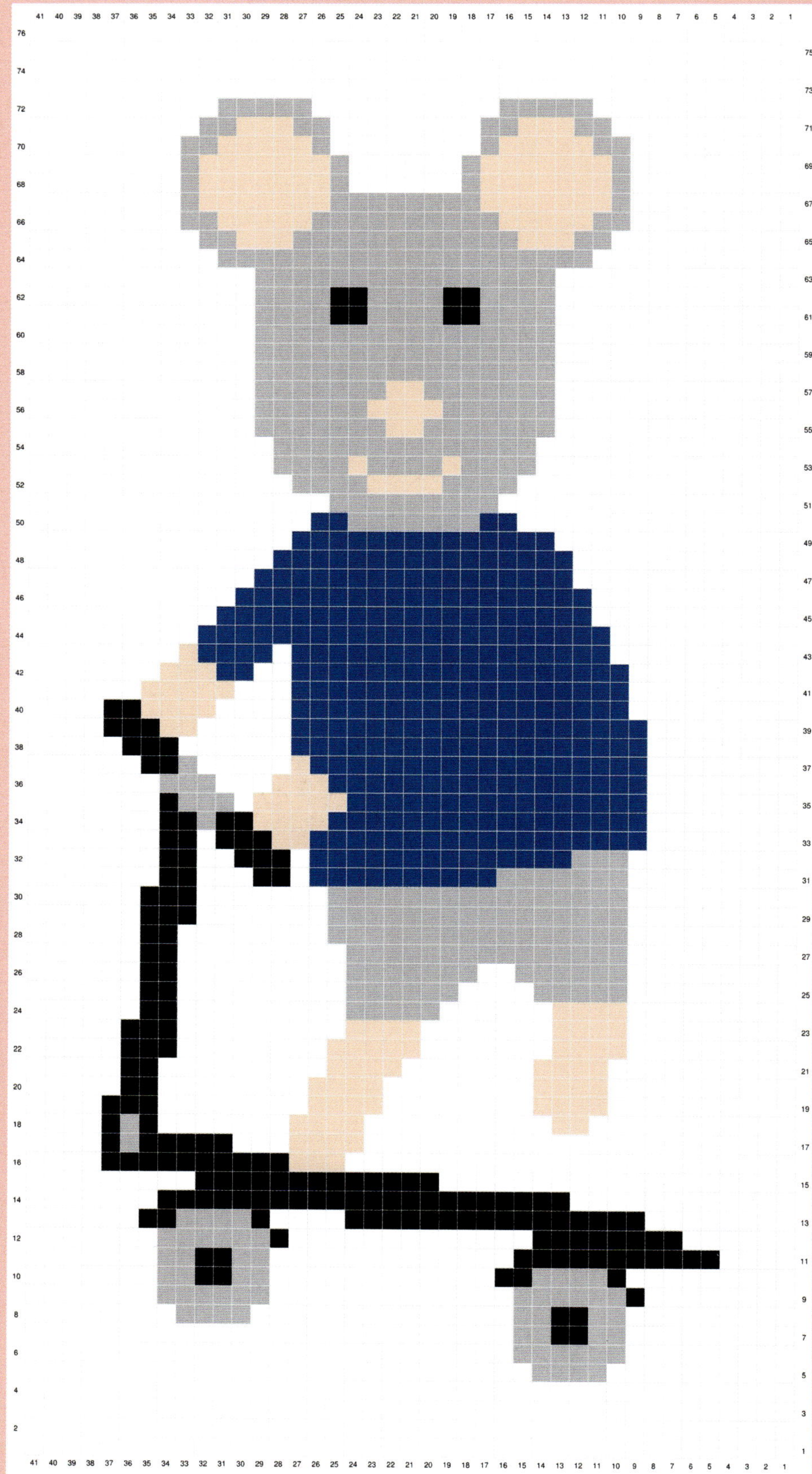
41 40 39 38 37 36 35 34 33 32 31 30 29 28 27 26 25 24 23 22 21 20 19 18 17 16 15 14 13 12 11 10 9 8 7 6 5 4 3 2 1
76 74 72 70 68 66 64 62 60 58 56 54 52 50 48 46 44 42 40 38 36 34 32 30 28 26 24 22 20 18 16 14 12 10 8 6 4 2
75 73 71 69 67 65 63 61 59 57 55 53 51 49 47 45 43 41 39 37 35 33 31 29 27 25 23 21 19 17 15 13 11 9 7 5 3 1

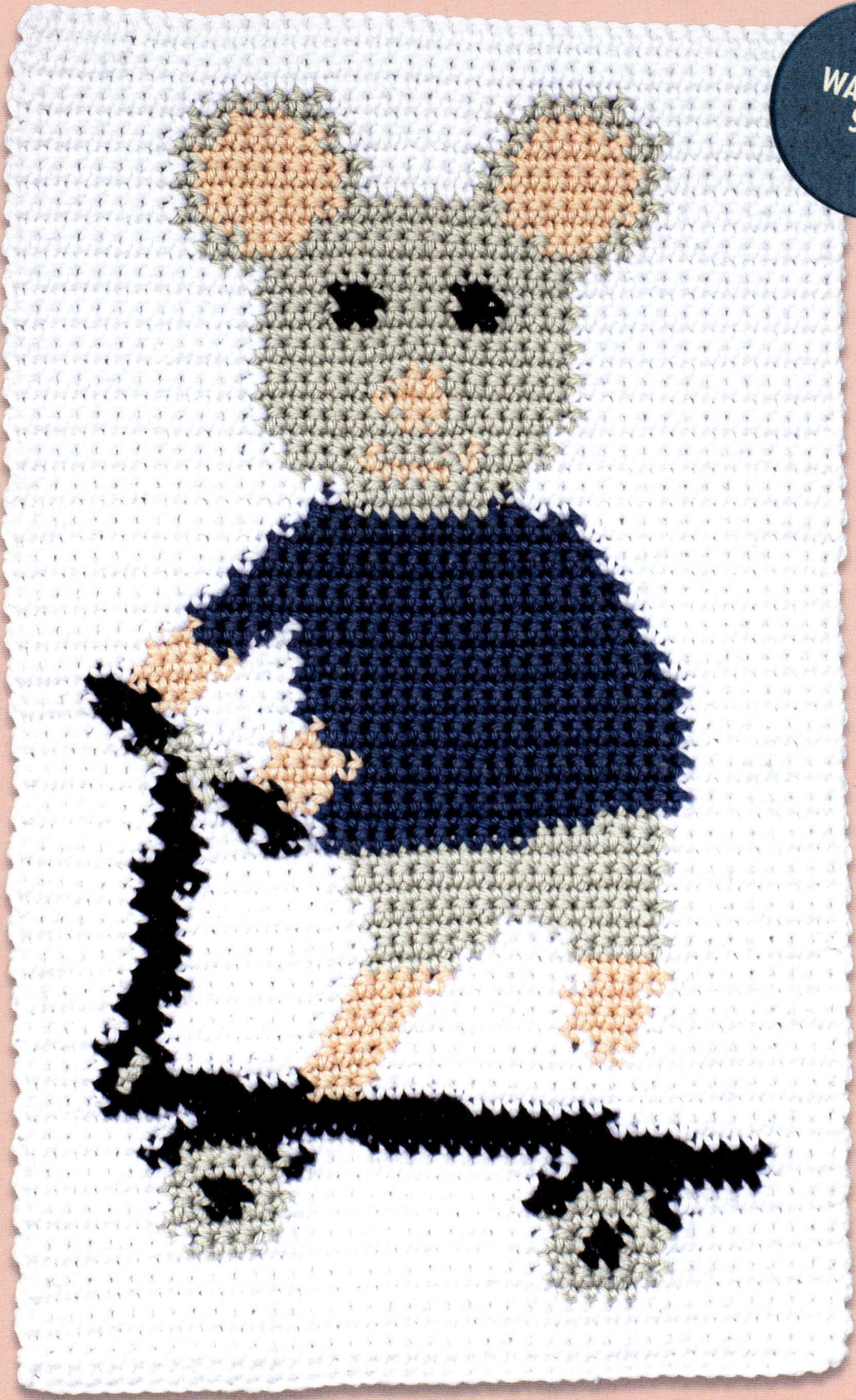

WANDBILD SAM

WANDBILD SAM

Diese Muster wird in Hin- und Rückreihen gearbeitet, nach jeder Reihe folgt eine Wendeluftmasche. Diese zählt nicht als Masche. In diesem Häkelmuster wird sie bei den Reihen nicht aufgeführt.

42 Lm in Kristall arbeiten.

R 1: 1 fM in die 2. Lm ab Nadel, 40 fM häkeln. (41)
R 2–4: 41 fM häkeln.
R 5: 10 fM mit Kristall häkeln, weiter mit Grau, 4 fM, weiter mit Kristall, 27 fM häkeln. (41)
R 6: 26 fM mit Kristall häkeln, weiter mit Grau, 6 fM, weiter mit Kristall, 9 fM häkeln. (41)
R 7: 9 fM mit Kristall häkeln, weiter mit Grau, 2 fM, weiter mit Schwarz, 2 fM, weiter mit Grau, 2 fM, weiter mit Kristall, 26 fM häkeln. (41)
R 8: 8 fM mit Kristall häkeln, weiter mit Grau, 4 fM, weiter mit Kristall, 14 fM, weiter mit Grau, 2 fM, weiter mit Schwarz, 2 fM, weiter mit Grau, 2 fM, weiter mit Kristall, 9 fM häkeln. (41)
R 9: 8 fM mit Kristall, weiter mit Schwarz, 1 fM, weiter mit Grau, 6 fM, weiter mit Kristall, 13 fM, weiter mit Grau, 6 fM, weiter mit Kristall, 7 fM häkeln. (41)
R 10: 7 fM mit Kristall häkeln, weiter mit Grau, 2 fM, weiter mit Schwarz, 2 fM, weiter mit Grau, 2 fM, weiter mit Kristall, 12 fM, weiter mit Schwarz, 2 fM, weiter mit Grau, 4 fM, weiter mit Schwarz, 1 fM, weiter mit Kristall, 9 fM häkeln. (41)
R 11: 4 fM mit Kristall häkeln, weiter mit Schwarz, 11 fM, weiter mit Kristall, 13 fM, weiter mit Grau, 2 fM, weiter mit Schwarz, 2 fM, weiter mit Grau, 2 fM, weiter mit Kristall, 7 fM häkeln. (41)
R 12: 7 fM mit Kristall häkeln, weiter mit Grau, 6 fM, weiter mit Schwarz, 1 fM, weiter mit Kristall, 13 fM, weiter mit Schwarz, 8 fM, weiter mit Kristall, 6 fM häkeln. (41)
R 13: 8 fM mit Kristall häkeln, weiter mit Schwarz, 16 fM, weiter mit Kristall, 4 fM, weiter mit Schwarz, 1 fM, weiter mit Grau, 4 fM, weiter mit Schwarz, 2 fM, weiter mit Kristall, 6 fM häkeln. (41)
R 14: 7 fM mit Kristall häkeln, weiter mit Schwarz, 22 fM, weiter mit Kristall, 12 fM häkeln. (41)
R 15: 19 fM mit Kristall häkeln, weiter mit Schwarz, 13 fM, weiter mit Kristall, 9 fM häkeln. (41)
R 16: 4 fM mit Kristall häkeln, weiter mit Schwarz, 10 fM, weiter mit Hellrosa, 3 fM, weiter mit Kristall, 24 fM häkeln. (41)
R 17: 23 fM mit Kristall häkeln, weiter mit Hellrosa, 4 fM, weiter mit Kristall, 3 fM, weiter mit Schwarz, 5 fM, weiter mit Grau, 1 fM, weiter mit Schwarz, 1 fM, weiter mit Kristall, 4 fM häkeln. (41)
R 18: 4 fM mit Kristall häkeln, weiter mit Schwarz, 1 fM, weiter mit Grau, 1 fM, weiter mit Schwarz, 1 fM, weiter mit Kristall, 7 fM, weiter mit Hellrosa, 4 fM, weiter mit Kristall, 10 fM, weiter mit Hellrosa, 2 fM, weiter mit Kristall, 11 fM häkeln. (41)
R 19: 10 fM mit Kristall häkeln, weiter mit Hellrosa, 4 fM, weiter mit Kristall, 8 fM, weiter mit Hellrosa, 4 fM, weiter mit Kristall, 8 fM, weiter mit Schwarz, 3 fM, weiter mit Kristall, 4 fM häkeln. (41)
R 20: 5 fM mit Kristall häkeln, weiter mit Schwarz, 2 fM, weiter mit Kristall, 8 fM, weiter mit Hellrosa, 4 fM, weiter mit Kristall, 8 fM, weiter mit Hellrosa, 4 fM, weiter mit Kristall, 10 fM häkeln. (41)
R 21: 10 fM mit Kristall häkeln, weiter mit Hellrosa, 4 fM, weiter mit Kristall, 7 fM, weiter mit Hellrosa, 4 fM, weiter mit Kristall, 9 fM, weiter mit Schwarz, 2 fM, weiter mit Kristall, 5 fM häkeln. (41)
R 22: 5 fM mit Kristall häkeln, weiter mit Schwarz, 3 fM, weiter mit Kristall, 8 fM, weiter mit Hellrosa, 5 fM, weiter mit Kristall, 7 fM, weiter mit Hellrosa, 4 fM, weiter mit Kristall, 9 fM häkeln. (41)

R 23: 9 fM mit Kristall häkeln, weiter mit Hellrosa, 4 fM, weiter mit Kristall, 7 fM, weiter mit Hellrosa, 4 fM, weiter mit Kristall, 9 fM, weiter mit Schwarz, 3 fM, weiter mit Kristall, 5 fM häkeln. (41)

R 24: 6 fM mit Kristall häkeln, weiter mit Schwarz, 2 fM, weiter mit Kristall, 9 fM, weiter mit Grau, 5 fM, weiter mit Kristall, 6 fM, weiter mit Hellrosa, 4 fM, weiter mit Kristall, 9 fM häkeln. (41)

R 25: 9 fM mit Kristall häkeln, weiter mit Grau, 5 fM, weiter mit Kristall, 4 fM, weiter mit Grau, 6 fM, weiter Kristall, 9 fM, weiter mit Schwarz, 2 fM, weiter mit Kristall, 6 fM häkeln. (41)

R 26: 6 fM mit Kristall häkeln, weiter mit Schwarz, 2 fM, weiter mit Kristall, 9 fM, weiter mit Grau, 7 fM, weiter mit Kristall, 2 fM, weiter mit Grau, 6 fM, weiter mit Kristall, 9 fM häkeln. (41)

R 27: 9 fM mit Kristall häkeln, weiter mit Grau, 15 fM, weiter mit Kristall, 9 fM, weiter mit Schwarz, 2 fM, weiter mit Kristall, 6 fM häkeln. (41)

R 28: 6 fM mit Kristall häkeln, weiter mit Schwarz, 2 fM, weiter mit Kristall, 8 fM, weiter mit Grau, 16 fM, weiter mit Kristall, 9 fM häkeln. (41)

R 29: 9 fM mit Kristall häkeln, weiter mit Grau, 16 fM, weiter mit Kristall, 7 fM, weiter mit Schwarz, 3 fM, weiter mit Kristall, 6 fM häkeln. (41)

R 30: 6 fM mit Kristall häkeln, weiter mit Schwarz, 3 fM, weiter mit Kristall, 7 fM, weiter mit Grau, 16 fM, weiter mit Kristall, 9 fM häkeln. (41)

R 31: 9 fM mit Kristall häkeln, weiter mit Grau, 7 fM, weiter mit Blau, 10 fM, weiter mit Kristall, 1 fM, weiter mit Schwarz, 2 fM, weiter mit Kristall, 3 fM, weiter mit Schwarz, 2 fM, weiter mit Kristall, 7 fM häkeln. (41)

R 32: 7 fM mit Kristall häkeln, weiter mit Schwarz, 2 fM weiter mit Kristall, 2 fM, weiter mit Schwarz, 3 fM, weiter mit Kristall, 1 fM, weiter mit Blau, 14 fM, weiter mit Grau, 3 fM, weiter mit Kristall, 9 fM häkeln. (41)

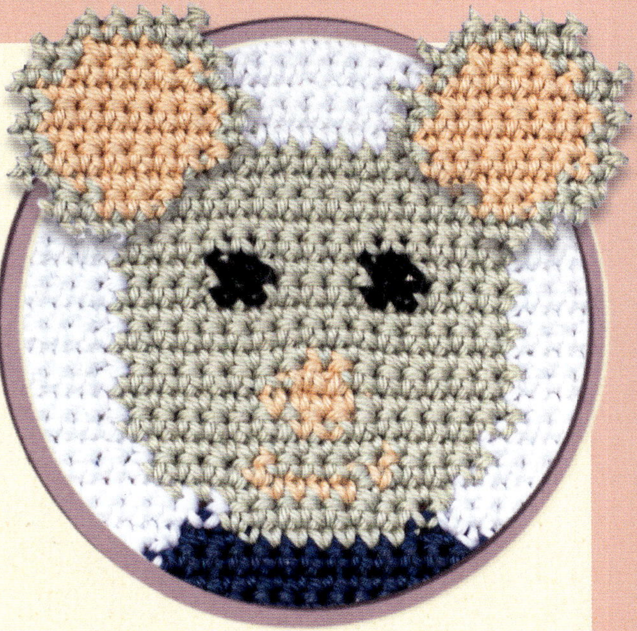

R 33: 8 fM mit Kristall häkeln, weiter mit Blau, 18 fM, weiter mit Hellrosa, 2 fM, weiter mit Schwarz, 3 fM, weiter mit Kristall, 1 fM, weiter mit Schwarz, 2 fM, weiter mit Kristall, 7 fM häkeln. (41)

R 34: 7 fM mit Kristall häkeln, weiter mit Schwarz, 2 fM, weiter mit Grau, 1 fM, weiter mit Schwarz, 2 fM, weiter mit Hellrosa, 4 fM, weiter mit Blau, 17 fM, weiter mit Kristall, 8 fM häkeln. (41)

R 35: 8 fM mit Kristall häkeln, weiter mit Blau, 16 fM, weiter mit Hellrosa, 5 fM, weiter mit Kristall, 1 fM, weiter mit Grau, 3 fM, weiter mit Schwarz, 1 fM, weiter mit Kristall, 7 fM häkeln. (41)

R 36: 7 fM mit Kristall häkeln, weiter mit Grau, 3 fM, weiter mit Kristall, 3 fM, weiter mit Hellrosa, 3 fM, weiter mit Blau, 17 fM, weiter mit Kristall, 8 fM. (41)

R 37: 8 fM mit Kristall häkeln, weiter mit Blau, 18 fM, weiter mit Hellrosa, 1 fM, weiter mit Kristall, 5 fM, weiter mit Grau, 1 fM, weiter mit Schwarz, 2 fM, weiter mit Kristall, 6 fM häkeln. (41)

R 38: 5 fM mit Kristall häkeln, weiter mit Schwarz, 3 fM, weiter mit Kristall, 6 fM, weiter mit Blau, 19 fM, weiter mit Kristall, 8 fM häkeln. (41)

R 39: 8 fM mit Kristall häkeln, weiter mit Blau, 19 fM, weiter mit Kristall, 5 fM, weiter mit Hellrosa, 2 fM, weiter mit Schwarz, 3 fM, weiter mit Kristall, 4 fM häkeln. (41)

R 40: 4 fM mit Kristall häkeln, weiter mit Schwarz, 2 fM, weiter mit Hellrosa, 4 fM, weiter mit Kristall, 4 fM, weiter mit Blau, 18 fM, weiter mit Kristall, 9 fM häkeln. (41)

R 41: 9 fM mit Kristall häkeln, weiter mit Blau, 18 fM, weiter mit Kristall, 3 fM, weiter mit Hellrosa, 5 fM, weiter mit Kristall, 6 fM häkeln. (41)

R 42: 7 fM mit Kristall häkeln, weiter mit Hellrosa, 3 fM, weiter mit Blau, 2 fM, weiter mit Kristall, 2 fM, weiter mit Blau, 18 fM, weiter mit Kristall, 9 fM häkeln. (41)

R 43: 10 fM mit Kristall häkeln, weiter mit Blau, 17 fM, weiter mit Kristall, 1 fM, weiter mit Blau, 4 fM, weiter mit Hellrosa, 1 fM, weiter mit Kristall, 8 fM häkeln. (41)

R 44: 9 fM mit Kristall häkeln, weiter mit Blau, 22 fM, weiter mit Kristall, 10 fM häkeln.

R 45: 11 fM mit Kristall häkeln, weiter mit Blau, 20 fM, weiter mit Kristall, 10 fM häkeln.

R 46: 11 fM mit Kristall häkeln, weiter mit Blau, 19 fM, weiter mit Kristall, 11 fM.

R 47: 12 fM mit Kristall, weiter mit Blau, 17 fM, weiter mit Kristall, 12 fM häkeln.

R 48: 13 fM mit Kristall häkeln, weiter mit Blau, 16 fM, weiter mit Kristall, 12 fM häkeln.

R 49: 13 fM mit Kristall häkeln, weiter mit Blau, 14 fM, weiter mit Kristall, 14 fM häkeln.

R 50: 15 fM mit Kristall häkeln, weiter mit Blau, 2 fM, weiter mit Grau, 7 fM, weiter mit Blau, 2 fM, weiter mit Kristall, 15 fM häkeln. (41)

R 51: 16 fM mit Kristall häkeln, weiter mit Grau, 9 fM, weiter mit Kristall, 16 fM. (41)

R 52: 14 fM mit Kristall häkeln, weiter mit Grau, 4 fM, weiter mit Hellrosa, 4 fM, weiter mit Grau, 4 fM, weiter mit Kristall, 15 fM häkeln. (41)

R 53: 14 fM mit Kristall häkeln, weiter mit Grau, 4 fM, weiter mit Hellrosa, 1 fM, weiter mit Grau, 4 fM, weiter mit Hellrosa, 1 fM, weiter mit Grau, 4 fM, weiter mit Kristall, 13 fM häkeln. (41)

R 54: 13 fM mit Kristall häkeln, weiter mit Grau, 14 fM, weiter mit Kristall, 14 fM häkeln. (41)

R 55: 13 fM mit Kristall häkeln, weiter mit Grau, 7 fM, weiter mit Hellrosa, 2 fM, weiter mit Grau, 7 fM, weiter mit Kristall, 12 fM häkeln. (41)

R 56: 12 fM mit Kristall häkeln, weiter mit Grau, 6 fM, weiter mit Hellrosa, 4 fM, weiter mit Grau, 6 fM, weiter mit Kristall, 13 fM häkeln. (41)

R 57: 13 fM mit Kristall häkeln, weiter mit Grau, 7 fM, weiter mit Hellrosa, 2 fM, weiter mit Grau, 7 fM, weiter mit Kristall, 12 fM.

R 58: 12 fM mit Kristall häkeln, weiter mit Grau, 16 fM, weiter mit Kristall, 13 fM häkeln. (41)

R 59: 13 fM mit Kristall häkeln, weiter mit Grau, 16 fM, weiter mit Kristall, 12 fM häkeln. (41)

R 60: 12 fM mit Kristall häkeln, weiter mit Grau, 16 fM, weiter mit Kristall, 13 fM häkeln. (41)

R 61: 13 fM mit Kristall häkeln, weiter mit Grau, 4 fM, weiter mit Schwarz, 2 fM, weiter mit Grau, 4 fM, weiter mit Schwarz, 2 fM, weiter mit Grau, 4 fM, weiter mit Kristall, 12 fM häkeln. (41)

R 62: 12 fM mit Kristall häkeln, weiter mit Grau, 4 fM, weiter mit Schwarz, 2 fM, weiter mit Grau, 4 fM, weiter mit Schwarz, 2 fM, weiter mit Grau, 4 fM, weiter mit Kristall, 13 fM häkeln. (41)

R 63: 13 fM mit Kristall häkeln, weiter mit Grau, 16 fM, weiter mit Kristall, 12 fM häkeln. (41)

R 64: 10 fM mit Kristall häkeln, weiter mit Grau, 20 fM, weiter mit Kristall, 11 fM häkeln. (41)

R 65: 10 fM mit Kristall häkeln, weiter mit Grau, 2 fM, weiter mit Hellrosa, 3 fM, weiter mit Grau, 12 fM, weiter mit Hellrosa, 3 fM, weiter mit Grau, 2 fM, weiter mit Kristall, 9 fM häkeln. (41)

R 66: 8 fM mit Kristall häkeln, weiter mit Grau, 2 fM, weiter mit Hellrosa, 5 fM, weiter mit Grau, 10 fM, weiter mit Hellrosa, 5 fM, weiter mit Grau, 2 fM, weiter mit Kristall, 9 fM häkeln. (41)
R 67: 9 fM mit Kristall häkeln, weiter mit Grau, 1 fM, weiter mit Hellrosa, 7 fM, weiter mit Grau, 8 fM, weiter mit Hellrosa, 7 fM, weiter mit Grau, 1 fM, weiter mit Kristall, 8 fM häkeln. (41)
R 68: 8 fM mit Kristall häkeln, weiter mit Grau, 1 fM, weiter mit Hellrosa, 7 fM, weiter mit Grau, 1 fM, weiter mit Kristall, 6 fM, weiter mit Grau, 1 fM, weiter mit Hellrosa, 7 fM, weiter mit Grau, 1 fM, weiter mit Kristall, 9 fM häkeln. (41)
R 69: 9 fM mit Kristall häkeln, weiter mit Grau, 1 fM, weiter mit Hellrosa, 7 fM, weiter mit Grau, 1 fM, weiter mit Kristall, 6 fM, weiter mit Grau, 1 fM, weiter mit Hellrosa, 7 fM, weiter mit Grau, 1 fM, weiter mit Kristall, 8 fM häkeln. (41)
R 70: 8 fM mit Kristall häkeln, weiter mit Grau, 2 fM, weiter mit Hellrosa, 5 fM, weiter mit Grau, 1 fM, weiter mit Kristall, 8 fM, weiter mit Grau, 1 fM, weiter mit Hellrosa, 5 fM, weiter mit Grau, 2 fM, weiter mit Kristall, 9 fM häkeln. (41)
R 71: 10 fM mit Kristall häkeln, weiter mit Grau, 2 fM, weiter mit Hellrosa, 3 fM, weiter mit Grau, 2 fM, weiter mit Kristall, 8 fM, weiter mit Grau, 2 fM, weiter mit Hellrosa, 3 fM, weiter mit Grau, 2 fM, weiter mit Kristall, 9 fM. (41)
R 72: 10 fM mit Kristall häkeln, weiter mit Grau, 5 fM, weiter mit Kristall, 10 fM, weiter mit Grau, 5 fM, weiter mit Kristall, 11 fM häkeln. (41)
R 73–76: 41 fM mit Kristall häkeln.

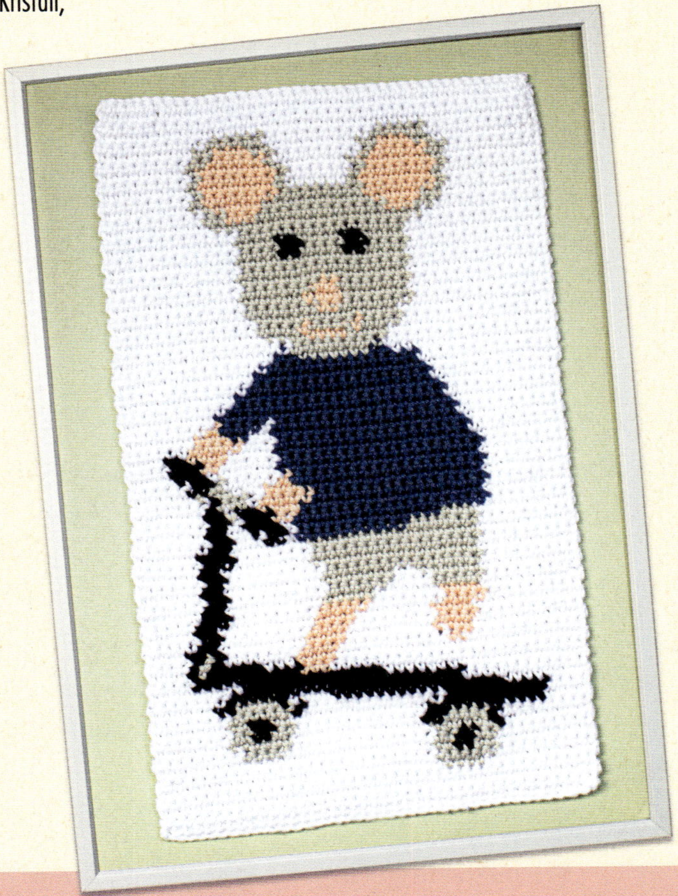

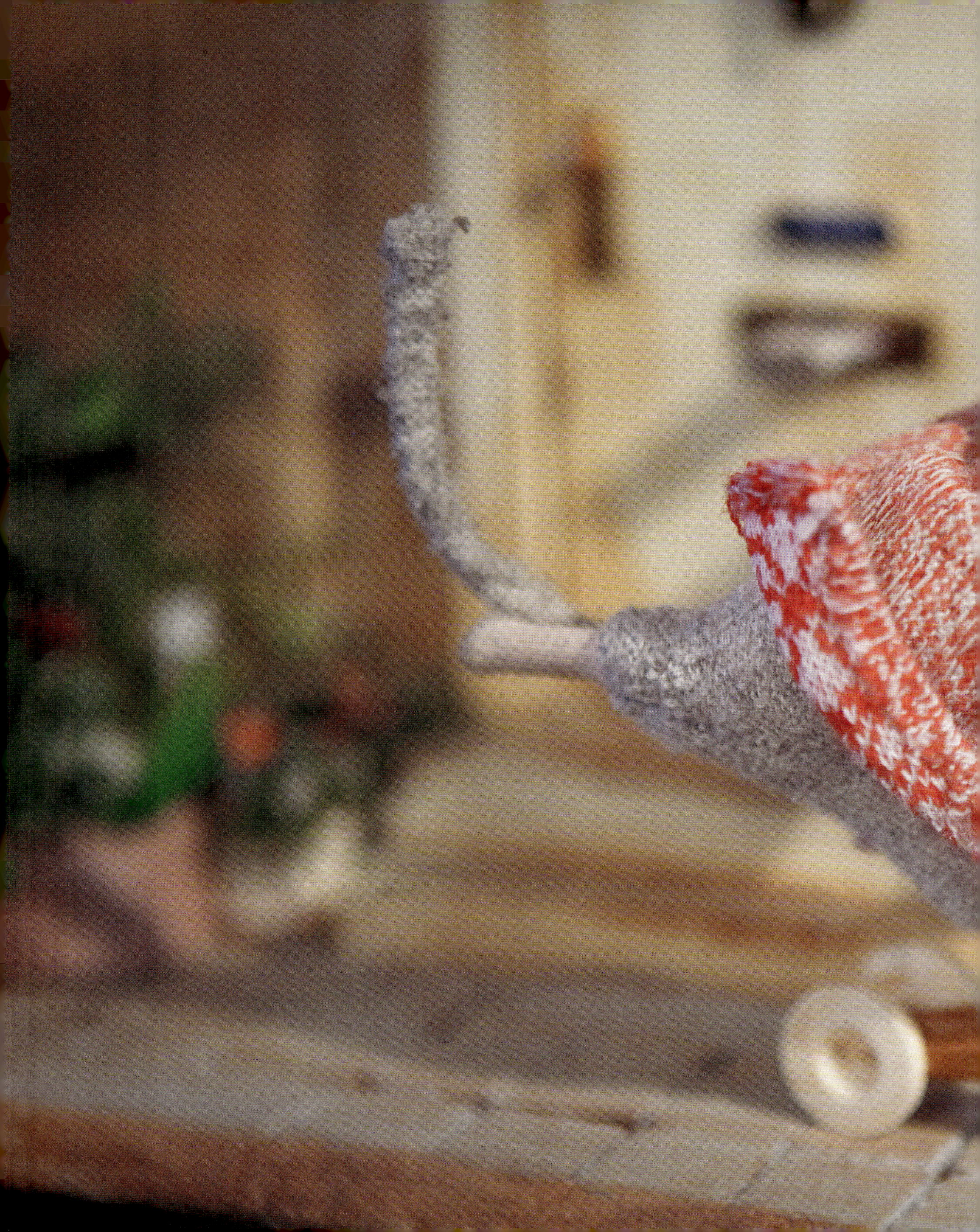

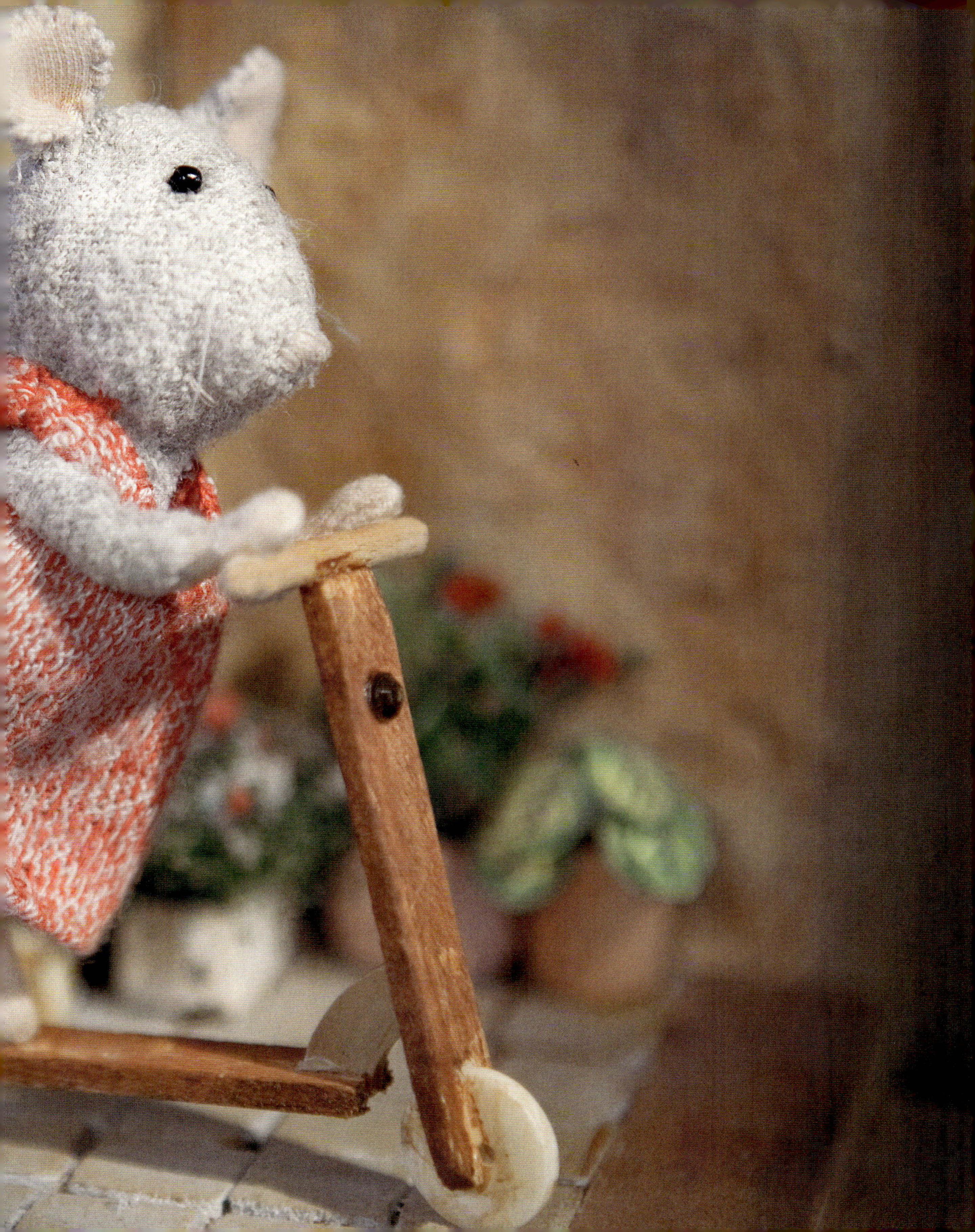

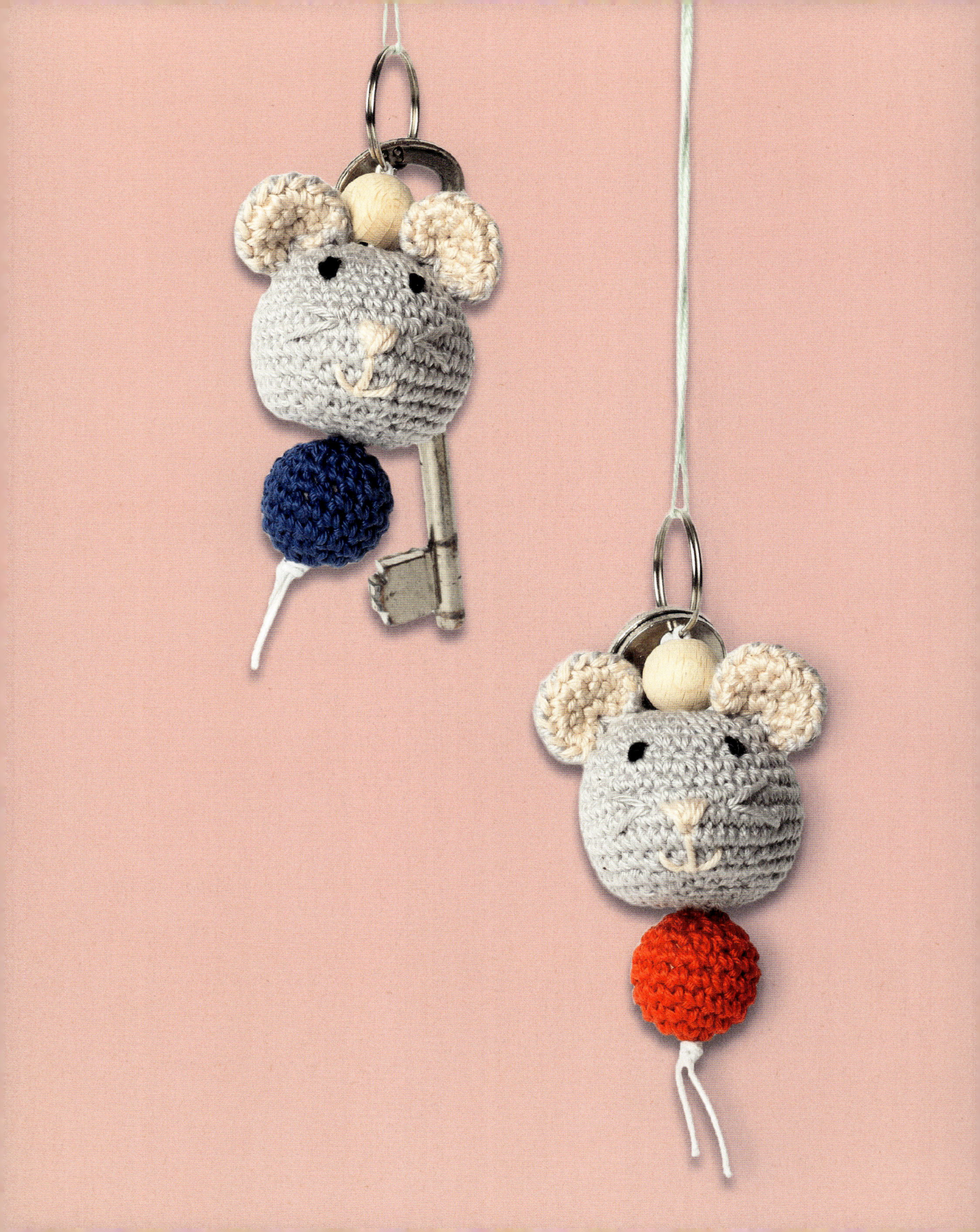

SCHLÜSSELANHÄNGER

Mit diesen niedlichen Maus-Schlüsselanhängern verlierst du nie wieder deine Schlüssel. Das Muster der Köpfe ist dasselbe wie beim Lesezeichen (siehe S. 103). Wenn du das erst einmal beherrscht, bist du im Handumdrehen fertig!

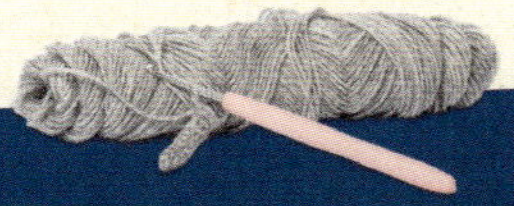

MATERIAL

1 Knäuel Lang Yarns Quattro 16.0024 Grau
1 Knäuel Lang Yarns Quattro 16.0006 Dunkelblau
1 Knäuel Lang Yarns Quattro 16.0060 Rot
1 Knäuel Durable Coral 2192 Hellrosa
Häkelnadel 2,5 mm
Füllwatte
schwarzes Garn für die Augen
Metallschlüsselring
gewachste Kordel
Holzperle 20 mm Ø
Holzperle 15 mm Ø

KOPF

R 1: 6 fM in einen Fadenring arbeiten. (6)
R 2: 2 fM in jede fM häkeln. (12)
R 3: 1 fM, 2 fM in die folgende fM häkeln. (18)
R 4: 2 fM, 2 fM in die folgende fM häkeln. (24)
R 5: 3 fM, 2 fM in die folgende fM häkeln. (30)
R 6: 30 fM häkeln.
R 7: 8 fM, sechsmal 1 fM, 2 fM in die folgende fM, 10 fM häkeln. (36)
R 8: 36 fM häkeln.
R 9: 15 fM, sechsmal 2 fM in die folgende fM, 15 fM häkeln. (42)
R 10–11: 42 fM häkeln.
R 12: 15 fM häkeln, sechsmal 2 fM zusammenhäkeln, 15 fM. (36)

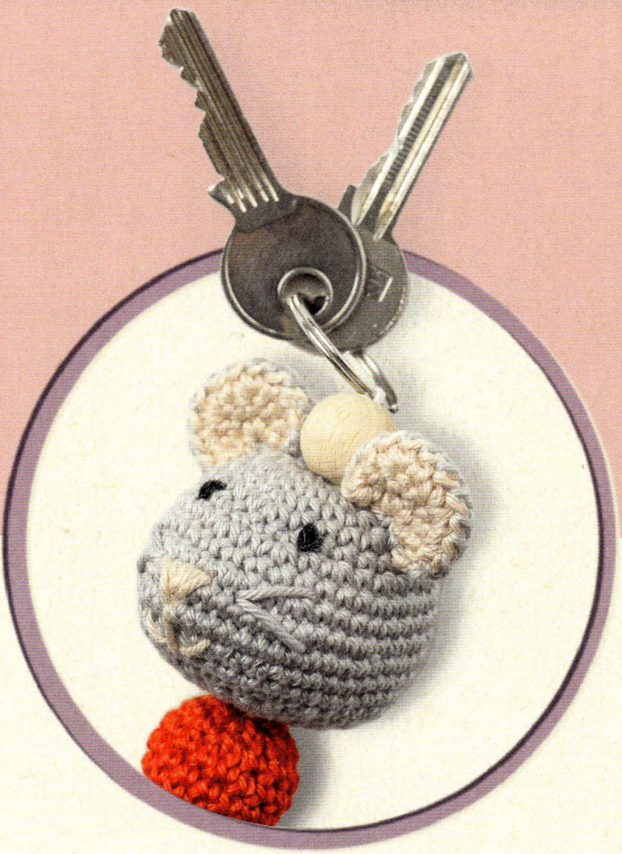

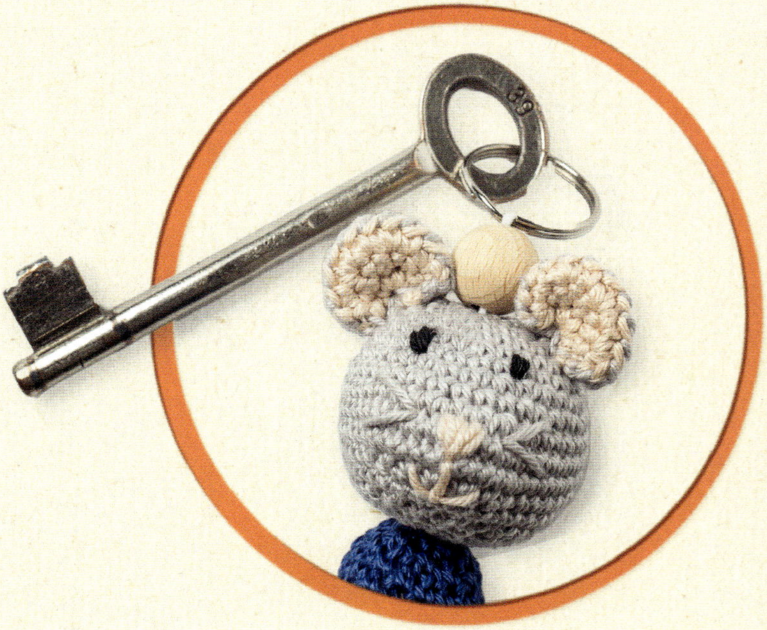

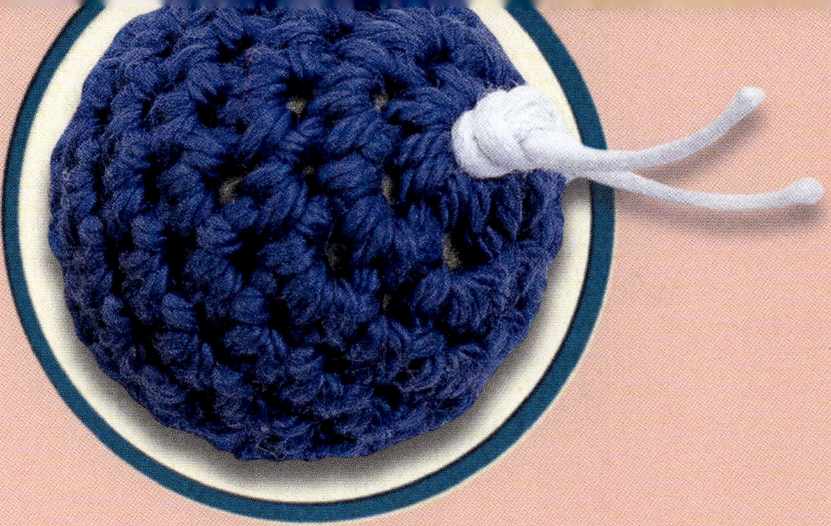

R 13: 36 fM häkeln.
R 14: 12 fM häkeln, sechsmal 2 fM zusammenhäkeln, 12 fM häkeln. (30)
R 15: 3 fM häkeln, 2 fM zusammenhäkeln. (24)
R 16: 2 fM häkeln, 2 fM zusammenhäkeln. (18)
Den Kopf mit Füllwatte ausstopfen.
R 17: 1 fM häkeln, 2 fM zusammenhäkeln. (12)
R 18: 2 fM zusammenhäkeln. (6)

Den Ring schließen und den Faden durch die letzte Masche ziehen und vernähen.

OHREN

Die Ohren bestehen aus zwei Teilen, die zusammengenäht werden. Hin- und Rückreihen häkeln, und nach jedem Wenden eine Wendeluftmasche häkeln. Diese zählt nicht als Masche.

In Grau und Hellrosa arbeiten.

R 1: 4 fM in einen Fadenring arbeiten. (4) Wendeluftmasche.
R 2: 2 fM in jede fM häkeln. (8) Wendeluftmasche.
R 3: 1 fM, 2 fM in die folgende fM häkeln. (12) Wendeluftmasche.

Den Faden durch die letzte Masche ziehen und vernähen.

Innen- und Außenohr aneinandernähen und dann am Kopf festnähen.

HOLZKUGEL UMHÄKELN (20 MM)

Mit einer Farbe nach Wahl umhäkeln. Für die Kugeln in diesem Buch wurden Blau und Rot verwendet.

R 1: 6 fM in einen Fadenring arbeiten.
R 2: 2 fM in jede fM arbeiten. (12)
R 3: 1 fM, 2 fM in die folgende fM häkeln. (18)
R 4–6: 18 fM häkeln.
R 7: 1 fM häkeln, 2 fM zusammenhäkeln. (12)
R 8: 2 fM zusammenhäkeln.

FERTIGSTELLUNG

Die gewachste Kordel und dann die 15-mm-Kugel an den Ring knoten. Den Faden durch den Kopf ziehen und die umhäkelte Kugel auf die gewachste Kordel ziehen. Einen doppelten Knoten machen und fertig ist der Schüsselanhänger.

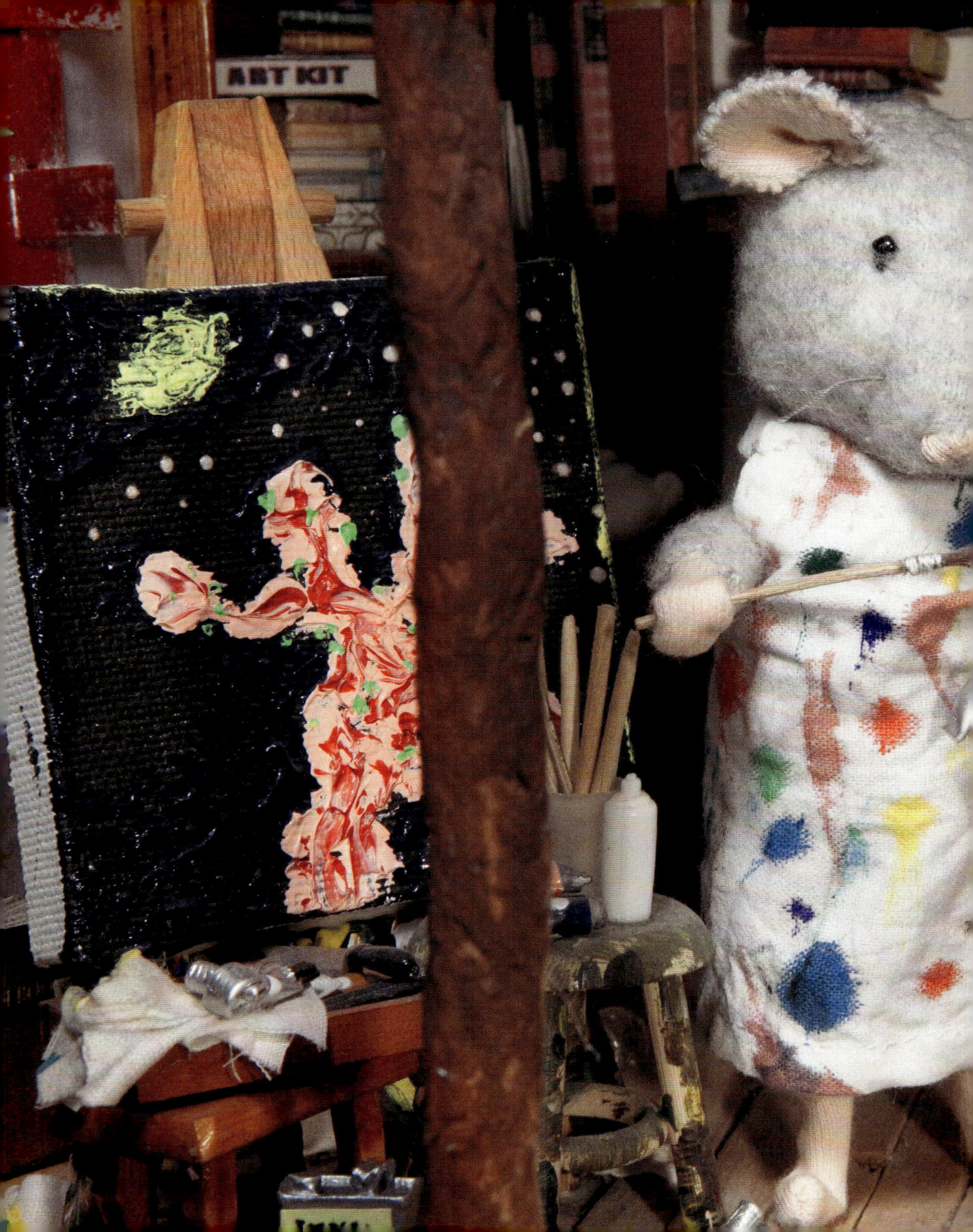
ART KIT

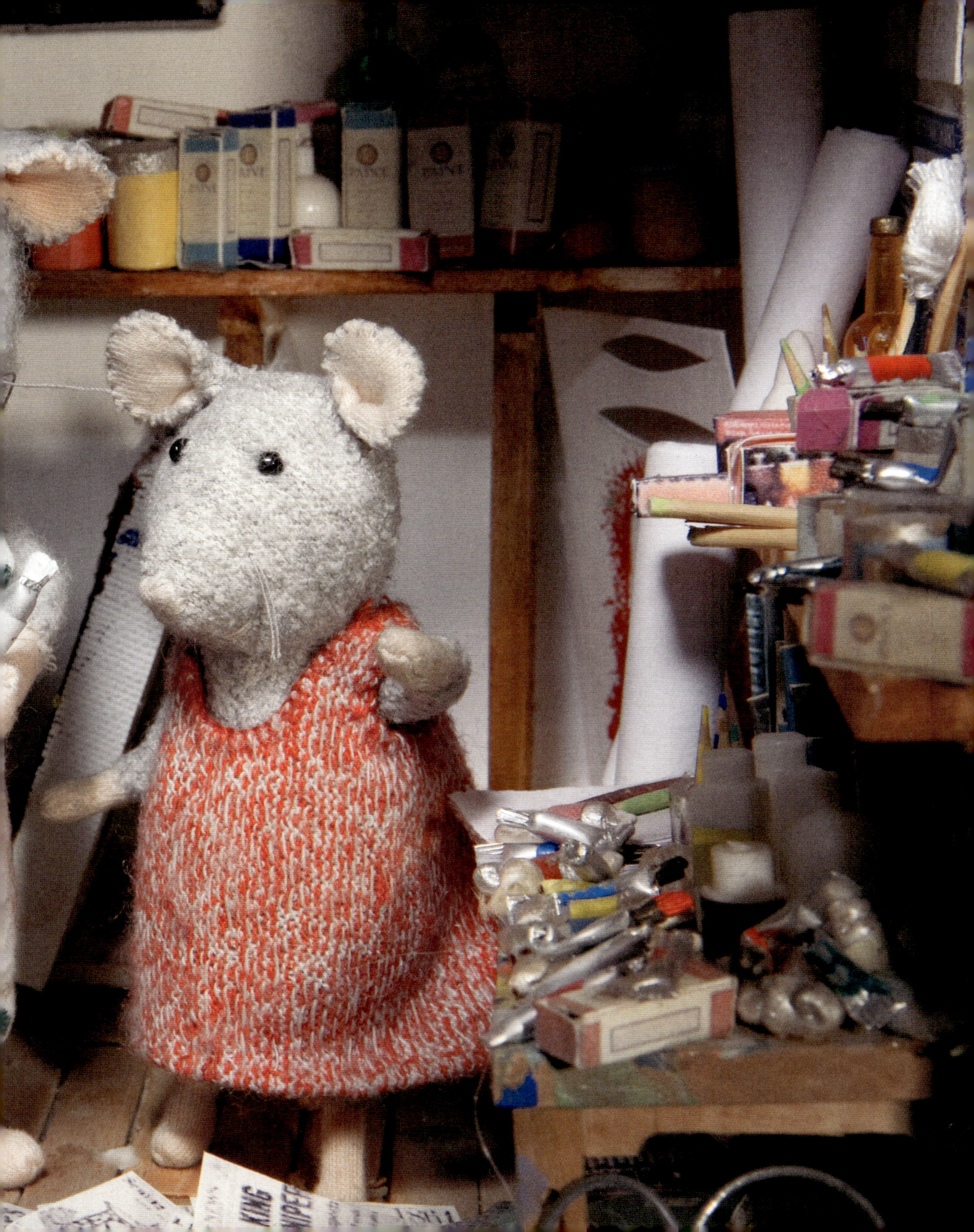
KING

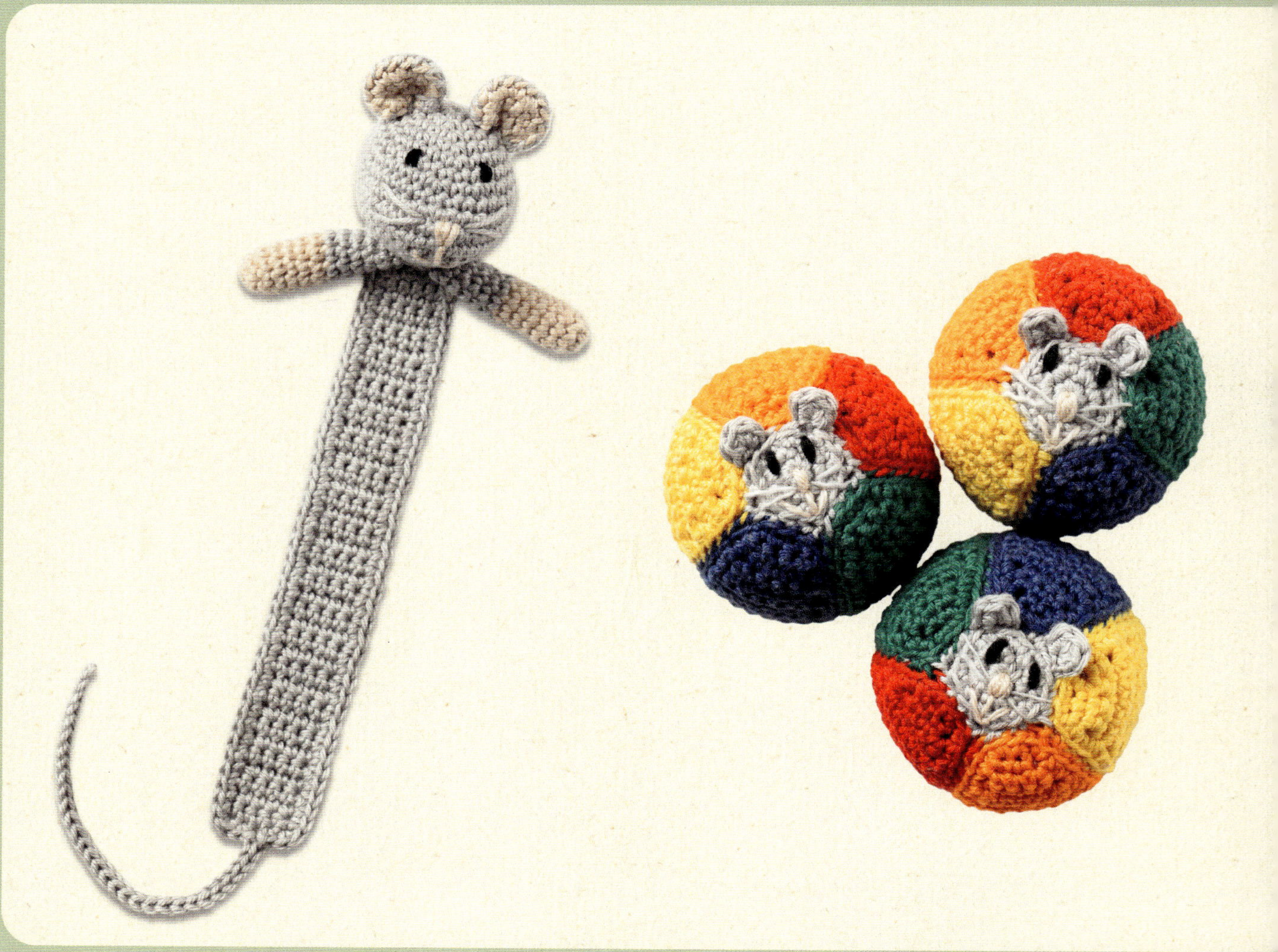

GEMÜTLICH ZU HAUSE

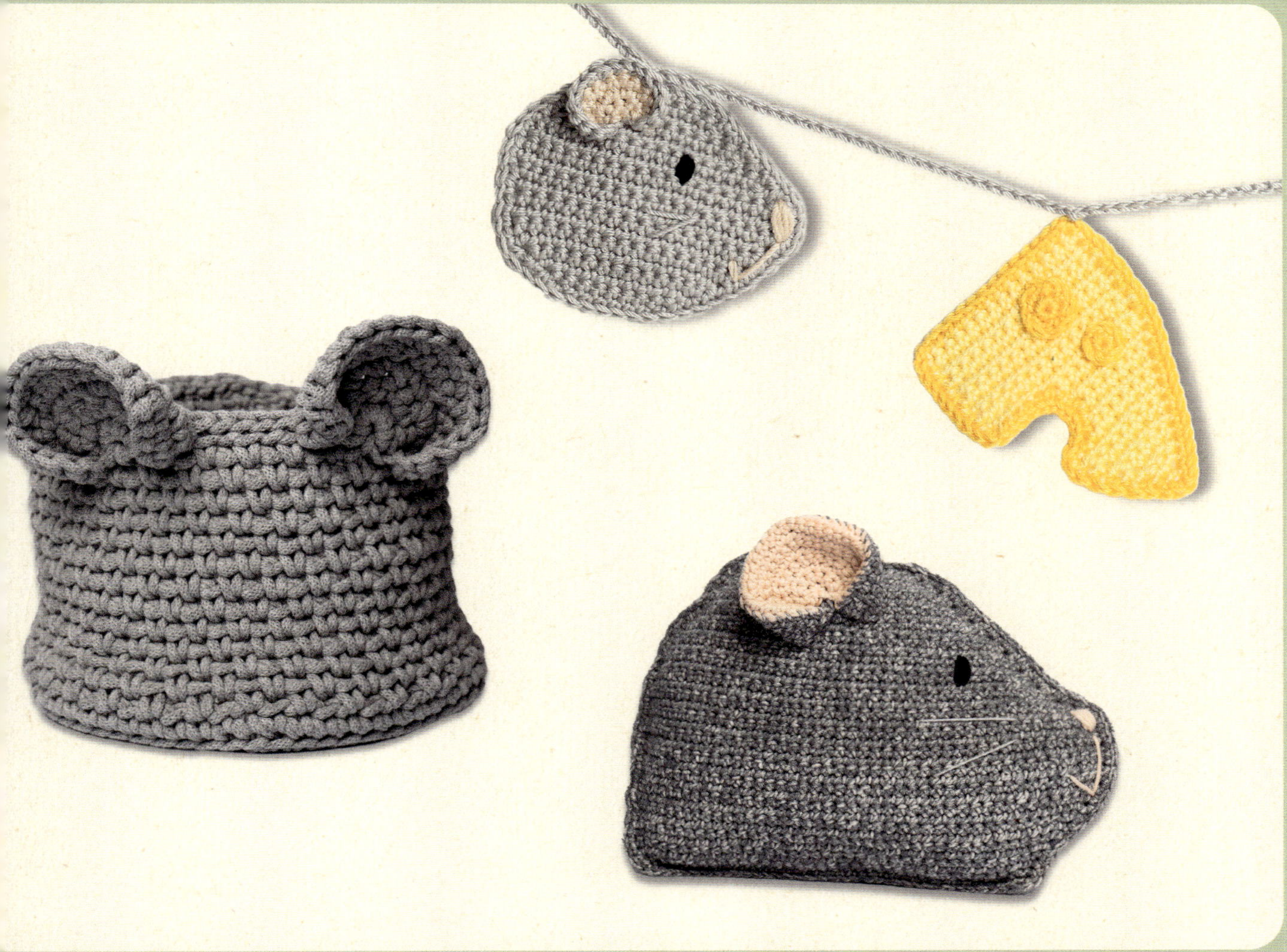

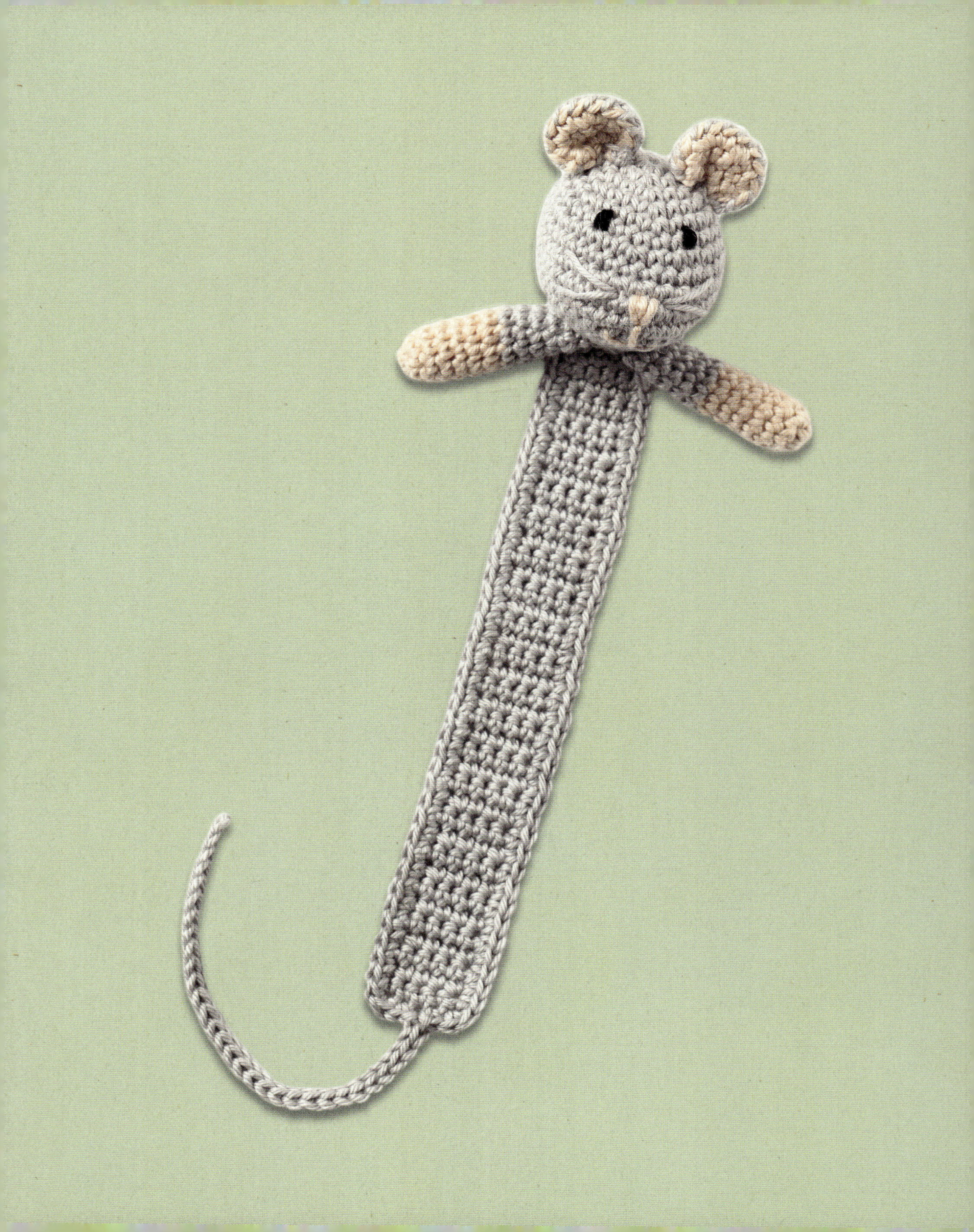

LESEZEICHEN

Dieses Lesezeichen eignet sich perfekt, um in deinen Mäusehaus-Büchern zu markieren, wo du aufgehört hast. Das Muster für den Kopf des Lesezeichens ist das gleiche wie für die Schlüsselanhänger (siehe S. 95). Soll das Lesezeichen länger werden? Dann häkelst du einfach noch einige Reihen extra.

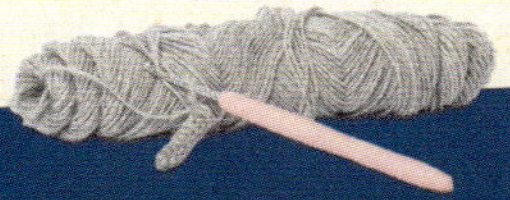

MATERIAL

Lang Yarns Quattro 16.0024 Grau
Durable Coral 2192 Hellrosa
Häkelnadel 2,5 mm
Füllung
schwarzes Garn für die Augen

KOPF

R 1: 6 fM in einen Fadenring arbeiten. (6)
R 2: 2 fM in jede fM häkeln. (12)
R 3: 1 fM, 2 fM in die folgende fM häkeln. (18)
R 4: 2 fM, 2 fM in die folgende fM häkeln. (24)
R 5: 3 fM, 2 fM in die folgende fM häkeln. (30)
R 6: 30 fM.
R 7: 8 fM, sechsmal 1 fM, 2 fM in die folgende fM, 10 fM häkeln. (36)
R 8: 36 fM.
R 9: 15 fM, sechsmal 2 fM in die folgende fM, 15 fM häkeln. (42)
R 10–11: 42 fM.
R 12: 15 fM häkeln, sechsmal 2 fM zusammenhäkeln, 15 fM häkeln. (36)
R 13: 36 fM häkeln.
R 14: 12 fM häkeln, sechsmal 2 fM zusammenhäkeln, 12 fM häkeln. (30)
R 15: 3 fM häkeln, 2 fM zusammenhäkeln. (24)
R 16: 2 fM häkeln, 2 fM zusammenhäkeln. (18)

Den Kopf mit Füllwatte ausstopfen.

R 17: 1 fM häkeln, 2 fM zusammenhäkeln. (12)
R 18: 2 fM zusammenhäkeln. (6)

Den Ring schießen und die Fäden vernähen.

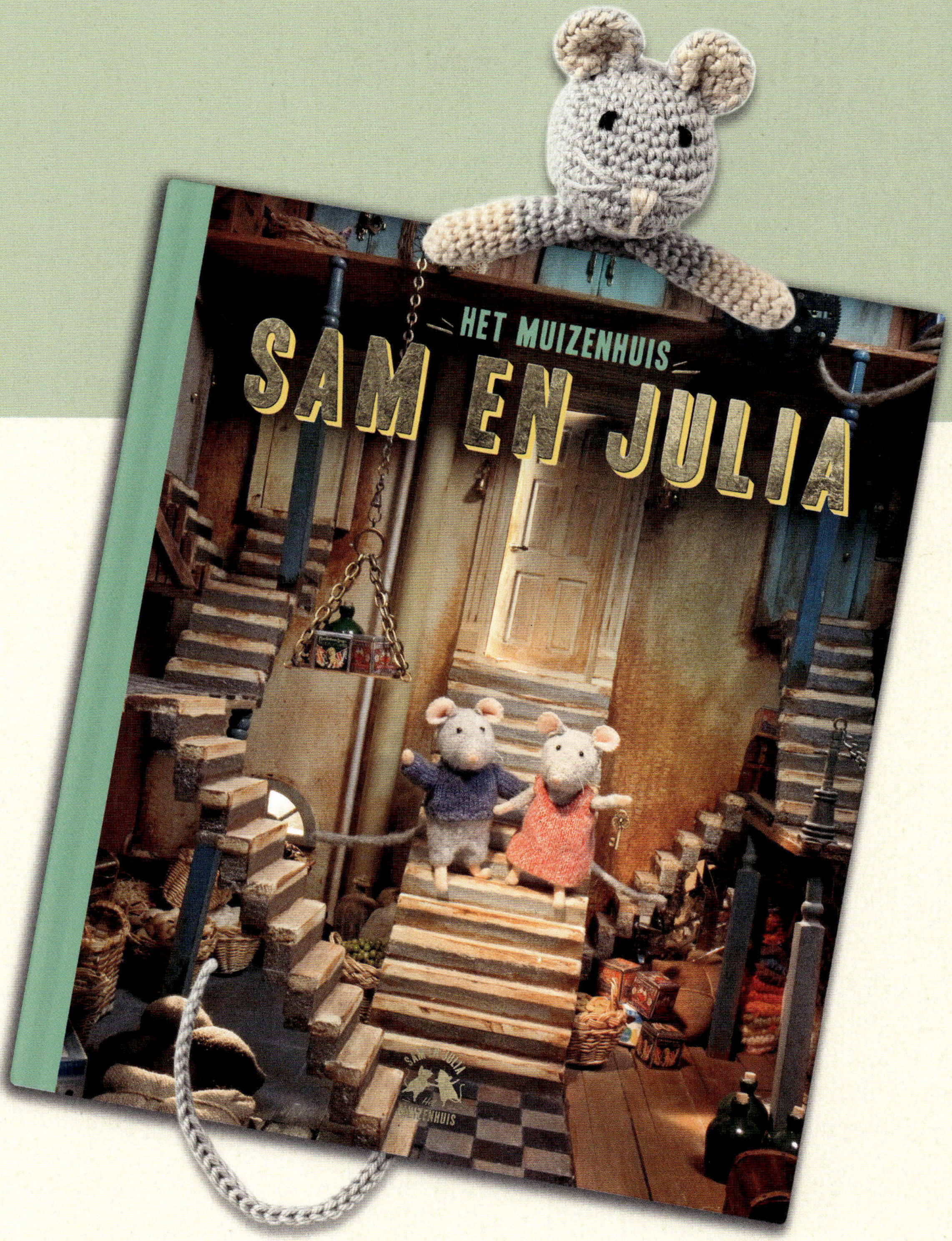
HET MUIZENHUIS
SAM EN JULIA

OHREN

Die Ohren bestehen aus zwei Teilen, die zusammengenäht werden. Hin- und Rückreihen häkeln, und nach jedem Wenden eine Wendeluftmasche häkeln. Diese zählt nicht als Masche.

Häkle die folgende Anleitung sowohl in Grau als auch in Hellrosa nach.

R 1: 4 fM in einen Fadenring arbeiten. (4) Wendeluftmasche.
R 2: 2 fM in jede fM häkeln. (8) Wendeluftmasche.
R 3: 1 fM, 2 fM in die folgende fM häkeln. (12) Wendeluftmasche.

Den Faden durch die letzte Mache ziehen und vernähen.

ARME

In Hellrosa arbeiten.

R 1: 6 fM in einen Fadenring arbeiten. (6)
R 2: 1 fM, 2 fM in die folgende fM häkeln. (9)
R 3–7: 9 fM häkeln.

Mit Grau weiterarbeiten und den hellrosa Faden vernähen.

R 8–12: 9 fM häkeln.

Mit etwas Füllwatte füllen und am Kopf festnähen.

LESEZEICHEN

6 Lm in Grau häkeln.
Nach jeder Reihe folgt eine Wendeluftmasche. Diese zählt nicht als Masche.

R 1: 1 fM in die 2. Lm ab Nadel, 4 fM häkeln. (5) Wendeluftmasche.
R 2–40: 5 fM häkeln. Wendeluftmasche.

Umhäkeln, 40 fM an der Seite, 2 fM an der Unterseite, 1 Km in die mittlere fM, gefolgt von 31 fM.
An der Luftmaschenkette zurückhäkeln, 1 Km in die 2. Lm, 29 Km, 1 Km in dieselbe fM an der Unterseite, 2 fM daneben und 40 fM nach oben. Am Kopf festnähen.

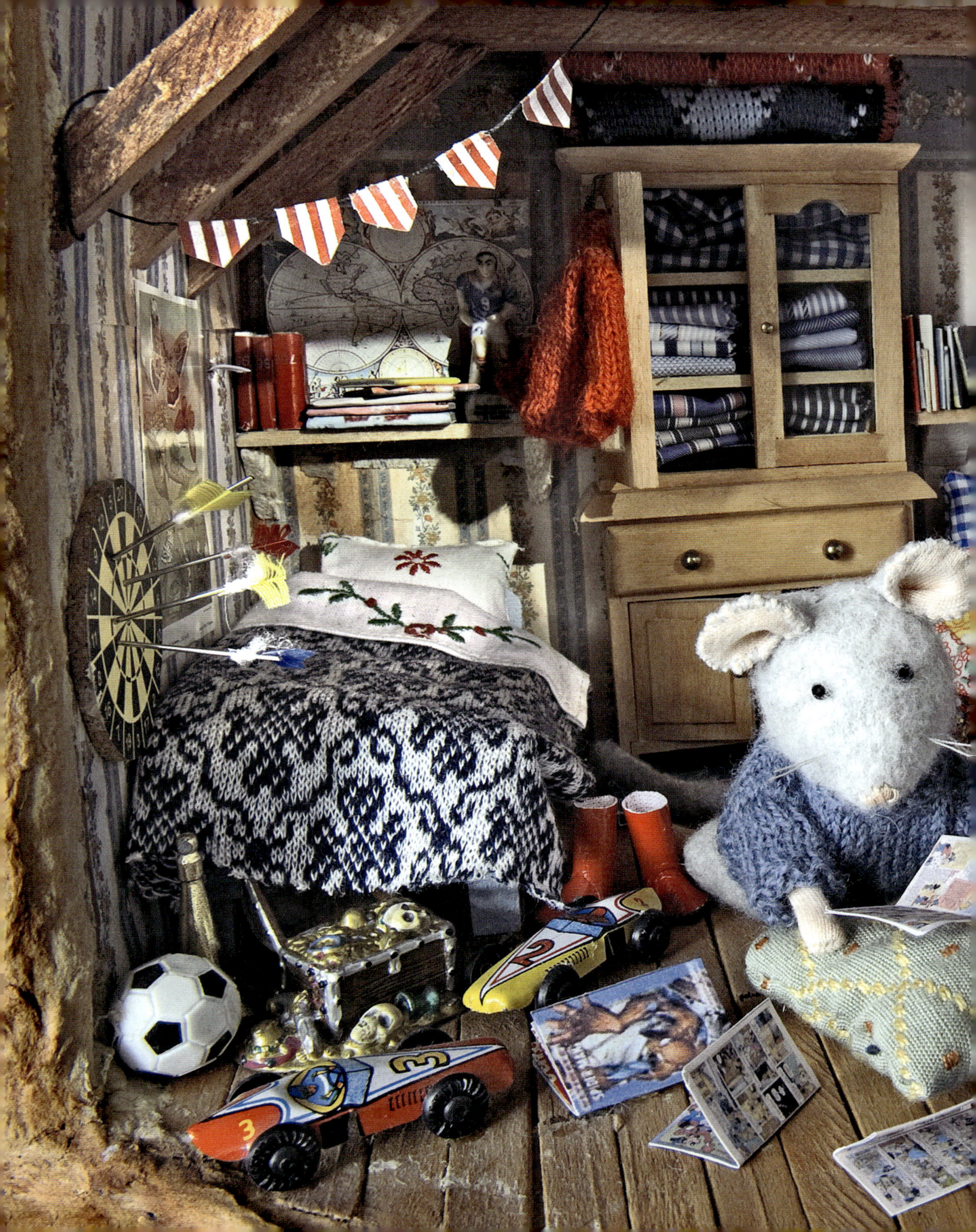

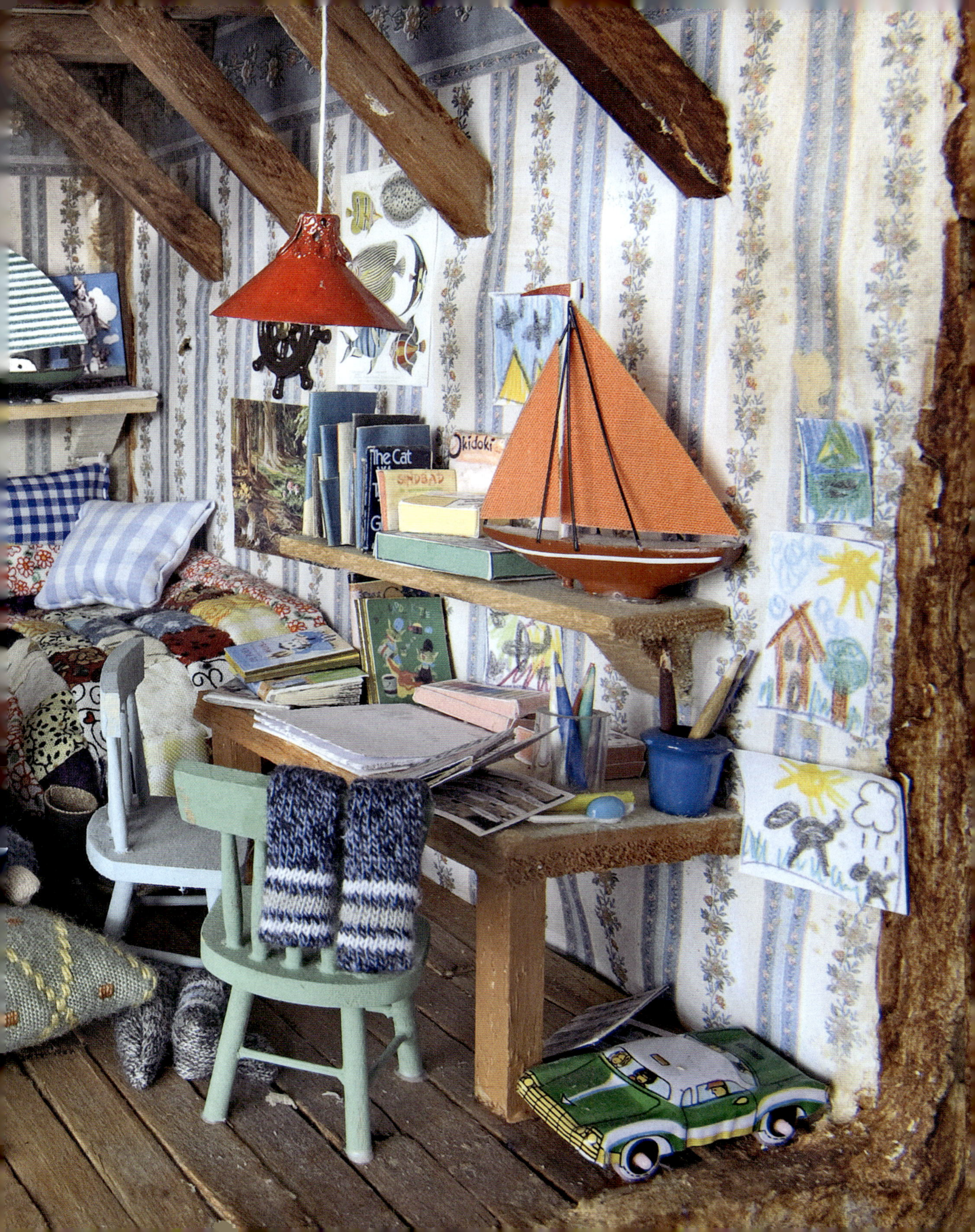
Okidoki
The Cat
SINDBAD

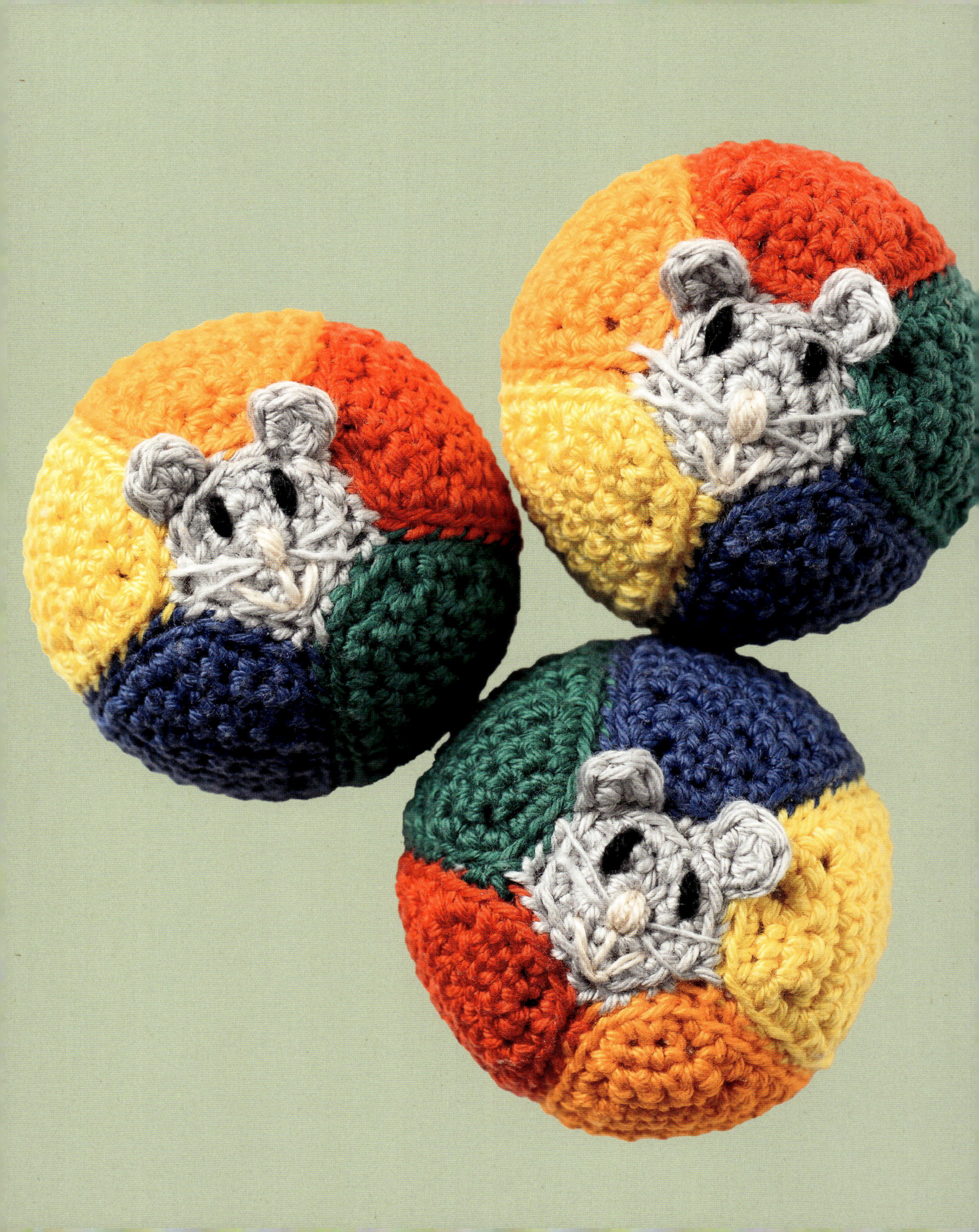

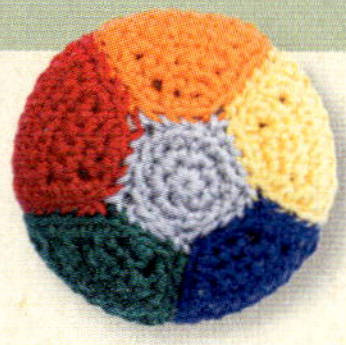

JONGLIERBÄLLE

Jonglierst du genauso gern wie Sam und Julia? Wenn du die Bälle mit Reis füllst, werden sie schwer und du kannst besser mit ihnen jonglieren. Granulat ist für kleine Kinder nicht geeignet, daher ist Reis eine bessere und nachhaltigere Alternative!

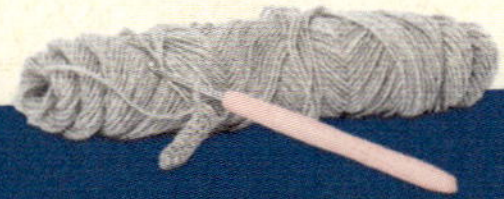

MATERIAL

Lang Yarns Quattro in den Farben:
1 Knäuel 16.0006 Dunkelblau
1 Knäuel 16.0049 Gelb
1 Knäuel 16.0060 Rot
1 Knäuel 16.0118 Grün
1 Knäuel 16.0159 Orange
1 Knäuel 16.0024 Grau
Häkelnadel 2,5 mm
Strumpfhose
Reiskörner/Granulat oder ein anderes Füllmaterial
Stickgarn in Schwarz und Hellrosa

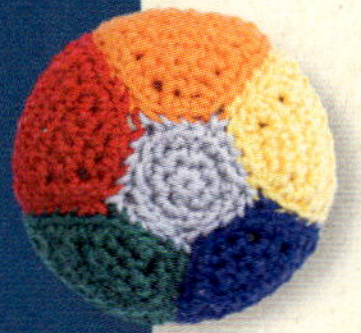

BALLFLÄCHE (5X)

In Dunkelblau, Gelb, Rot, Grün und Orange häkeln. Nach jeder Reihe folgt eine Wendeluftmasche. Diese zählt nicht als Masche.

4 Lm häkeln.

R 1: 3 fM häkeln. Wendeluftmasche.
R 2: 2 fM in die 1. Lm, 1 fM, 2 fM in die letzte Lm häkeln. (5) Wendeluftmasche.
R 3: 5 fM häkeln. Wendeluftmasche.
R 4: 2 fM in die 1. fM, 3 fM, 2 fM in die letzte fM häkeln. (7) Wendeluftmasche.
R 5–13: 7 fM häkeln. Wendeluftmasche.
R 14: 2 fM zusammenhäkeln, 3 fM häkeln, 2 fM zusammenhäkeln. (5) Wendeluftmasche.
R 15: 5 fM häkeln. Wendeluftmasche.
R 16: 2 fM zusammenhäkeln, 1 fM häkeln, 2 fM zusammenhäkeln. (3) Wendeluftmasche.
R 17: 3 fM häkeln. Wendeluftmasche.

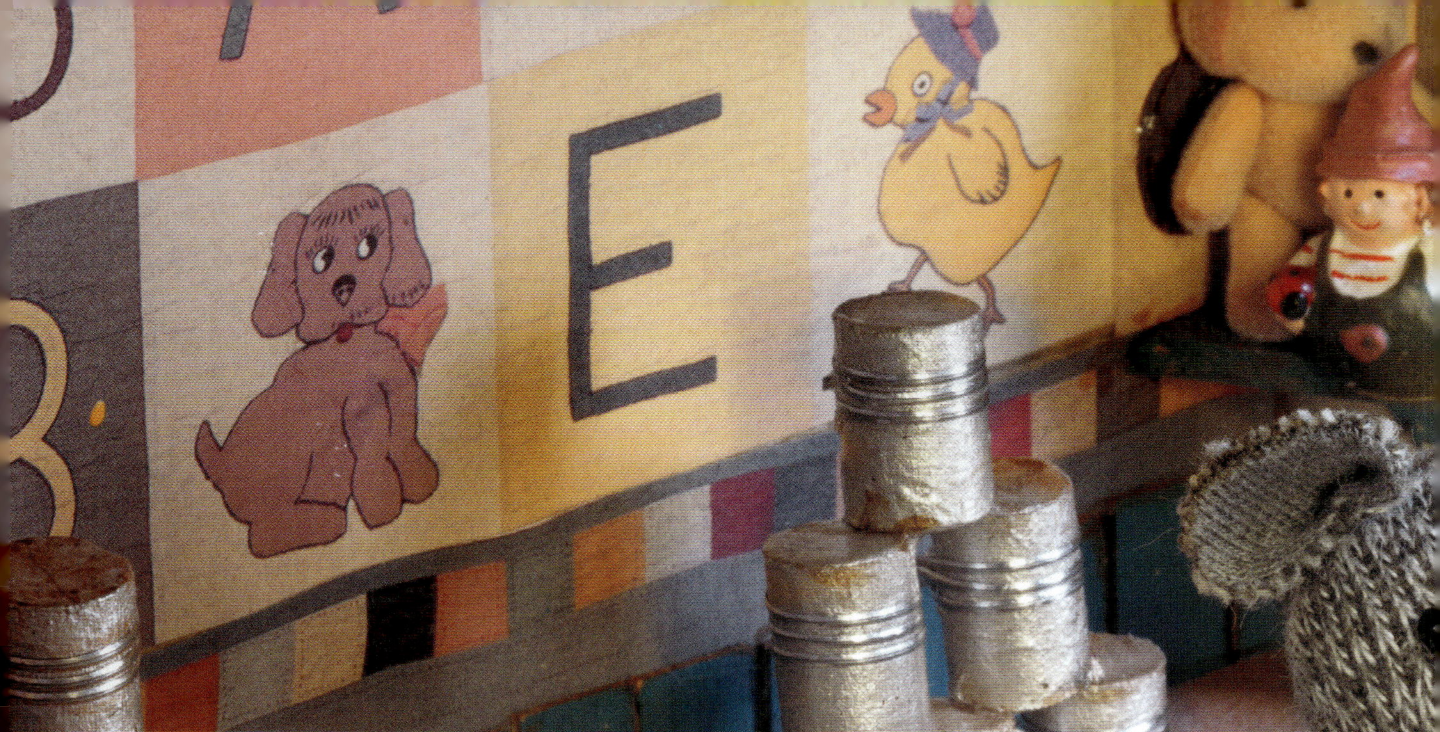

Umhäkeln.
Den Faden durch die letzte Masche ziehen und einen langen Faden hängen lassen, um die Flächen aneinanderzunähen.
Beim Annähen nur in das hintere Maschenglied stechen!

KREISE

In Grau arbeiten.

R 1: 6 fM in einen Fadenring arbeiten.
R 2: 12 fM häkeln.
R 3: 3 fM, 2 fM in die folgende fM häkeln. (15)

OHREN

In Grau arbeiten.

R 1: 1 fM, 2 hStb, 1 fM in einen Fadenring arbeiten.

Ein Gesicht aufsticken und die Ohren festnähen.

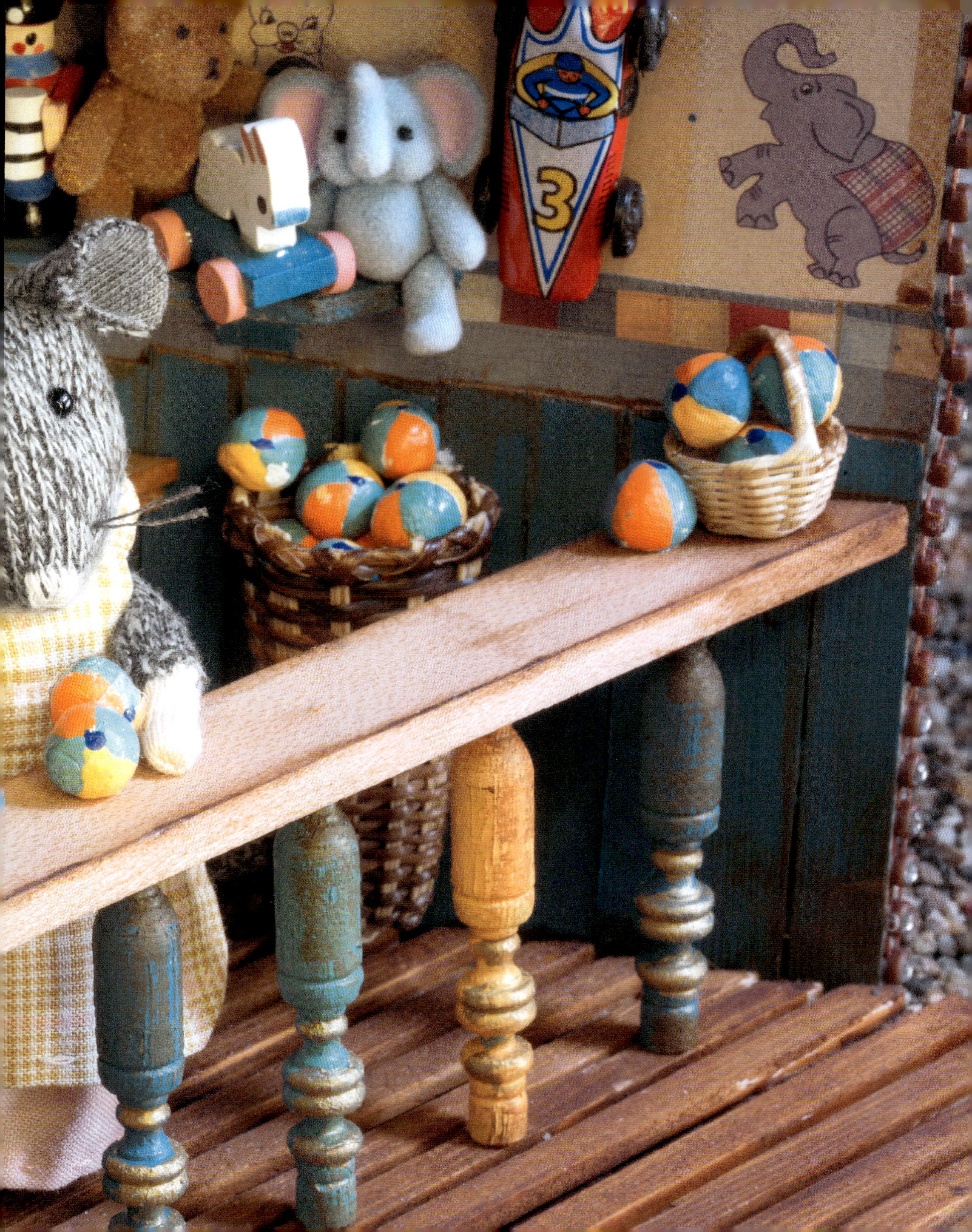
3

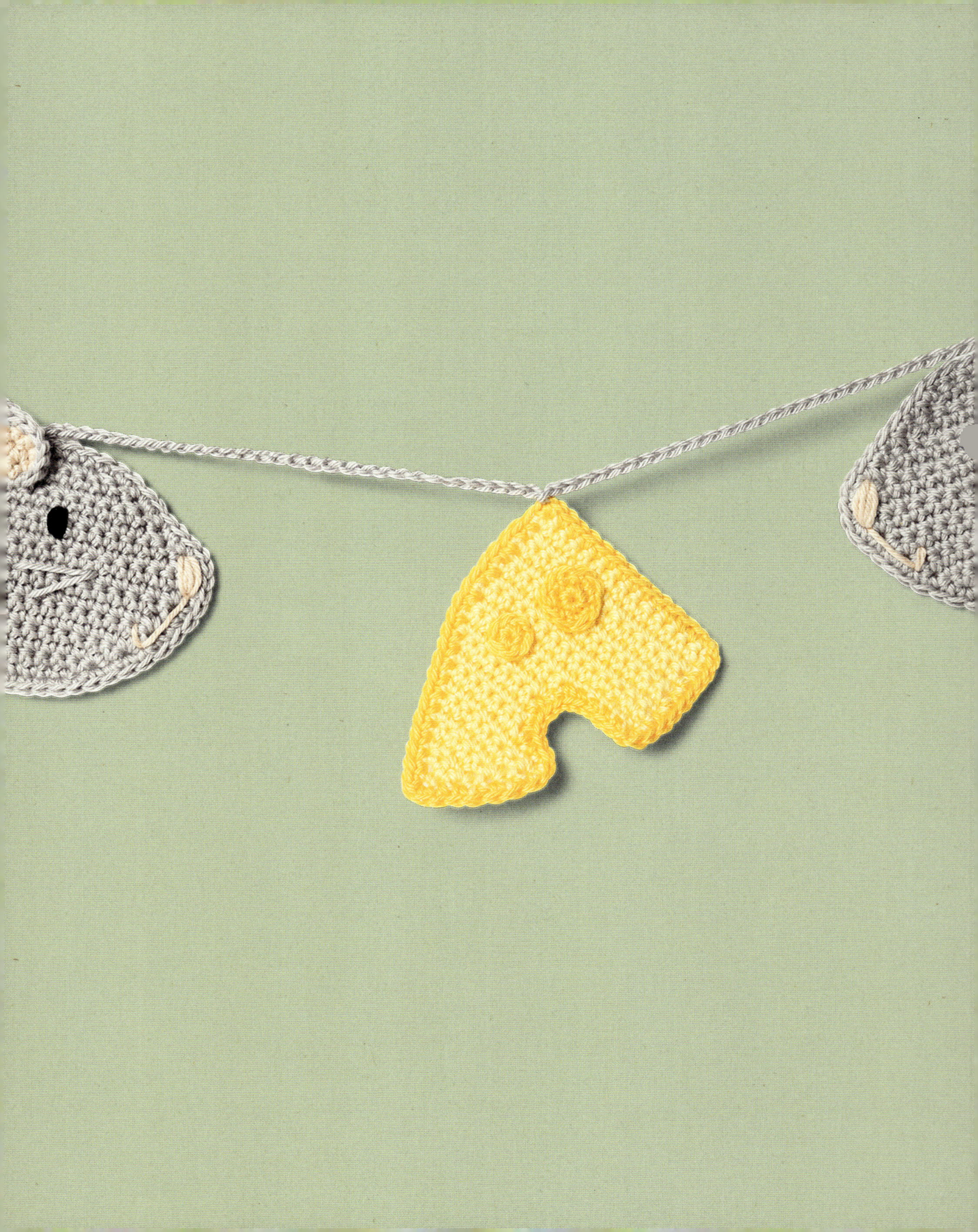

MÄUSEGIRLANDE

Diese Girlande bringt echten Mäusehaus-Charme in dein Zimmer. Du kannst die Girlande beliebig verlängern, indem du weitere Käsestücke und Köpfe hinzufügst. In diesem Beispiel werden fünf Anhänger gehäkelt.

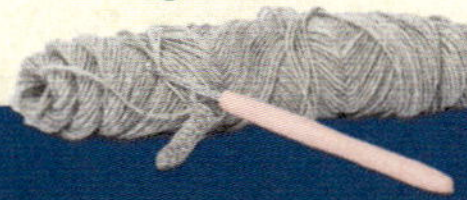

MATERIAL

Long Yarns Quattro 16.0013 Hellgelb
Long Yarns Quattro 16.0049 Gelb
Long Yarns Quattro 16.0024 Hellgrau
Durable Coral 2192 Hellrosa
Häkelnadel 2,5 mm
Reste Baumwollgarn in Schwarz, Hellrosa und Hellgrau
Schere
Stopfnadel

KÄSE

Nach jeder Reihe folgt eine Wendeluftmasche.
Diese zählt nicht als Masche.
In Hellgelb 2 Lm häkeln.

R 1: 2 fM in die 2. Lm ab Nadel häkeln. (2) Wendeluftmasche.
R 2: 2 fM in die 1. fM, 2 fM in die letzte fM häkeln. (4) Wendeluftmasche.
R 3: 2 fM in die 1. fM, 2 fM, 2 fM in die letzte fM häkeln. (6) Wendeluftmasche.
R 4: 6 fM häkeln. Wendeluftmasche.
R 5: 2 fM in die 1. fM, 4 fM, 2 fM in die letzte fM häkeln. (8) Wendeluftmasche.
R 6: 8 fM häkeln. Wendeluftmasche.
R 7: 2 fM in die 1. fM, 6 fM, 2 fM in die letzte fM häkeln. (10) Wendeluftmasche.
R 8: 10 fM häkeln. Wendeluftmasche.
R 9: 2 fM in die 1. fM, 8 fM, 2 fM in die letzte fM häkeln. (12) Wendeluftmasche.
R 10: 12 fM häkeln. Wendeluftmasche.
R 11: 2 fM in die 1. fM, 10 fM, 2 fM in die letzte fM häkeln. (14) Wendeluftmasche.
R 12–20: 14 fM häkeln. Wendeluftmasche.

In Hellgelb umhäkeln, dabei in die Spitze 3 fM häkeln. Mit Gelb in der Spitze ansetzen und umhäkeln.

LÖCHER

In Gelb arbeiten.

Groß:

R 1: 6 fM in einen Fadenring arbeiten. (6)
R 2: 2 fM in jede fM häkeln. (12)

Mittelgroß:

R 1: 6 fM in einen Fadenring arbeiten. (6)
R 2: 1 fM, 2 fM in die folgende fM häkeln. (9)

Klein:

R 1: 6 fM in einen Fadenring arbeiten. (6)

KÄSE MIT LÖCHERN

Nach jeder Reihe folgt eine Wendeluftmasche. Diese zählt nicht als Masche.

In Hellgelb 2 Lm arbeiten

R 1: 2 fM in die 2. Lm ab Nadel häkeln. (2) Wendeluftmasche.
R 2: 2 fM in die 1. fM, 2 fM in die letzte fM häkeln. (4) Wendeluftmasche.
R 3: 2 fM in die 1. fM, 2 fM, 2 fM in die letzte fM häkeln. (6) Wendeluftmasche.
R 4: 6 fM häkeln. Wendeluftmasche.
R 5: 2 fM in die 1. fM, 4 fM, 2 fM in die letzte fM häkeln. (8) Wendeluftmasche.
R 6: 8 fM häkeln. Wendeluftmasche.
R 7: 7 fM häkeln, 2 fM in die letzte fM häkeln. (9) Wendeluftmasche.
R 8: 7 fM häkeln (die restlichen Maschen nicht häkeln). Wendeluftmasche.
R 9: 1 fM überspringen, 5 fM, 2 fM in die letzte fM häkeln. (7) Wendeluftmasche.
R 10: 7 fM häkeln. Wendeluftmasche.
R 11: 2 fM in die 1. fM, 5 fM, 2 fM in die letzte fM häkeln. (9) Wendeluftmasche.
R 12: 9 fM, 6 Lm häkeln. (15) Wendeluftmasche.
R 13: 1 fM in die 2. Lm ab Nadel, 13 fM häkeln. (14) Wendeluftmasche.
R 14–20: 14 fM häkeln. Wendeluftmasche.

In Hellgelb umhäkeln, dabei in die Spitze 3 fM häkeln. Mit Gelb in der Spitze ansetzen und zur Hälfte umhäkeln.

MÄUSEKOPF

Nach jeder Reihe folgt eine Wendeluftmasche. Diese zählt nicht als Masche.

9 Lm in Hellgrau arbeiten.

R 1: 2 fM in die 1. Lm, 6 fM, 2 fM in die letzte fM häkeln. (10) Wendeluftmasche.
R 2: 2 fM in die 1. fM, 8 fM, 2 fM in die letzte fM häkeln. (12) Wendeluftmasche.
R 3: 2 fM in die 1. fM, 10 fM, 2 fM in die letzte fM häkeln. (14) Wendeluftmasche.
R 4: 2 fM in die 1. fM, 12 fM, 2 fM in die letzte fM häkeln. (16) Wendeluftmasche.
R 5: 2 fM in die 1. fM, 15 fM häkeln. (17) Wendeluftmasche.
R 6: 17 fM häkeln. Wendeluftmasche.
R 7: 2 fM in die 1. fM, 16 fM häkeln. (18) Wendeluftmasche.

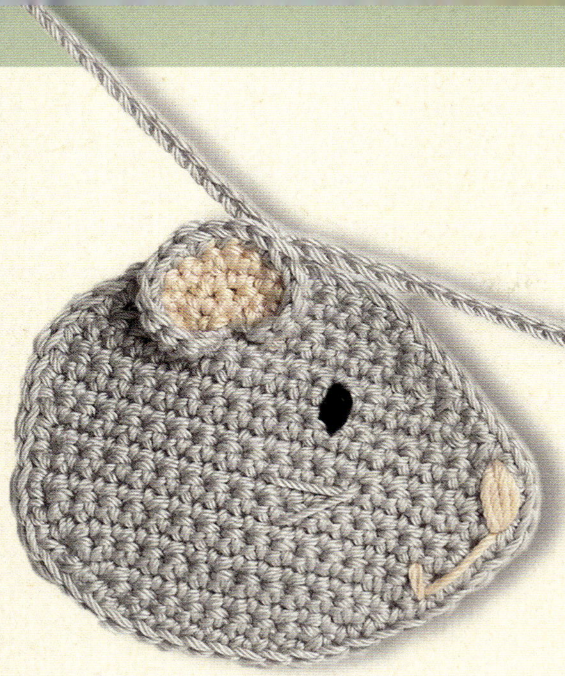

R 8: 18 fM häkeln. Wendeluftmasche.

R 9: 2 fM in die 1. fM, 16 fM, 2 fM in die letzte fM häkeln. (20) Wendeluftmasche.

R 10: 20 fM häkeln. Wendeluftmasche.

R 11: 2 fM zusammenhäkeln, 18 fM häkeln. (19) Wendeluftmasche.

R 12: 17 fM häkeln, 2 fM zusammenhäkeln. (18) Wendeluftmasche.

R 13: 2 fM zusammenhäkeln, 14 fM häkeln, 2 fM zusammenhäkeln. (16) Wendeluftmasche.

R 14: 2 fM zusammenhäkeln, 12 fM häkeln, 2 fM zusammenhäkeln. (14) Wendeluftmasche.

R 15: 2 fM zusammenhäkeln, 10 fM häkeln, 2 fM zusammenhäkeln. (12) Wendeluftmasche.

R 16: 2 fM zusammenhäkeln, 8 fM häkeln, 2 fM zusammenhäkeln. (10) Wendeluftmasche.

R 17: 2 fM zusammenhäkeln, 6 fM häkeln, 2 fM zusammenhäkeln. (8) Wendeluftmasche.

Umhäkeln. Den Faden durch die letzte Masche ziehen und vernähen.

Auge, Schnauze und Schnurrhaare in Schwarz, Hellrosa und Hellgrau aufsticken.

OHREN

Jede Maus hat ein Ohr. Dementsprechend musst du genauso viele Ohren wie Mäuseköpfe häkeln. Nach jeder Reihe folgt eine Wendeluftmasche. Diese zählt nicht als Masche.

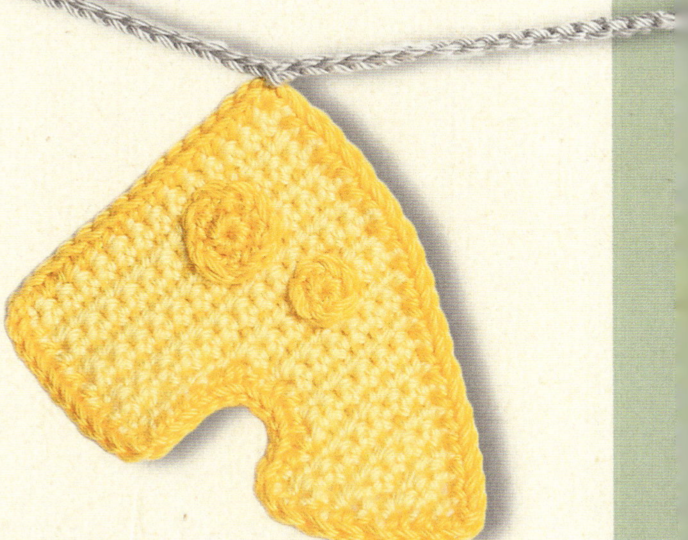

In Hellrosa arbeiten.

R 1: 4 fM in einen Fadenring arbeiten. Wendeluftmasche.

R 2: 2 fM in jede fM häkeln. (8) Wendeluftmasche.

R 3: 1 fM, 2 fM in die folgende fM häkeln. (12) Wendeluftmasche.

Weiter mit Hellgrau und den Faden in Hellrosa vernähen.

R 4: 2 fM, 2 fM in die folgende fM häkeln. (16)

Hier **keine** Wendeluftmasche arbeiten, sondern den Faden durch die letzte Masche ziehen, einen langen Faden hängen lassen und damit die Ohren an den Kopf nähen.

Die Mäuseköpfe und die Käsestücke an eine lange Luftmaschenkette nähen. In diesem Beispiel wird nach jeweils 30 Lm ein Kopf oder ein Käse angehäkelt.

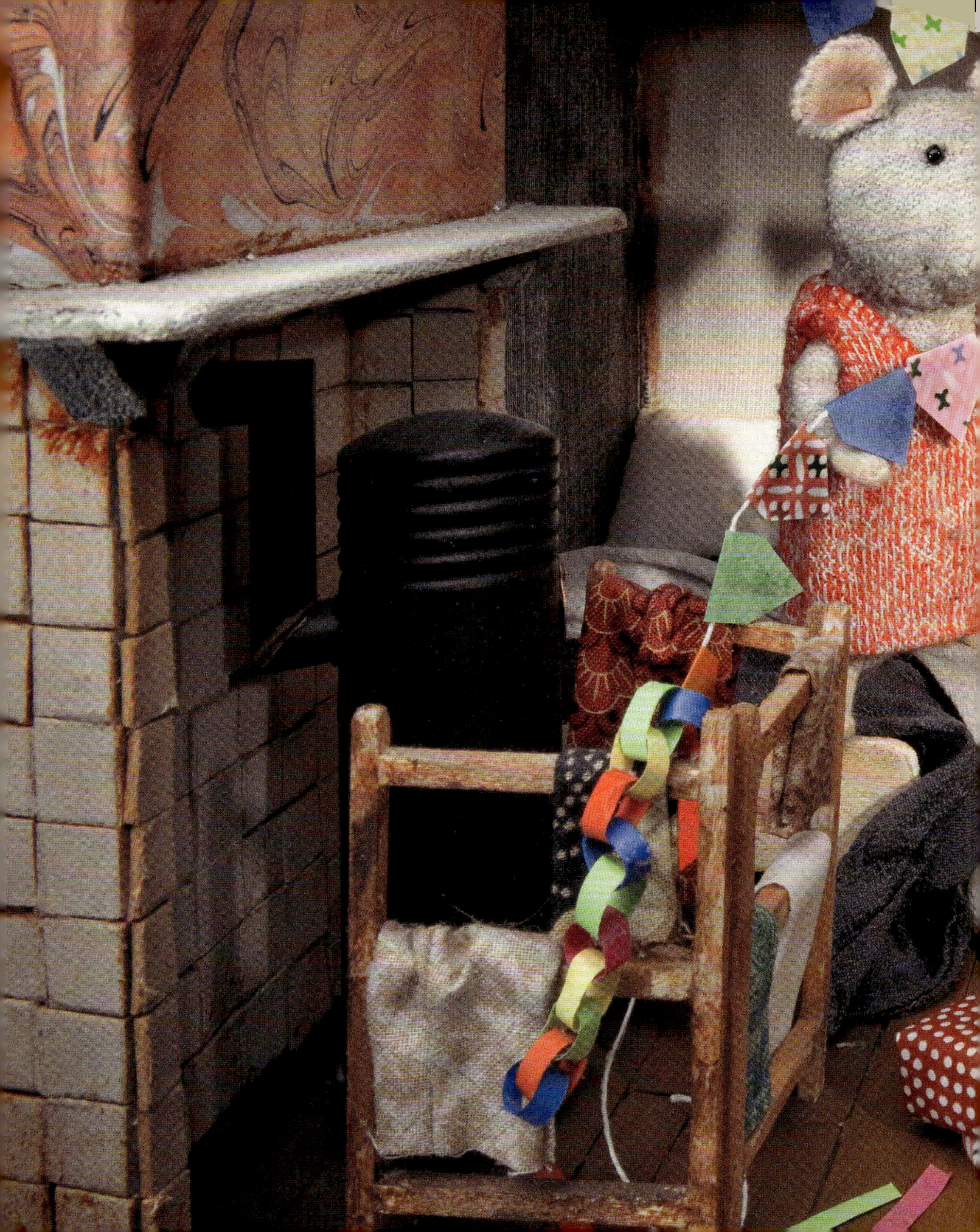

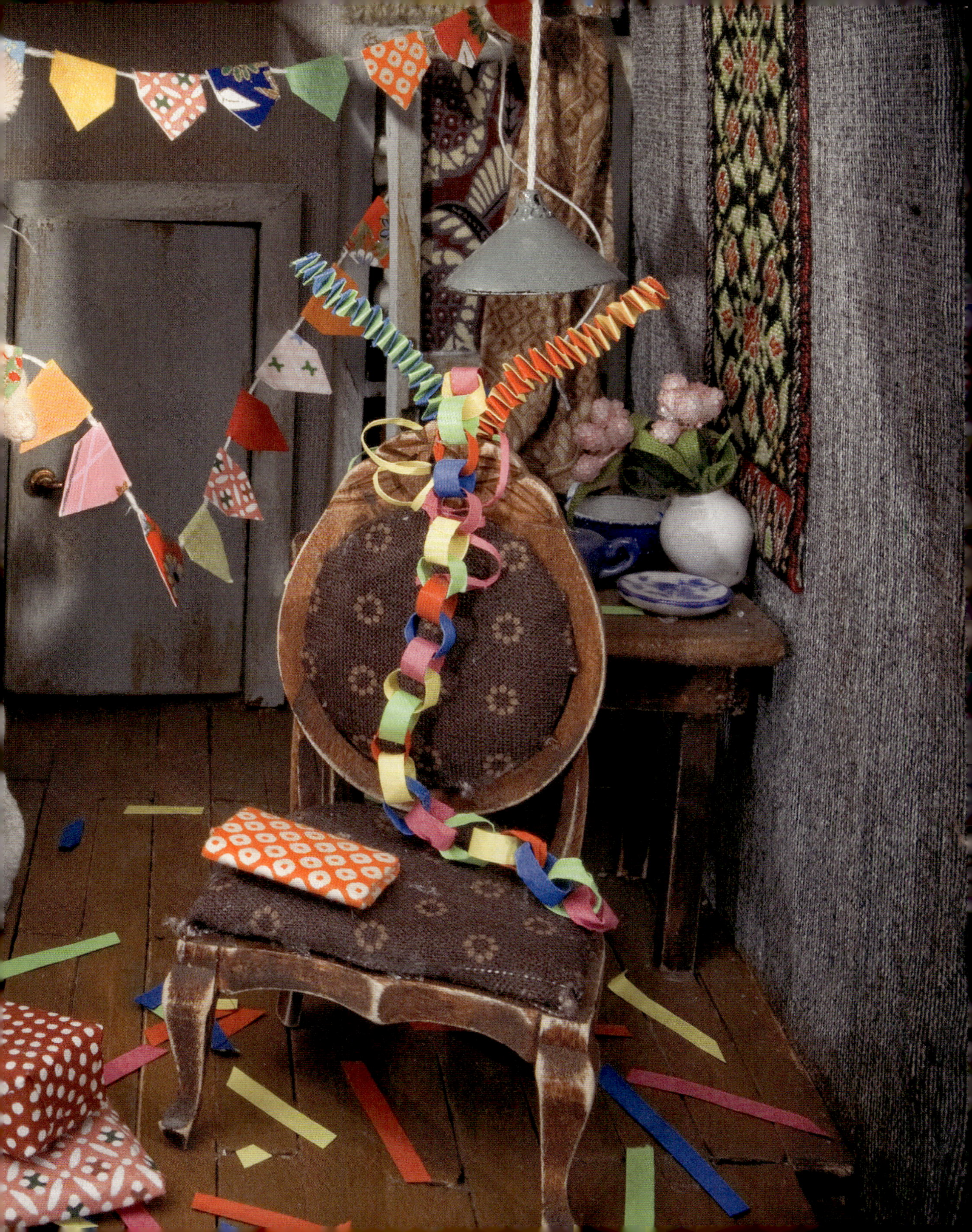

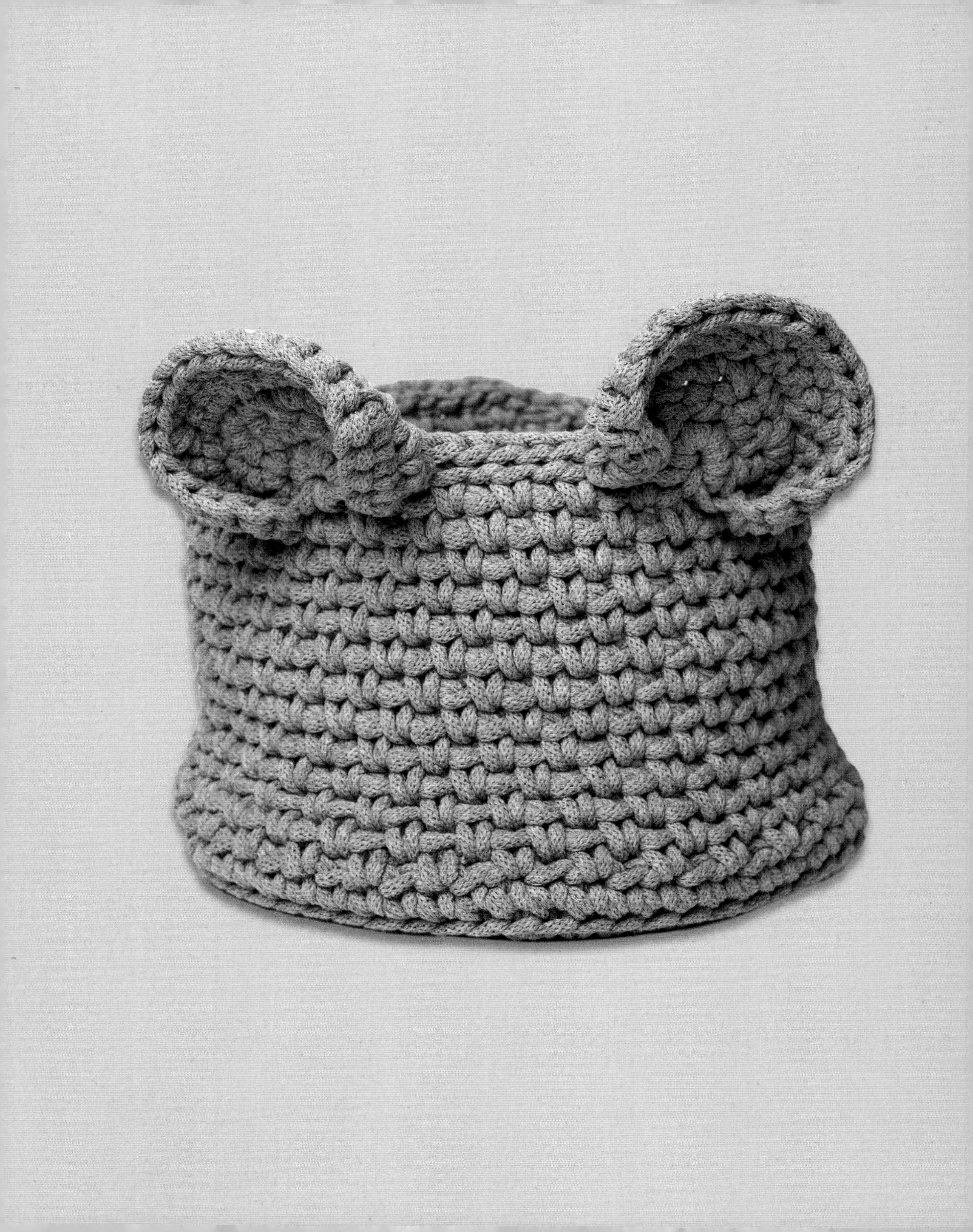

MÄUSEKORB

In diesem Mäusekorb kannst du Spielsachen wie die Jonglierbälle (siehe S. 109) und das Mäusekissen (siehe S. 123) aufbewahren, und natürlich auch Sam und Julia. Oder du nutzt ihn als hübschen Wäschekorb im Kinderzimmer.

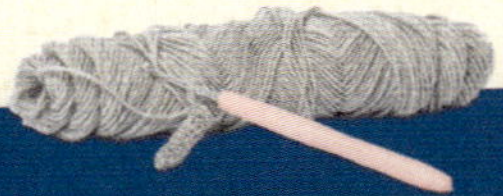

MATERIAL

2 Knäuel Durable Braided 2235 Asche

Häkelnadel 12 mm

KORB

R 1: 6 fM in einen Fadenring arbeiten.
R 2: 2 fM in jede fM häkeln. (12)
R 3: 1 fM, 2 fM in die folgende fM häkeln. (18)
R 4: 2 fM, 2 fM in die folgende fM häkeln. (24)
R 5: 3 fM, 2 fM in die folgende fM häkeln. (30)
R 6: 4 fM, 2 fM in die folgende fM häkeln. (36)
R 7: 5 fM, 2 fM in die folgende fM häkeln. (42)
R 8: 6 fM, 2 fM in die folgende fM häkeln. (48)
R 9: 7 fM, 2 fM in die folgende fM häkeln. (54)
R 10: 8 fM, 2 fM in die folgende fM häkeln. (60)
R 11: 9 fM, 2 fM in die folgende fM häkeln. (66)
R 12: 66 fM in das hintere Maschenglied häkeln. (66)
R 13: *1 fM, 1 Lm und 1 fM überspringen* häkeln. Von * bis * wiederholen bis zum Ende der R. Es macht nichts, wenn du mit einer fM endest, wenn du mit 1 fM beginnst. (66)
R 14–25: R 13 wiederholen.
R 26: Nun in jedes hintere Maschenglied eine Km häkeln. (66)

OHREN

R 1: 4 fM in einen Fadenring arbeiten.
R 2: 2 fM in jede fM häkeln. (8)
R 3: 1 fM, 2 fM in die folgende fM häkeln. (12)
R 4: 2 fM, 2 fM in die folgende fM häkeln. (16)
R 5: 3 fM, 2 fM in die folgende fM häkeln. (20)

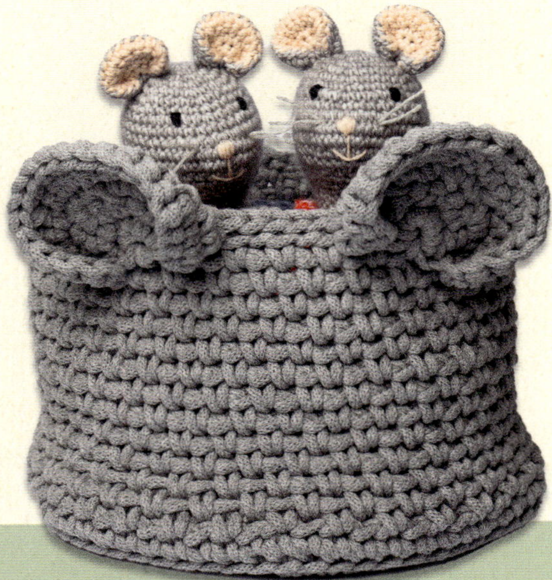

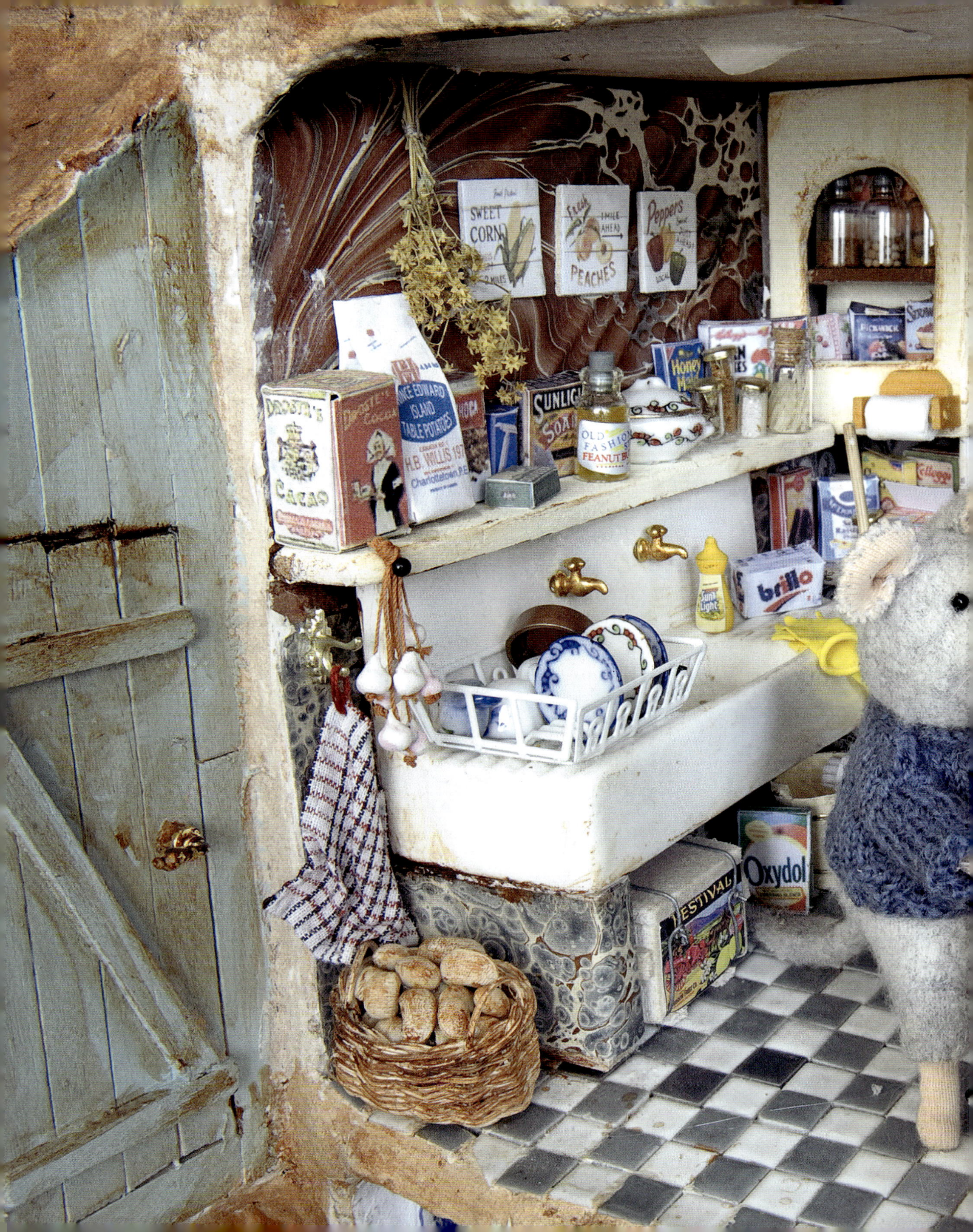
SWEET CORN
Fresh PEACHES
Peppers
DROSTE'S
CACAO
ISLAND
TABLE POTATOES
H.B. WILLIS 197
Charlottetown, P.E.
SUNLIGH
Honey
OLD FASHION
PEANUT B
PICKWICK
brillo
Sunlight
Oxydol
FESTIVAL

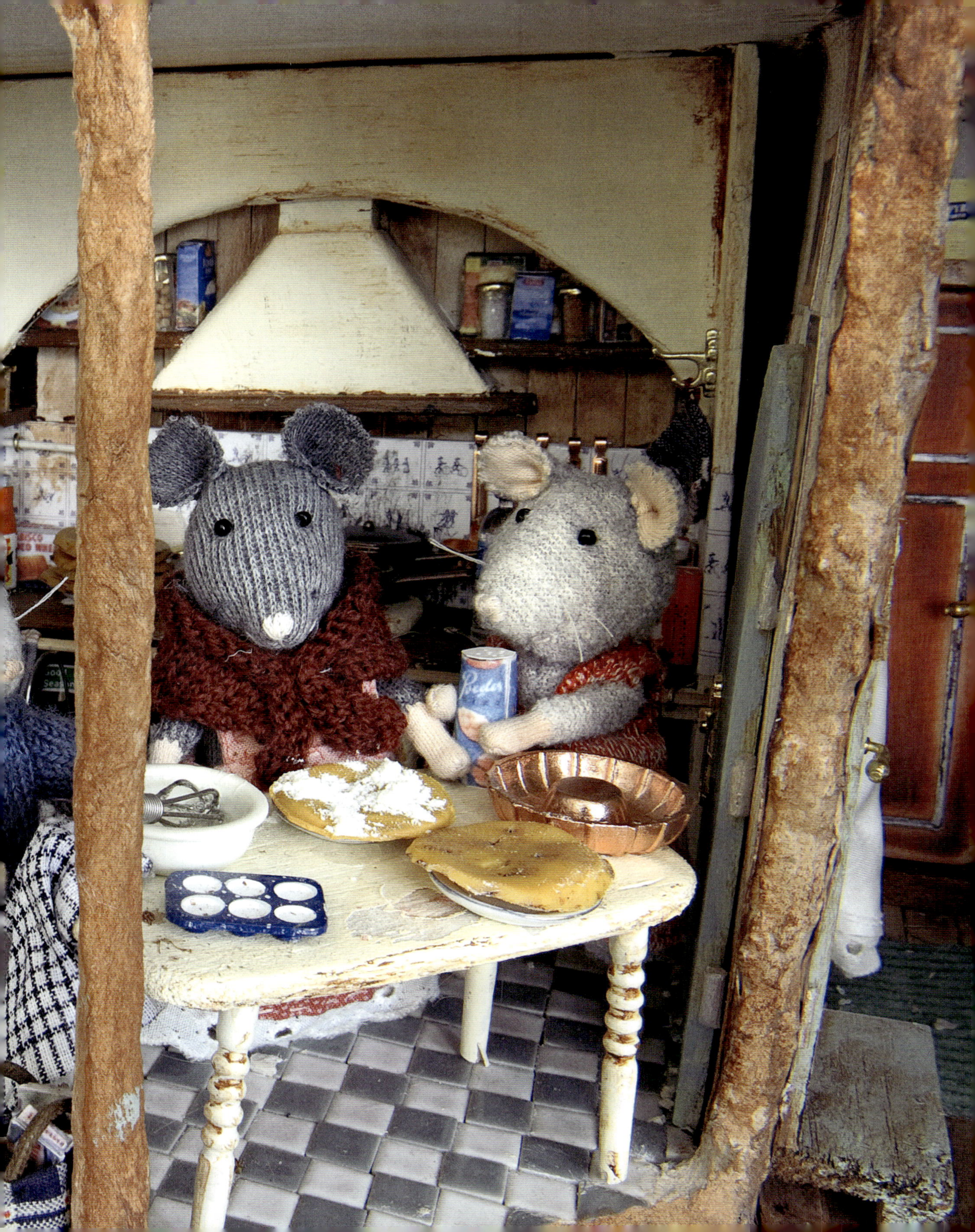

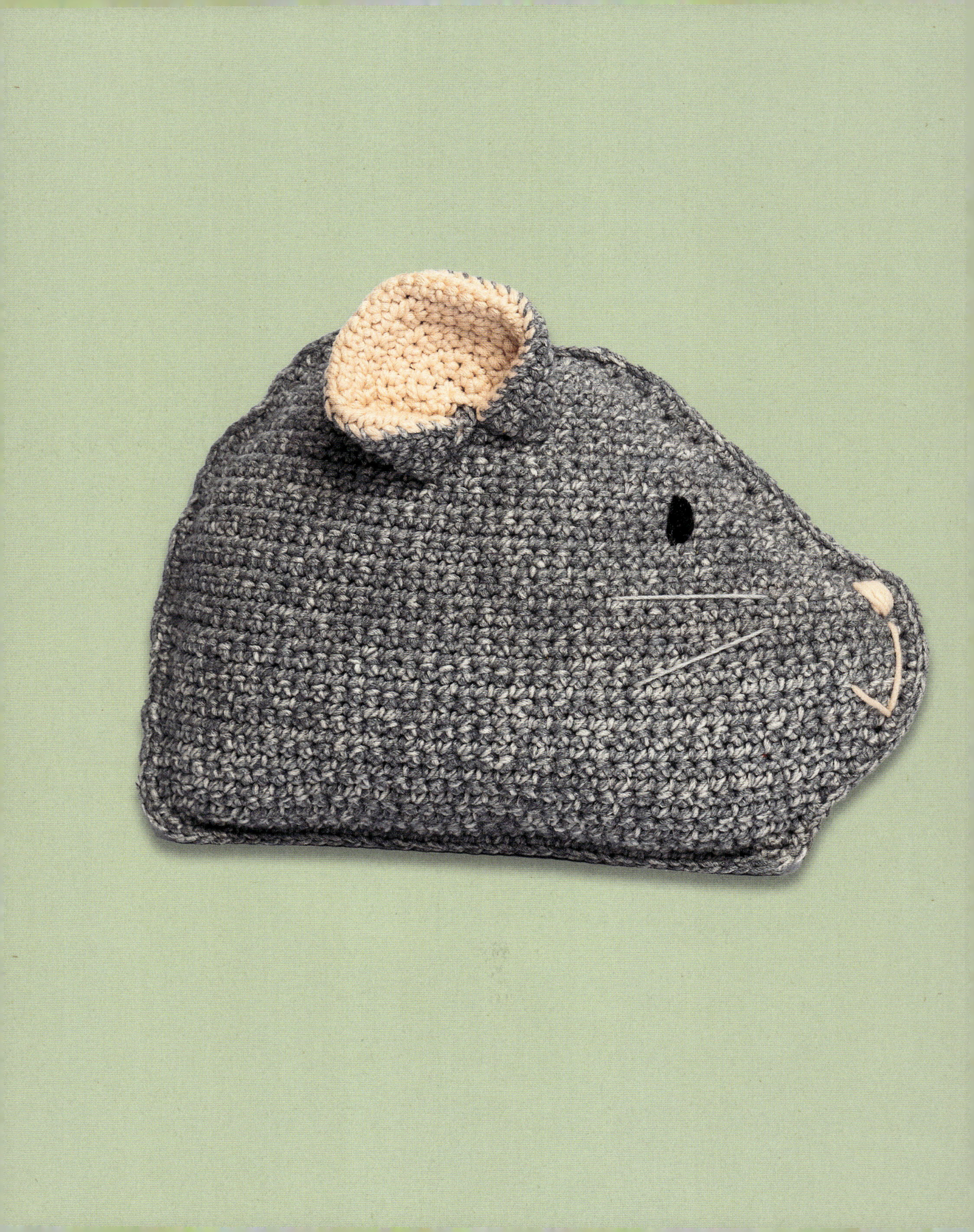

MÄUSEKISSEN

Bei diesem Kissen sind die Köpfe der beiden kleinen Mäuse im Profil gehäkelt, was für einen hübschen zweidimensionalen Effekt sorgt. So wird das Kissen zu Kuscheltier und Kissen in einem und passt perfekt ins Kinderzimmer.

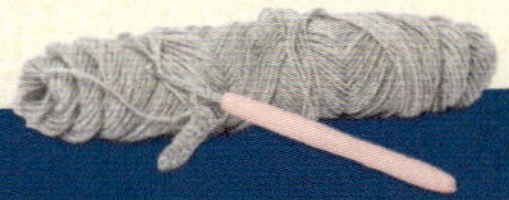

MATERIAL

Durable Cosy fine faded 2228 Silbergrau
Durable Cosy fine 2192 Hellrosa
Häkelnadel 4,5 mm
Schere
Stopfnadel

KOPF (2X)

In Silbergrau arbeiten. Nach jeder Reihe folgt eine Wendeluftmasche. Diese zählt nicht als Masche.
35 Lm häkeln.

R 1: 2 fM in die 1. Lm, 32 fM, 2 fM häkeln. (36) Wendeluftmasche.

R 2: 36 fM häkeln. Wendeluftmasche.

R 3: 2 fM in die 1. fM, 34 fM, 2 fM in die letzte fM häkeln. (38) Wendeluftmasche.

R 4: 38 fM häkeln. Wendeluftmasche.

R 5: 37 fM, 2 fM in die letzte fM häkeln. (39) Wendeluftmasche.

R 6: 2 fM in die 1. fM, 38 fM häkeln. (40) Wendeluftmasche.

R 7: 39 fM, 2 fM in die letzte fM häkeln. (41) Wendeluftmasche.

R 8: 2 fM in die 1. fM, 39 fM, 2 fM in die letzte fM häkeln. (43) Wendeluftmasche.

R 9: 42 fM, 2 fM in die letzte fM häkeln. (44)

R 10: 2 fM in die 1. fM, 43 fM häkeln. (45) Wendeluftmasche.

R 11: 44 fM, 2 fM in die letzte fM häkeln. (46) Wendeluftmasche.

R 12–13: 46 fM häkeln. Wendeluftmasche.

R 14: 45 fM, 2 fM in die letzte fM häkeln. (47) Wendeluftmasche.

R 15–17: 47 fM häkeln. Wendeluftmasche.

R 18: 2 fM zusammenhäkeln, 45 fM häkeln. (46) Wendeluftmasche.

R 19: 46 fM häkeln. Wendeluftmasche.

R 20: 2 fM zusammenhäkeln, 44 fM häkeln. (45) Wendeluftmasche.

R 21: 43 fM häkeln, 2 fM zusammenhäkeln. (44) Wendeluftmasche.

R 22: 2 fM zusammenhäkeln, 40 fM häkeln, 2 fM zusammenhäkeln. (42) Wendeluftmasche.

R 23: 40 fM häkeln, 2 fM zusammenhäkeln. (41) Wendeluftmasche.

R 24: 2 fM zusammenhäkeln, 39 fM häkeln. (40) Wendeluftmasche.

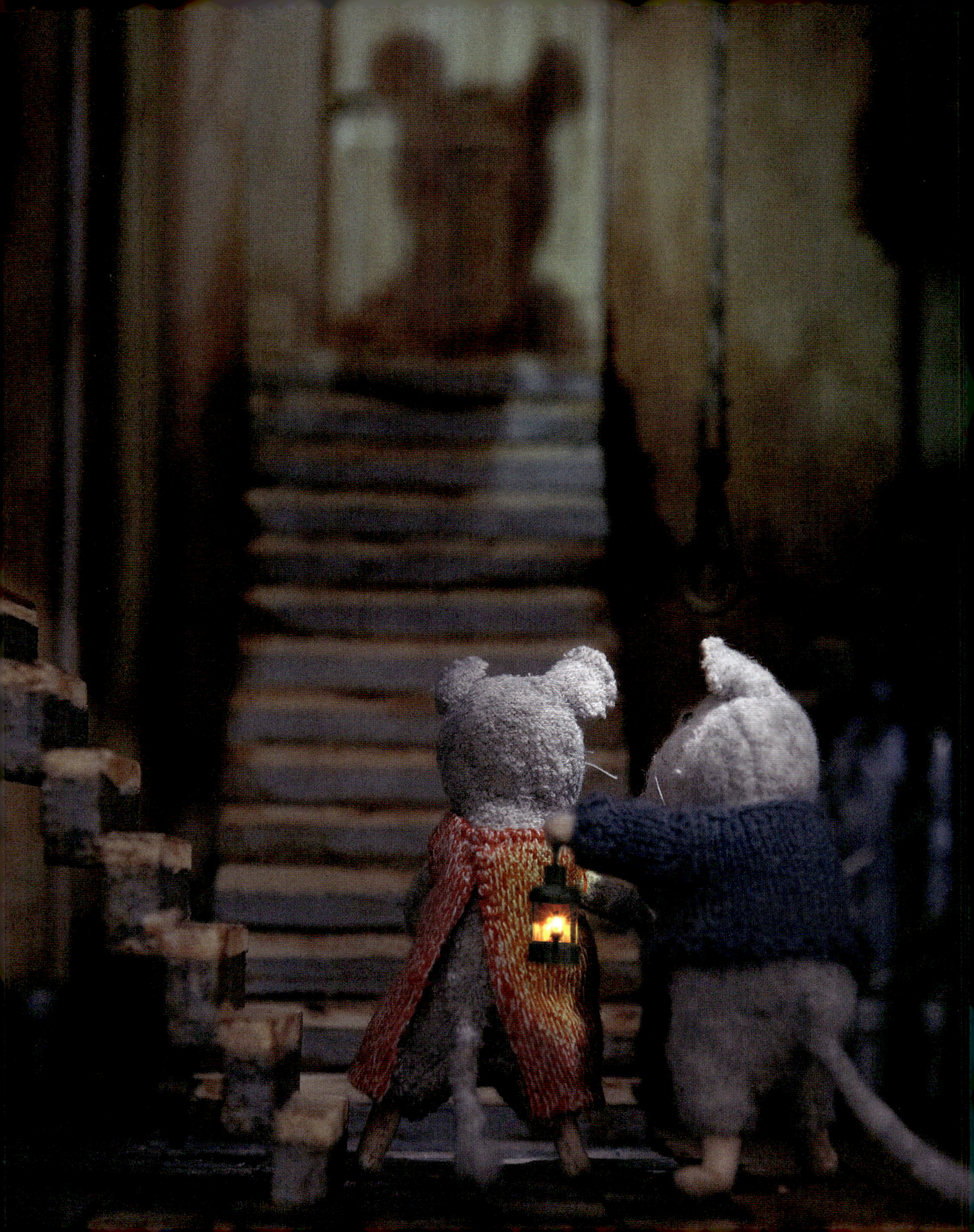

R 25: 2 fM zusammenhäkeln, 36 fM häkeln, 2 fM zusammenhäkeln. (38) Wendeluftmasche.
R 26: 38 fM häkeln. Wendeluftmasche.
R 27: 36 fM häkeln, 2 fM zusammenhäkeln. (37) Wendeluftmasche.
R 28: 35 fM häkeln, 2 fM zusammenhäkeln. (36) Wendeluftmasche.
R 29: 2 fM zusammenhäkeln, 32 fM häkeln, 2 fM zusammenhäkeln. (34) Wendeluftmasche.
R 30: 2 fM zusammenhäkeln, 30 fM häkeln, 2 fM zusammenhäkeln. (32) Wendeluftmasche.
R 31: 30 fM häkeln, 2 fM zusammenhäkeln. (31) Wendeluftmasche.
R 32: 2 fM zusammenhäkeln, 29 fM häkeln. (30) Wendeluftmasche.
R 33: 2 fM zusammenhäkeln, 26 fM häkeln, 2 fM zusammenhäkeln. (28) Wendeluftmasche.
R 34: 28 fM häkeln. Wendeluftmasche.
R 35: 2 fM zusammenhäkeln, 24 fM häkeln, 2 fM zusammenhäkeln. (26) Wendeluftmasche.
R 36: 2 fM zusammenhäkeln, 22 fM häkeln, 2 fM zusammenhäkeln. (24) Wendeluftmasche.
R 37: Zweimal 2 fM zusammenhäkeln, 16 fM häkeln, zweimal 2 fM zusammenhäkeln. (20) Wendeluftmasche.
R 38: Zweimal 2 fM zusammenhäkeln, 12 fM häkeln, zweimal 2 fM zusammenhäkeln. (16) Wendeluftmasche.
R 39: Zweimal 2 fM zusammenhäkeln, 8 fM häkeln, zweimal 2 fM zusammenhäkeln. (12) Wendeluftmasche.

Den Faden durch die letzte Masche ziehen und vernähen. Ein zweites Teil häkeln und beide Teile mit festen Maschen zusammenhäkeln.
Mit dem Baumwollgarn Nase, Augen und Schnurrhaare aufsticken.

OHR (2X)

Ein Ohr in Silbergrau häkeln, das zweite in Hellrosa 2192.

R 1: 4 fM in einen Fadenring arbeiten.
R 2: 2 fM in jede fM häkeln. (8)
R 3: 1 fM, 2 fM in die folgende fM häkeln. (12)
R 4: 2 fM, 2 fM in die folgende fM häkeln. (16)
R 5: 3 fM, 2 fM in die folgende fM häkeln. (20)
R 6: 4 fM, 2 fM in die folgende fM häkeln. (24)
R 7: 5 fM, 2 fM in die folgende fM häkeln. (28)
R 8: 6 fM, 2 fM in die folgende fM häkeln. (32)
R 9: 7 fM, 2 fM in die folgende fM häkeln. (36)

Die beiden Teile in Silbergrau zusammennähen und am Kopf festnähen.

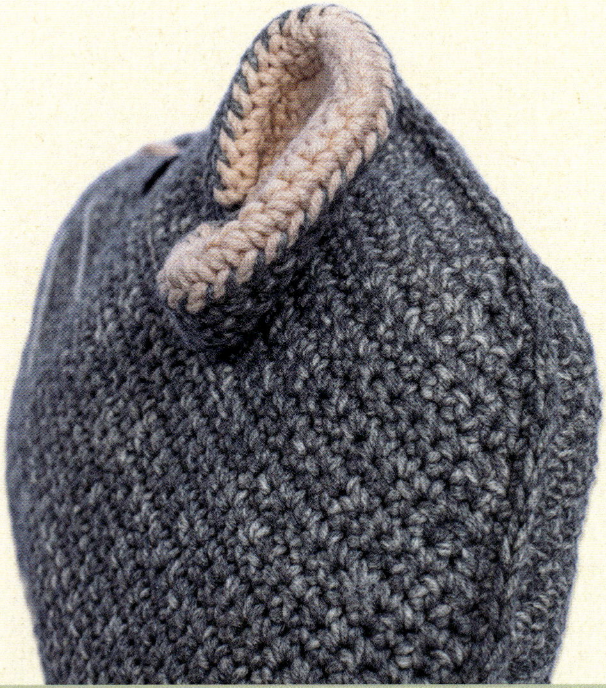

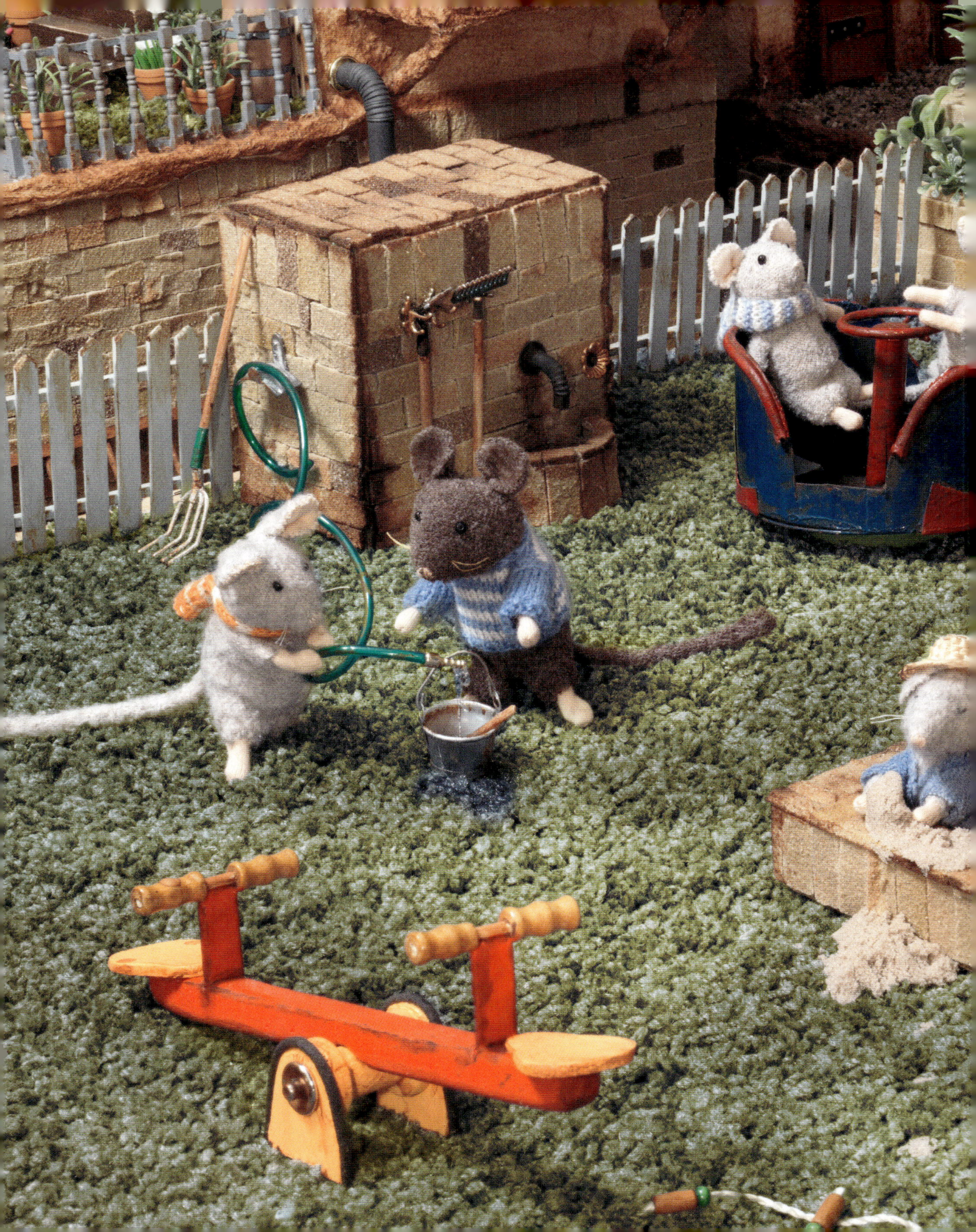

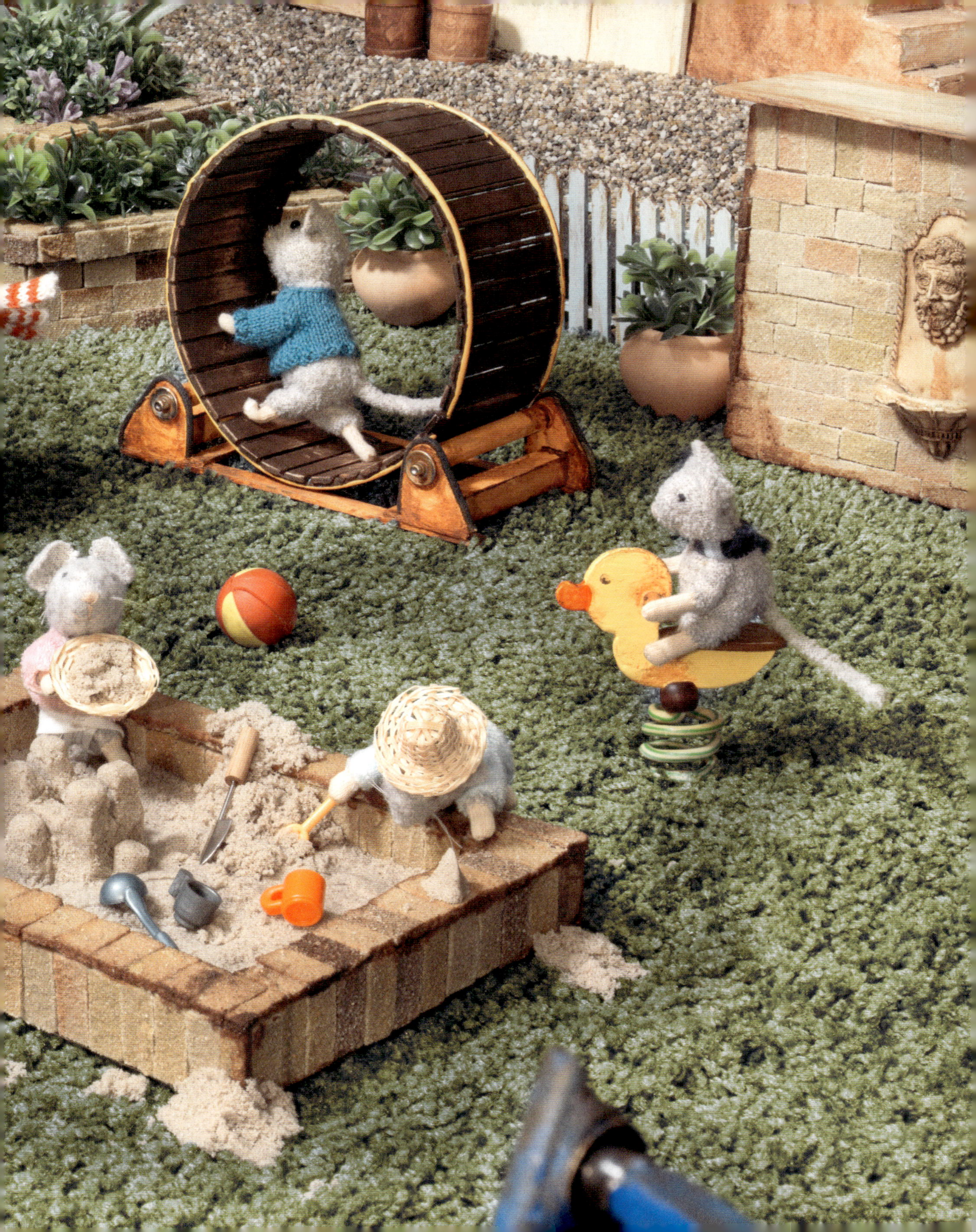

EBENFALLS ERSCHIENEN:

Modische Kleidung und Accessoires selbst gemacht

Egal, ob Kurzhaar oder lange Mähne – mit einem selbstgestrickten Pullover kommt jeder Hund viel besser und vor allem stylischer durch die kalte Jahreszeit. Das Angebot an Hundekleidern „von der Stange" trifft längst nicht den Geschmack eines jeden Hundebesitzers, daher ist Handarbeit oft die beste Alternative für den Vierbeiner. Auch Hundebesitzer, die lange keine Stricknadeln in der Hand hatten, müssen nicht kapitulieren, denn verschiedene der gängigen Stricktechniken werden in Step-by-Step-Fotos und -Grafiken umfassend erläutert.

***Fazit:** ein tolles Buch für die eigene Kreativität und für das Wohlbefinden ihres Hundes!*

Corinne Niessner
Strickideen für den Hund
90 Seiten, zahlreiche Abbildungen, 210 x 210 mm, Softcover
EUR (D) 14,99
ISBN 978-3-86852-227-3

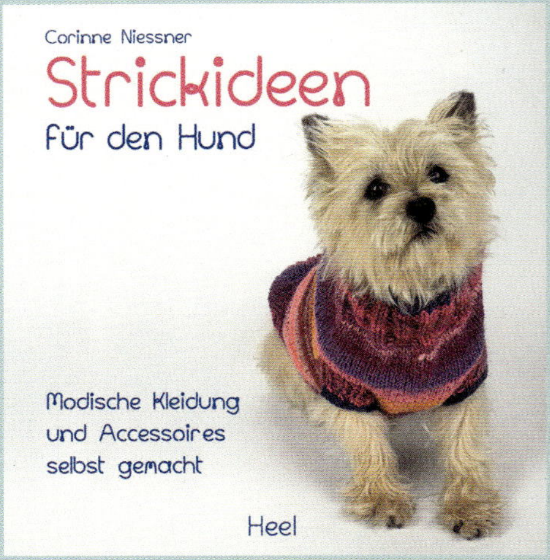

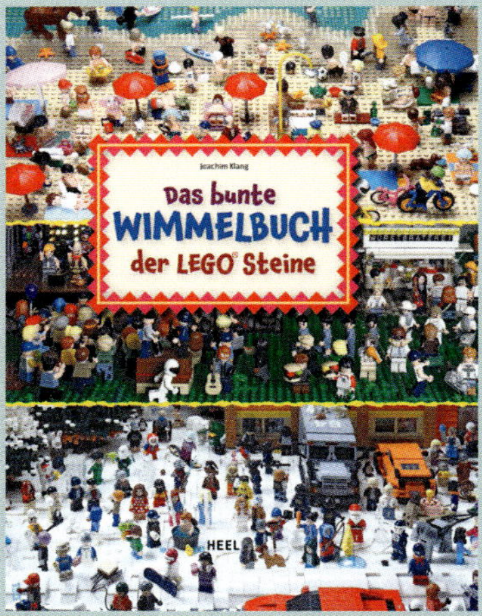

Joachim Klang
Das bunte Wimmelbuch der LEGO®-Steine
32 Seiten, zahlreiche Farbfotos, 240 x 290 mm, Hardcover
EUR (D) 14,99
ISBN 978-3-96664-181-4

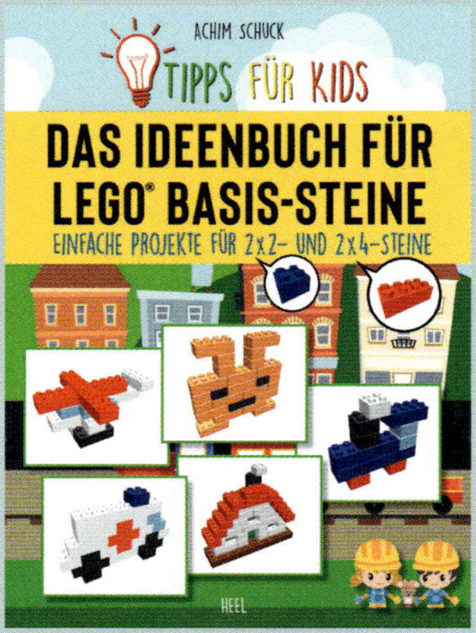

Achim Schuck
Tipps für Kids: Das Ideenbuch für LEGO® Basis-Steine
92 Seiten, zahlreiche Illustrationen, 215 x 280 mm, Softcover
EUR (D) 9,99
ISBN 978-3-96664-198-2

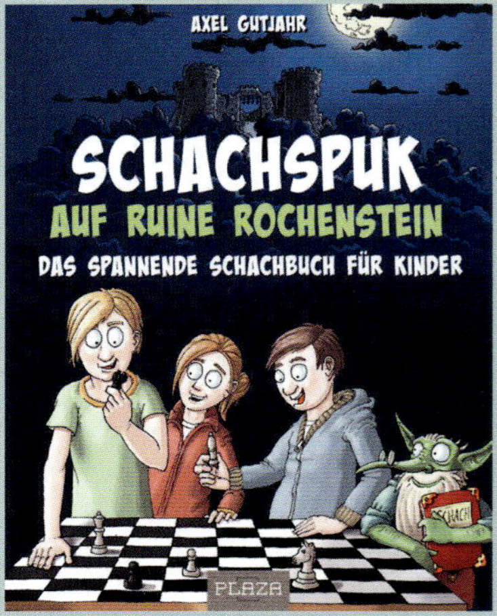

Axel Gutjahr
Schachspuk auf Ruine Rochenstein
Das spannende Schachbuch für Kinder
144 Seiten, zahlreiche Abbildungen, 189 x 230 mm, Softcover
EUR (D) 14,99
ISBN 978-3-96664-365-8

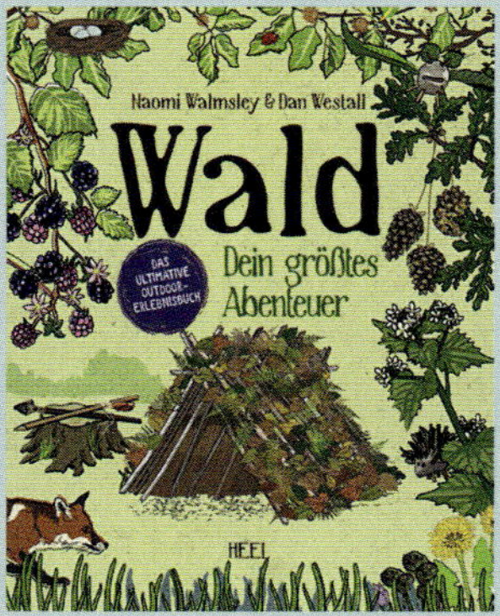

Naomi Walmsley & Dan Westall
Wald – Dein größtes Abenteuer
176 Seiten, zahlreiche Farbfotos, 215 x 260 mm, Softcover
EUR (D) 19,99
ISBN 978-3-95843-884-2

Unser komplettes Programm erhalten Sie in jeder Buchhandlung und unter www.heel-verlag.de

HEEL Verlag GmbH
Gut Pottscheidt
53639 Königswinter